KB265962

주도주 추세 추종 투자 전략

주도주 추세 추종 투자 전략

초판 1쇄 인쇄 2026년 4월 8일
초판 1쇄 발행 2026년 4월 15일

지은이 조구현

발행인 장상진
발행처 (주)경향비피
등록번호 제2012-000228호
등록일자 2012년 7월 2일

주소 서울시 영등포구 양평동 2가 37-1번지 동아프라임밸리 507-508호
전화 1644-5613 | **팩스** 02) 304-5613

ⓒ조구현

ISBN 978-89-6952-656-4 03320

주도주 추세 추종 투자 전략

월급보다 더 벌 수 있는 단기,
중장기 초간단 매매 기술

조구현 지음

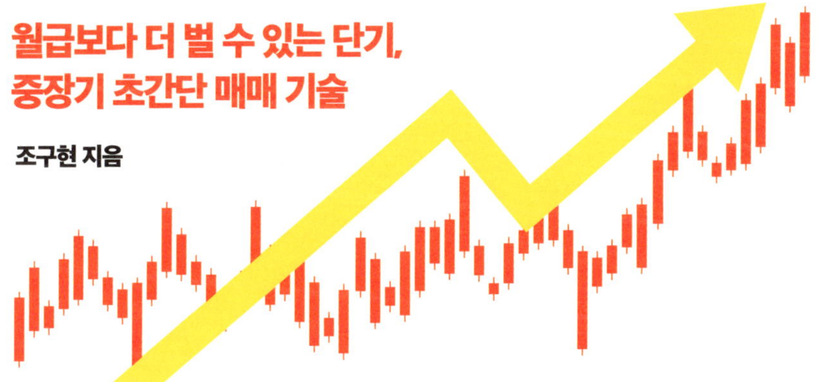

경향BP

당신도 이제
주식으로 은퇴할 수 있다

아무것도 하지 않아도 매달 생활비가 계좌에 들어온다면 무엇을 하고 싶은가? 더 이상 출근 시간에 쫓기지 않아도 되고, 상사의 눈치를 보지 않아도 되며, 평생 돈 걱정 없이 살아갈 수 있다면 어떨까?

하지만 애석하게도 지금 이 글을 읽는 많은 사람의 현실은 그와 정반대일 것이다. 매달 빠져나가는 대출 이자와 카드값, 오르기만 하는 물가…. 몸과 마음은 점점 지쳐 가는데 끝이 보이지 않는 직장 생활 속에서 사람들은 늘 같은 고민을 한다.

"이렇게 평생 일만 하다가 죽는 건 아닐까?"

월급은 들어오자마자 사라지고, 통장에는 늘 비슷한 잔고만 남는다. 열심히 살고 있는데도 삶이 나아지고 있다는 느낌이 들지 않는 이유다.

많은 사람이 마음속으로 경제적 자유를 꿈꾼다. 하지만 동시에 이렇게 생각한다.

"그건 특별한 사람들 이야기 아닌가?"

그러나 나는 확신한다. 주식 투자는 일부 천재 투자자만 할 수 있는 영역이 아니다. 제대로 배우고, 원칙을 세우고, 꾸준히 경험을 쌓아 간다면 평범한 개인 투자자도 충분히 주식 투자로 의미 있는 자산을 만들고 은퇴할 수 있다.

물론 주식 투자 여정이 항상 화려한 레드카펫 위를 걷는 것은 아니다. 최소한의 공부도 없이, 투자 철학도 없이, 원칙도 없이 시장에 뛰어든다면 주식 투자는 순식간에 고통스러운 가시밭길이 된다.

나 역시 처음 투자했을 때는 수업료를 톡톡히 치렀다. 큰마음 먹고 시작한 첫 투자금 100만 원은 허무하게 사라졌고, 다시 모아 도전했던 1,000만 원 역시 눈 녹듯 사라졌다. 그때는 왜 실패했는지조차 제대로 알지 못했다.

하지만 실패를 반복하면서 한 가지 사실을 깨달았다. 주식 투자 역시 다른 모든 게임처럼 명확한 공략법이 존재한다는 사실이다.

수많은 투자 서적과 리포트를 닥치는 대로 읽었고, 소위 애널리스트 자격증이라 부르는 투자자산운용사 자격증을 취득하며 이론적 기초도 다졌다. 개인 투자 경험에 더해 제도권 자문사에서 전문적으로 시장을 분석하는 방법론도 배웠다. 그렇게 모은 지식과 경험은 조금씩 하나의 투자 전략으로 정리되기 시작했다.

그 결과 주식 투자는 더 이상 운에 맡기는 도박이 아니었다. 시간이 지날수록 계좌가 성장하고, 투자 수익이 눈에 띄게 늘어났다. 어느 순간부터는 주변 사람들이 두 번, 세 번 되물으며 부러워할 정도로 의미 있는 금융소득이 꾸준히 발생하기 시작했다. 나에게 주식 투자는 삶의 좌석 등급을 이코노미에서 비즈니스로, 비즈니스에서 퍼스트로 레벨업시켜 준 중요한 수단이 되었다.

이 책을 쓰기 시작한 시점은 2024년 말이었다. 당시 국내 증시는 사상 최악의 폭락을 겪고 있었다. 제5차 중동전쟁 우려, 러시아-우크라이나 전쟁, 홍해 항만 봉쇄, 인플레이션, 경기침체 공포, 비상계엄과 탄핵 사태까지 온갖 악재가 한꺼번에 터졌다.

코스피는 2,300선까지 밀렸고 시장에는 이런 말까지 유행처럼 돌았다.

"국장은 끝났다.", "국장 탈출은 지능 순이다."

사람들은 국내 주식 투자에 대해 비관하고 조롱하며 해외 주식과 코인 시장으로 빠르게 이동했다. 그러나 나는 오히려 이렇게 말했다.

"지금이야말로 저점 매수의 기회다. 반드시 다시 상승할 것이다."

자본주의와 국내 주식 시장은 우리가 생각하는 것보다 훨씬 강한 회복력을 가지고 있기 때문이다.

그리고 2년이 지난 지금, 상황은 완전히 달라졌다. 2026년 3월 현재 코스피는 6,300선을 돌파하며 역사적 최고치를 경신하고 있다. 코스닥 역시 1,200포인트를 넘어 새로운 기록을 쓰고 있다.

주식 투자에 대해 흥미로운 사실이 하나 있다. 사람들은 평소 물건을 살 때는 10%만 할인해도 줄을 서서 사지만, 내 돈을 복사하듯 불려 줄 좋은 주식이 -30%, -50%라는 반값 세일을 하면 오히려 더 외면하고, 심지어 겁을 먹고 떠난다는 것이다. 하지만 바로 그 순간이야말로 자산을 크게 늘릴 수 있는 기회라는 것을 잊어서는 안 된다.

물론 지금의 상승장도 절대 영원히 계속되지는 않을 것이다. 시장은 언제나 제 값을 찾아가는 평균 회귀를 반복하기 때문이다. 앞으로도 수없이 많은 폭락과 반등이 찾아올 것이다. 어느 날 갑자기 경제 위기가 터지고, 언론과 전문가들이 또다시 "국장은 끝났다."고 외칠지도 모른다.

하지만 나는 그런 순간을 두려워하지 않는다. 오히려 기대하며 기다린다. 모두가 겁에 질려 비명을 지르며 시장에서 도망치는 바로 그 순간이야말로 부자가 될 수 있는 또 한 번의 기회가 되기 때문이다.

이 책에는 내가 지난 수년간의 시행착오를 통해 정리한 투자 전략이 담겨 있다. 내가 겪었던 실패를 독자 여러분이 그대로 반복하지 않도록 돕는 것이 이 책의 목적이다. 다시 말해, 내가 10년 동안 돌아가며 배운 방법을 여러분은 훨씬 짧은 시간 안에 이해할 수 있도록 돕는 투자 공략집이라고 할 수 있다. 나는 이 방법들을 '고수의 투자법'이라고 부른다.

이 책에는 단기 투자, 중장기 투자까지 각자의 성향에 맞게 선택할 수 있는 전략이 담겨 있다. 직장인, 자영업자, 배달 근로자, 주부, 학생, 취업 준비생 등 누구라도 자신의 상황에 맞게 활용할 수 있도록 최대한 쉽게 설명했다.

나는 경제학 박사도 아니고, 수조 원대 자산가도 아니다. 그저 시장에서 조금 더 오래 고민하며 계좌를 성장시켜 온 한 명의 개인 투자자일 뿐이다. 그래서 이제 막 투자를 시작하려는 여러분의 고민과 두려움을 그 어떤 전문가보다 잘 이해하고 있다고 생각한다. 이 책을 통해 가능한 한 많은 독자가 주식 투자에 능숙해지고, 경제적 자유에 조금 더 가까워지기를 진심으로 바란다. 그리고 언젠가 당신의 계좌에도 일하지 않아도 들어오는 금융소득이 생기는 날이 오기를 바란다.

어쩌면 당신의 인생을 바꾸는 투자 여정은 지금 이 페이지에서 시작될지도 모른다. 이 책이 당신의 삶을 '살아 있으니 버티며 사는 삶'이 아니라 '꿈꾸던 대로, 살고 싶은 대로 사는 삶'이 되도록 돕는 성공적인 투자 여정의 시작점이 되기를 바란다.

조구현

CHAPTER 1

나에게 맞는 투자 전략
모든 투자는 '나'에서 시작한다

CHAPTER 2

단기 투자 고수의 매매법
짧게, 빠르게, 반복한다

나에게 맞는 투자 전략

모든 투자는 '나'에서 시작한다

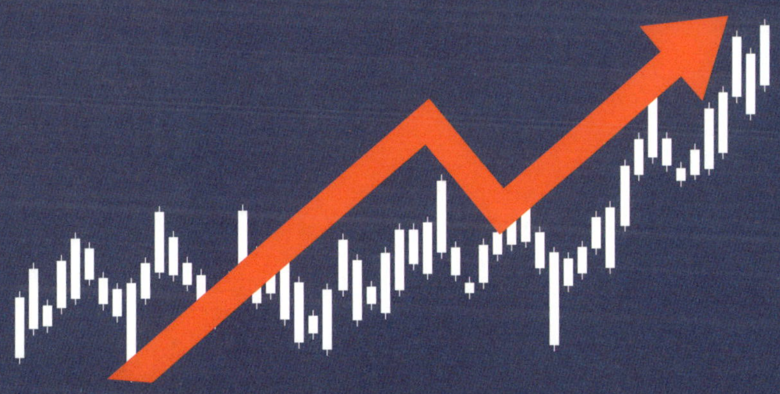

1
나에게 맞는 주식 투자 전략을 찾자

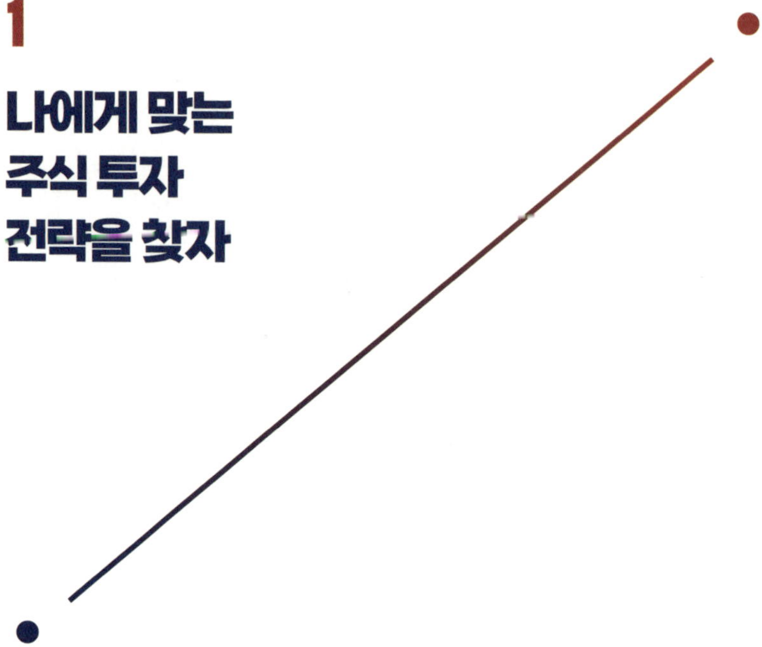

주식 투자 매매 전략에는 수많은 방식이 존재한다. 대표적으로는 단기 투자(단타), 중장기 투자, 배당주 투자 3가지로 분류할 수 있다.

단기 매매에는 몇 초~몇 분 단위로 매우 짧게 매매하며 +1~+3% 내외의 아주 작은 가격 차이 수익을 노리는 초고속 매매 '스캘핑(Scalping)'부터 하루 안에 사고파는 '데이 트레이딩(Day Trading)' 등이 있다. 짧게는 2~3일부터 길게는 수주 이상 보유하는 '스윙 매매(Swing Trading)'도 대표적인 단기 매매 전략이다.

중장기 투자는 짧게는 수주에서 보통 수개월, 길게는 수년 이상 보유하는 매매 전략이고, 배당주 투자는 매 분기(또는 매월)별로 현금흐름을 창출하는 고배당주를 중심으로 투자함으로써 다른 투자 전략 대비 리턴은 적지만 안정적인 수익과 노후 대비를 꾀하는 전략이다.

사실 투자 전략은 세세하게 들어가자면 셀 수 없이 많아진다. 퀀트 투자, 퀄리티 투자, 성장주 투자, 가치 투자, 모멘텀 투자, 포지션 트레이딩, 이벤트 드리븐, 뉴스 트레이딩 등의 이름이 있다. 의미가 통하면 다 말이 되기 때문에 그야말로 수십 개 이상 존재한다고 봐도 무방하다.

그렇다면 이 수많은 투자 전략 중에 어떤 것을 채택해야 할까? 워런 버핏이 추종한 중장기 투자(가치 투자)만이 정답일까? 아니면 유튜브에 나온 파이어족(조기은퇴자)들이 추천하는 배당주 투자만이 정답일까? 아니면 온갖 SNS에 범람하는 자칭 주식 고수들이 쫓는 단타가 정답일까?

결론부터 말하자면, 주식 투자 매매 전략에서 모두에게 통하는 하나의 정답이란 없다. 누구에게나 통하는 만능 공식이란 존재하지 않는다. 그보다는 각자 자신에게 맞는 전략을 찾는 것이 중요하다. 즉 단타건, 중장기 투자건, 배당주 투자건 내 성향과 적성에 맞고, 내 투자 목적을 달성하기에 적합한 투자 전략을 찾아 채택하는 게 중요하다. 왜냐하면 투자란 본질적으로 '자기 자신과의 싸움'이기 때문이다.

사람마다 투자에 접근하는 방식은 전혀 다르다. 어떤 사람은 빠른 수익을 원하고, 어떤 사람은 안정적이고 꾸준한 소득과 노후 대비를 원하며, 어떤 사람은 중간 정도의 수익률이라도 리스크를 줄이면서 꾸준히 자산을 늘리는 것을 원한다. 중요한 것은 자신의 투자 성향과 목표에 적합한 전략을 '선택'하고 '집중'하는 것이다.

- 높은 수익률과 빠른 회전을 기대하며 리스크를 감수할 수 있다면 단기 매매 전략에 강점이 있을 수 있다.

- 수익률은 다소 낮더라도 리스크가 작고 매달 혹은 분기마다 현금 흐름이 들어오는 투자 전략을 원한다면 배당주 투자가 적합하다.

- 단기간의 변동성에는 크게 휘둘리지 않으며, 실적과 가치를 기반으로 한 꾸준한 성장을 추구한다면 중장기 가치 투자가 어울린다.

이 책은 누구나 자신에게 맞는 전략만 잘 세우면 안정적으로 수익을 낼 수 있다는 가능성을 보여 주기 위한 안내서다. 단기 투자자는 '하루하루 성과'를 중심으로 사고하고, 배당주 투자자는 '현금흐름'을 통해 삶의 여유를 누리고자 하며, 중장기 투자자는 '기업의 성장성'을 통해 복리의 힘을 극대화하려 한다.

"각 전략에 절대적인 우열이나 옳고 그름이 있는 것은 아니다." 중요한 것은 어떤 전략이 나에게 더 잘 맞는 전략인가다. 나에게 맞는 주식 투자 전략 선택은 고등학생의 문과·이과 선택과 비슷하다. 대학 입시에서 좋은 결과를 얻으려면 우선 자신의 적성과 성향에 맞는 계열을 선택해야 한다. 언어·인문·사회 분야에 관심이나 강점이 있는 학생이라면 문과가 유리하고, 수학·과학에 흥미와 자신감이 있다면 이과가 더 적합하다.

만약 수학에 자신 있는 학생이 문과를 선택한다거나 수학·과학이라면 치를 떠는 학생이 이과를 선택해 관심도 없는 분야에서 억지로 경쟁

나에게 맞는 주식 투자 방식 찾기

한다면 경쟁력이 떨어질 수밖에 없다. 결국 성과는 잘하는 영역에서 나온다. 투자도 같다. 내가 이해하고 지속할 수 있는 전략을 선택해야 수익으로 이어진다.

이 책은 그래서 단 하나의 방식만을 강요하지 않는다. 대신, 단기와 중장기 투자 각 전략이 가진 리스크와 수익률의 특성, 필요한 마인드셋과 실행 방식, 그리고 초보자도 따라 할 수 있는 구체적인 접근법까지 모두 담았다. 특히 초보자들이 어렵게 느끼는 전문용어는 최대한 줄이고, 실전 투자에 꼭 필요한 핵심만을 쉽고 간결하게 전달하려 했다. 중요한 것은 시작이다. 그리고 '나에게 맞는 방식'으로 시작하는 것이다. 이 책이 당신의 첫걸음에 가장 든든한 동반자가 되길 바란다.

단기 투자 – 변동성을 활용한 짧고 강한 승부

단기 투자란 짧게는 하루, 길게는 몇 주 안팎의 기간 동안 주식을 보유하고 매매 차익을 노리는 전략이다. 하루하루 주가가 출렁이는 '변동성'을 기회로 삼는 것이 핵심이다. 이 전략은 고도의 판단력과 빠른 실행력이 필요하다. 그렇다고 해서 전문가만 해야 한다는 뜻은 아니다. 정확한 매매 타이밍, 적절한 손절 원칙, 수급과 모멘텀을 읽는 방법만 알면 누구나 훈련 가능하다.

단타는 "내가 원하는 시점에 현금화가 가능하다."는 점에서 유연한 투자 전략이기도 하다. 또한 소액으로도 실력을 키우며 반복 학습하기에 적합하다.

단기 투자 파트에서는 다음 내용을 다룬다.

- 초보자가 시작할 수 있는 단타의 기본기
- 수익률을 결정짓는 매수·매도 타이밍
- 세력주, 테마주, 뉴스 매매의 리스크와 활용법
- 단타에 적합한 종목 고르는 법
- 초보자도 쉽게 따라 하는 급등 시그널 단타 매매법

빠른 수익을 원하되 원칙을 지키며 위험은 통제하고 싶은 사람에게 이 전략은 강력한 무기가 될 수 있다.

중장기 가치 투자 – 복리의 마법으로 부자 되기

중장기 가치 투자, 혹은 우량주 투자는 좋은 기업을 싸게 사서 오래 보유함으로써 복리의 효과를 극대화하는 전략이다. 단기적인 등락에 연연하지 않고, 기업의 본질적 가치에 집중해 투자하는 것이 핵심이다.

많은 투자 대가가 일관되게 강조해 온 전략이 바로 이것이다. 워런 버핏이 이 방식으로 세계적인 부자가 되었고, 수많은 슈퍼개미들이 따라 하고 있다. 특히 직장인이나 바쁜 일상 속에서 수익을 키우고 싶은 사람에게 최적화된 전략이다.

이 파트에서는 다음 내용을 다룬다.

- 좋은 기업을 고르는 눈(기업 분석의 기초)

- 주가가 싸다는 건 무엇을 의미하는가?(PER, PBR의 이해)

- 하락장에서 흔들리지 않는 투자자의 마인드셋

- 장기 보유 시 생기는 복리 효과의 위력

성장성이 탄탄한 우량기업에 투자하고, 시간을 아군으로 만들고 싶은 사람이라면 이 전략을 통해 '복리의 기적'을 경험할 수 있다.

배당주 투자 – 안정적 수익과 노후 대비

배당주 투자는 말 그대로, '회사가 벌어들인 이익의 일부를 주기적으로 돌려받는' 투자 방식이다. 큰 시세 차익은 어렵지만, 그 대신 비교적 낮은 리스크로 안정적인 현금흐름을 확보할 수 있다는 장점이 있다.

무엇보다 월급 등 꾸준한 현금소득이 어느 정도 보장된 상황이라면, 그것을 활용해서 노후 대비를 하기에 가장 적합한 전략이다. 직장을 다니면서도 병행하기 좋고, 은퇴 후에도 자산을 지키면서 생활비로 활용할 수 있다. '돈이 나를 위해 일하게 만드는 구조'를 갖추는 좋은 전략이기도 하다. 안정적이고 예측 가능한 수익을 원하거나, 장기적인 자산관리에 관심 있는 사람에게 최적의 전략이다.

세 전략 모두 각자의 장점이 있다. 한 가지를 고집할 필요도 없고, 상황에 따라 병행할 수도 있다. 이 책에서는 세 전략 중 단기 투자와 중장기 투자에 집중해 각 전략별 핵심 원칙과 실전 적용법을 가능한 한 쉽게, 단순하게, 실용적으로 소개할 예정이다.

물론 배당주 투자는 안정적인 현금흐름 확보를 지향하는 전략이다. 다만 그 효과를 유의미하게 체감하려면 최소 십수 년 이상 오랜 시간이 걸리기 마련이다. 특히 강한 상승장에서는 가격 상승을 중심으로 수익을 추구하는 단기 투자, 중장기 투자 전략에 비해 상대적으로 수익 속도가 느려 소외감을 느끼기 쉽다.

반면 단기와 중장기 투자 전략은 상승 추세가 형성될 경우 비교적 짧은 기간 안에 큰 수익을 기대할 수 있다는 장점이 있다. 몇 개월 만에 큰 수익을 만들어 낼 가능성도 있다. 빠른 시간에 눈에 보이는 결과를 원하는 개인 투자자에게 지금 당장 필요한 것은 십수 년 뒤의 배당금이 아니라 현재 시장의 주인공을 포착하는 눈이라고 생각한다. 그래서 이 책에서는 투자 효율을 극대화할 수 있는 단기와 중장기 투자 2가지 전략에 관한 실전 집중 노하우를 전하려 한다. 지금 이 순간부터, 당신도 주식으로 은퇴할 수 있는 길을 찾아 나설 수 있다. 그 첫걸음을 함께 시작해 보자.

나에게 맞는 투자 전략은 무엇일까?

이제 막 주식을 시작한 단계라면 '단기 투자', '중장기 가치 투자', '배당주 투자'라는 단어조차 낯설 수 있다. 혹은 이 3가지 전략 중 어떤 방식이 나에게 더 잘 맞을지 몰라 고민하는 사람도 많을 것이다.

하지만 걱정할 필요 없다. 이 책은 바로 그런 독자들을 위해 만들어졌다. 다음에 제시한 투자 스타일 매칭 체크리스트는 독자 스스로 자신의 성향과 적성을 점검할 수 있도록 구성한 질문지다. 총 3가지 전략(단기 투자, 중장기 가치 투자, 배당주 투자)에 대해 각각 15개의 질문이 제시되어 있다. 그중 10개는 투자 성향(관심, 선호도 등)을, 5개는 해당 전략에 적합한 역량과 강점(적성 등)을 평가하도록 구성되어 있다.

각 항목을 찬찬히 읽어 보고 자신에게 해당된다고 느끼는 문장 옆에 체크 표시를 해 보자.

- 만약 특정 전략에 대해 10개 이상 해당한다면 이미 해당 전략에 도전하기에 충분한 자질을 갖추고 있다고 봐도 좋다. 망설이지 말고 해당 장부터 읽기 시작하길 바란다.
- 7개 이상 해당한다면 해당 전략에 잠재력이 있다고 판단할 수 있다. 이 경우에도 우선순위를 두고 그 전략부터 공부해 보는 것이 좋다.

이 책은 바쁜 직장인, 운동인, 부모, 학생처럼 시간과 에너지가 부족한 '비전문가 개인 투자자'를 위해 만들어졌다. 따라서 독자가 굳이 책 전체를 처음부터 끝까지 읽을 필요는 없다. 이 체크리스트를 통해 자신에게 맞는 투자 전략을 고른 뒤, 해당 전략에 대한 실전적인 조언이 담긴 장만 골라 읽어도 충분하다.

이 책의 목적은 투자자 스스로 자신에게 맞는 투자법을 선택하고, 그 전략 안에서 성공할 수 있도록 돕는 것이다. 이 책은 독자에게 "모든 전략을 다 잘하라."고 강요하지 않는다. 오히려 "한 가지 전략만 잘해도 은퇴까지 가능하다.”는 신념으로 쓰였다. 이제 당신의 투자 여정은 이 체크리스트에서부터 시작될 것이다.

나에게 맞는 주식 투자 방식 찾기

단기 투자 적합도 진단 체크리스트

단기 투자 성향

☐ 시장 이슈나 개별 종목 뉴스에 빠르게 반응하고 대응함으로써 수익을 내는 것이 좋다.

☐ 주식 매매를 통해 바로 당일, 늦어도 수일 내 성과(수익 or 손실)를 확인하고 싶다.

☐ 단기간에 수익 내는 것을 즐기고, 결과에 일희일비하지 않을 수 있다.

☐ 경제지표, 시황 뉴스, 종목 공시를 매일매일 챙겨 볼 수 있다.

☐ 기술적 분석(차트, 이동평균선 등)을 활용한 매매에 흥미가 있다.

☐ 매일 아침마다 주식 트레이딩 프로그램(HTS, MTS)에 접속한 후 집중할 시간 여유가 있다.

☐ 높은 수익률을 기대하는 만큼 손실 가능성도 감내할 수 있다.

☐ 지루한 기다림보다는 빠른 매매가 성격에 더 잘 맞는다.

☐ 전일 투자 성과가 부진했어도 오늘 투자를 망치지 않을 자신이 있다.

☐ 시세 흐름을 보는 것이 재미있고, 매매 과정에서의 긴장감을 즐긴다.

단기 투자 적성

- ☐ 변동성이 심한 장에서도 감정적으로 흔들리지 않는 편이다.
- ☐ 손절(손실 최소화)을 빠르게 결정할 수 있다.
- ☐ 차트 흐름이나 수급 변화 등을 빠르게 캐치할 수 있는 편이다.
- ☐ 순간적으로 매수·매도 판단을 빠르게 할 수 있다.
- ☐ 일정한 규칙(매매 기준)을 정하고 지키는 자기 통제가 강하다.

중장기 가치 투자 적합도 진단 체크리스트

중장기 투자 성향

- ☐ 주식은 '기업'에 투자한다는 생각이 확고하다.
- ☐ 최소 수개월, 보통 1~2년, 길면 수년 이상 보유를 통해 수익 내는 기다림에 부담이 없다.
- ☐ 기업의 펀더멘털(산업 전망, 실적, 재무제표, 성장성 등)을 분석하는 것이 흥미롭다.
- ☐ 시세에 휘둘리기보다 기업가치가 회복될 것을 믿고 기다릴 수 있다.
- ☐ 저평가된 좋은 기업을 싸게 사는 것이 좋은 투자라는 확신이 있다.
- ☐ 단기 급등보다는 복리 성장과 가치 상승에 관심이 많다.
- ☐ 장기적으로 경제가 성장할 것이라는 믿음을 갖고 있다.
- ☐ 자본주의는 망하지 않을 것이며, 폭락장이 오히려 저가매수 기회라는 믿음

이 있다.

☐ 기업 IR 자료, 실적 발표, 사업보고서 등을 공부할 의지가 있다.

☐ 매수 후 일정 기간 주가 하락기를 맞이하더라도 흔들리지 않을 자신이 있다.

중장기 가치 투자 적성

☐ 재무제표나 밸류에이션 지표에 어느 정도 익숙하다.

☐ 특정 산업군의 구조와 경쟁 구도, 성장 트렌드에 관심이 많다.

☐ 기다리는 시간 동안 기업 공부를 꾸준히 할 수 있다.

☐ 비인기 종목에 투자하는 것도 불안하지 않다.

☐ 장기 보유를 전제로 전략적 매수·매도를 설계할 수 있다.

배당주 투자 적합도 진단 체크리스트

배당주 투자 성향

☐ 단기간 큰 수익보다는 꾸준한 수익을 선호한다.

☐ '월급처럼 나오는 배당금'이 안정감을 준다.

☐ 리스크는 최대한 줄이고 자산을 지키는 데 관심이 많다.

☐ 배당일, 배당률, 시가배당률 등 주식 용어에 대해 기꺼이 공부할 용의가 있다.

☐ 고배당 기업이나 ETF에 관심이 많다.

□ 보유 자산의 현금흐름(캐시플로)을 중시하는 편이다.

□ 10년 이상 투자하며 시세차익은 크게 못 보더라도 꾸준한 배당 수익을 받는

게 더 좋다.

□ 다른 주식 대비 상대적으로 '안정적인 자산'을 모으는 것에 성취감을 느낀다.

□ ETF나 우량 금융주, 통신주 등 안정적인 산업에 관심이 있다.

□ 생활비 일부를 배당 수익으로 대체하고 싶은 마음이 있다.

배당주 투자 적성

□ 장기간 자산을 묶어 두더라도 심리적으로 불안하지 않다.

□ 느리지만 꾸준히 쌓이는 수익 구조에 만족할 수 있다.

□ 배당과 관련된 세금 및 수익 계산이 어렵지 않다.

□ 주식 거래가 활발하지 않아도 꾸준히 기업(ETF)을 팔로업할 수 있다.

□ 예산 계획을 세우고 장기 목표를 세우는 것을 잘하는 편이다.

2
단기 투자
고수의 가치관

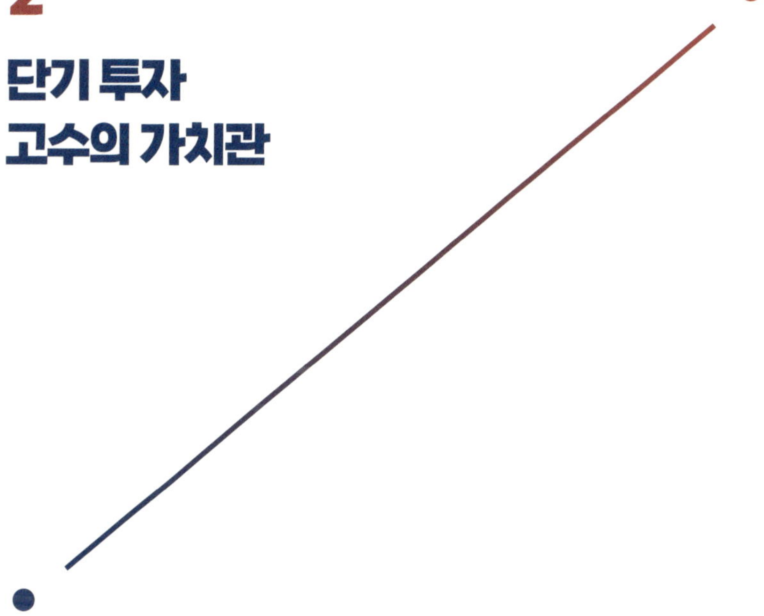

주식 투자를 처음 시작하는 사람들이 가장 많이 선택하는 전략은 단기 투자다. 이유는 단순하다. 단 하루 만에도 큰 수익을 거둘 수 있다는 달콤한 환상 때문이다.

애초에 주식을 시작하는 이들은 대부분 지금보다 더 많은 돈이 필요해서 예·적금보다 높은 수익을 찾아 시장에 들어온다. 그러니 긴 시간을 인내하는 방식보다 빠른 시일 내에 성과를 낼 수 있을 것 같은 단기 투자에 먼저 눈길이 가는 것은 어쩌면 당연하다.

낮아 보이는 진입장벽에 대한 오판도 일조한다. 중장기 투자에서는 반드시 필요한 과정인 재무제표 분석이나 산업, 기업에 대한 기본적 분석 과정을 생략한 후 차트와 수급에만 집중하다 보니, 공부가 덜 된 상태여도 당장 시작할 수 있는 '쉬운 길'처럼 오해하곤 한다.

'트레이딩'이라는 단어가 주는 전문성의 환상에 빠지는 함정도 치명적이다. 차트를 보며 신속하게 결단하고 수익을 쟁취하는 자신의 모습에 도취해 스스로 숙련된 투자자가 된 것 같은 기분에 휩싸이곤 한다.

하지만 준비 없는 단기 투자의 끝은 결국 '깡통'이다. 운 좋게 거둔 한두 번의 수익은 실력이 아니라 우연일 뿐이며, 시장은 머지않아 그 돈을 반드시 회수해 간다. 손실이 반복되면 마음이 조급해지고, 조급함은 원칙을 무너뜨린다. 원칙이 무너진 매매는 감정적으로 변하며 계좌는 걷잡을 수 없이 녹아내린다. 결국 최악의 함정인 불법 리딩방이나 사기성 정보에까지 발을 들이게 되며 처참하게 무너진다.

단기 투자는 결코 만만치 않다. 오히려 시장에서 가장 난도가 높은 방식이다. 짧은 시간 안에 결과가 나오는 만큼 사소한 실수가 치명적인 손실로 직결되기 때문이다. 그래서 매매 전략을 배우기 전에 먼저 갖춰야 할 것이 있다. 단기 투자 고수들이 공통으로 견지하는 '주식을 대하는 가치관'과 '사고방식'이다. 이 기반이 없다면 기술은 무기가 아니라 독이 될 뿐이다. 이제부터 시장에서 살아남는 투자자들이 어떤 기준으로 시장을 바라보고, 어떤 태도로 매매를 설계하는지 하나씩 정리해 보겠다.

겸손한 현실주의 – 가격만이 진실이다

단기 투자자에게 가장 위험한 태도는 주식과 사랑에 빠지는 것이다. 기업의 비전, 미래 성장 스토리, 장밋빛 전망은 단기 매매에서는 거의 도움이 되지 않는다. 단기 투자 고수들은 철저한 현실주의자다. 그들이 믿는 것은 오직 하나, 지금 이 순간 시장에 찍히는 가격이다.

뉴스가 아무리 좋아도 주가가 오르지 않는다면 그 뉴스는 이미 의미를 잃은 것이다. 반대로 악재가 쏟아지는데도 주가가 버틴다면 공포는 이미 반영되었을 가능성이 크다. 단기 투자 고수는 "내 생각이 맞는가?"를 묻지 않는다. 대신 "시장이 지금 무엇을 말하고 있는가?"를 본다.

이 태도의 출발점은 겸손이다. 단기 투자 고수는 스스로를 예언가라고 생각하지 않는다. "나는 시장을 예측할 수 없다. 그저 대응할 뿐이다." 이것이 기본값이다. 이 전제를 받아들이는 순간, 시장 상황에 휘둘리거나 동요하지 않고 그저 그때그때 상황에 맞춰 최적의 대응을 할 수 있게 된다.

추세 순응과 확률 사고 – 달리는 말에 올라타라

단기 매매에서 저평가된 주식을 사서 기다리는 전략은 비효율적이다. 단기 투자 고수들은 시장의 관심과 자금이 이미 쏠린 곳, 즉 수급이 붙은 주도주에 집중한다. 가격이 움직일 에너지가 있는 곳에서만 베팅한다.

단기 투자 고수의 질문은 늘 같다. "이 기업 향후 사업 전망이 좋은가?"가 아니라 "지금 이 순간 이 자리에서 이 기업 주가는 더 움직일 것인가?"

이다. 그래서 그들은 집요하게 다음 3가지를 본다.

첫째, 지금 이 순간 시장의 거래대금이 쏠리는 테마와 종목이 무엇인가?

둘째, 외국인, 기관 수급이 명확하게 집중되고 있는가?

셋째, 앞으로 더 크게 오를 수 있는 여건이 갖춰진 종목인가?

이 3가지가 충족되지 않는 종목에는 투자하지 않는다.

단기 투자 고수는 '좋은 뉴스'가 나온 저평가 기업에 투자해 돈을 벌려 하지 않고, 주가가 이미 잘 오르고 있는 주도주에서 돈을 벌려 한다. 또한 애매한 종목에서는 무리하지 않고, 확실한 종목이 없을 때는 '매매하지 않는 선택'을 할 수 있는 능력 역시 단기 투자 고수의 실력이다.

규칙 우선주의 – 속도가 아니라 절제가 실력이다

단기 투자 고수들은 손이 빠르기 때문에 성공한 게 아니다. 자기만의 명확한 매매 원칙이 있고 그 원칙을 온갖 유혹을 잘 참아 내며 지키기 때문에 성공한다. 초보자는 단기 투자를 '빨리 사고파는 것'으로 오해하지만, 단기 투자 고수는 절제하고 또 절제하며 '매매 원칙을 지키는 매매'만 하려 한다.

단기 투자 고수는 매수 버튼을 누르기 전에 이미 다음 질문에 답을 끝내 놓는다.

- 어떤 종목에 어떤 조건에서 진입할 것인가?
- 어떤 상황이 되면 틀렸다고 인정하고 손절하고 나올 것인가?

- 수익이 나면 어느 정도 수익률에서 나올 것인가?

만약 이런 규칙을 정립하지 않거나 지키지 않는다면 매매는 매번 감정의 영역으로 넘어간다.

"이번엔 다를 것 같은데?"

"조금만 더 기다리면 오를 것 같은데?"

하지만 이런 마음은 단기 투자 계좌를 망친다. 단기 투자에서 진짜 실력은 빠른 매수, 매도 클릭이 아니라 규칙을 지키는 절제력에서 나온다.

고수는 손절로 살아남고, 하수는 물타기로 죽는다

단기 투자는 100% 승률을 맞히려는 게임이 아니다. 열 번 중 네 번을 틀려도 여섯 번을 맞혀서 계좌를 조금씩 키워 나가는 확률 게임이다. 이 구조를 가능하게 하는 핵심 장치가 바로 손절이다. 단기 투자 고수에게 손절은 실패가 아니다. 자존심의 문제가 아니다. 손절은 다음 기회를 살 수 있는 돈을 지키는 행동이다.

초보자는 손절을 미룬다. 그러다가 물타기로 버틴다. 하지만 단기 투자에서 물타기는 대개 평균단가를 낮추는 게 아니라 평균 실력을 낮추는 선택이다. 손절하지 못하는 순간 단기 계좌는 중장기 계좌로 변하고, 그때부터 게임의 성격은 완전히 달라진다.

고수의 손절은 감정이 아니라 시스템이다. 시장과 종목이 내 매매 원칙에서 벗어나는 순간 미련 없이 나온다. 손절은 패배가 아니라 생존이며, 생존해야 다음 수익도 존재한다는 것을 알기 때문이다.

시간과 기회비용 – 시간은 기회비용이다

단기 투자자에게 가장 큰 손실은 원금 손실만이 아니다. 시간의 손실이다. 자금이 움직이지 않는 종목에 묶여 있는 동안 더 나은 기회는 계속 흘러간다. 그래서 단기 투자 고수들은 기회비용과 회전율에 집요하다.

수익이 나지 않는 구간에서는 과감히 물러난다. 시장의 관심을 받지 못해 소외받고 있어 요지부동인 종목에서도 과감히 물러난다. 잘못된 자리에 오래 머무는 것은 손실을 키우는 것보다 더 위험할 수 있기 때문이다. 단기 투자에서 복리는 '오래 버틴 결과'가 아니라 자금을 효율적으로 회전시킴으로써 만들어진다.

시장 심리와 반응 읽기 – 뉴스가 아니라 반응을 보라

주가는 결국 사람들의 관심과 투심으로 전환되어 매수세로 이어질 때 움직인다. 투심을 움직이는 것은 인간의 공포와 탐욕이다. 단기 투자 고수는 뉴스 내용 자체보다 그 뉴스 내용에 시장이 어떻게 반응하는지를 최우선으로 살핀다.

뉴스를 두고 호재인지 악재인지 판단하지 않는다. 단기 투자의 세계에는 자타공인 호재가 나왔는데도 주가가 오히려 빠지는 경우도 비일비재하기 때문이다. 호재가 나왔는데 주가가 못 오른다? 이미 다 반영된 재료다. 악재가 나왔는데 주가가 안 빠진다? 공포는 이미 소화된 것이다. 시장은 늘 답을 먼저 보여 주고, 뉴스는 그 뒤에 설명으로 붙는다. 그래서 단기 투자 고수는 이렇게 생각한다.

"해석은 나중이다. 먼저 수급동향과 시장의 반응을 본다."

이 사고방식이 있어야 소음이 아닌 시세의 본질에 집중하며 단기 투자를 해 나갈 수 있다

욕심 줄이고 루틴 쌓기 – 단기 투자는 운이 아니라 습관이다

단기 투자는 욕심을 키우면 망하고, 욕심을 줄이면 산다. 한 번의 큰 수익을 노리는 순간 레버리지는 커지고, 손절은 늦어지며, 계좌는 한 번에 흔들린다. 반면에 숙련된 단기 투자 고수들은 단기 수익을 한 방 승부의 결과로 보지 않는다. 확률이 유리한 구간에서 반복적으로 축적하는 과정으로 이해한다. 그들의 목표는 단순하다.

"크게 벌기보다 크게 잃지 않기."

이 태도가 결국 크게 버는 결과로 이어진다. 그리고 이 모든 것을 가능하게 하는 것이 루틴이다. 매매 전 체크리스트 점검, 손절선 사전 설정, 계획대로 실행, 장 마감 후 복기. 이 반복이 단기 투자를 운의 영역에서 확률의 영역으로 끌어올린다. 루틴이 없는 단기 투자는 운이자 사상누각이지만 루틴이 있는 단기 투자는 기술이 되고 내공이 된다.

단기 투자 고수들의 사고방식

5. 시간과 기회비용 (효율적 회전)
시간도 돈이다.
자금의 효율적인 회전이 곧 복리다.
정체된 종목
(기회비용 손실)
새로운 기회
(효율적 회전)

6. 시장 반응 읽기 (뉴스가 아닌 반응)
상한가 가즈아!
아니야, 폭락이다!
뉴스 믿고 풀매수!
폭락! 일괄 매도!
저 뉴스는 이미 주가에 반영됐군.
외국인 수급동향이 더 중요해.
난 여기서 차익실현.

7. 욕심 줄이고 루틴 쌓기 (습관의 힘)
매매 루틴
(짐검/실행/복기)
단기투자는 운이 아니라,
욕심을 줄이고
쌓아가는 습관이다.
고수의 핵심:
흔들리지 않는
마인드와 루틴!

결론: 고수의 흔들리지 않는 마인드
성공 투자
=
올바른 가치관
+
철저한 원칙
단기투자의 핵심은 기법이 아닌
흔들리지 않는 가치관과 태도!

　정리하자면, 단기 투자 고수는 손이 빠른 도박의 고수가 아니라 철저하게 규칙을 지키며 유혹에 흔들리지 않는 사람이다. 예측하지 않고 대응하며, 욕심내지 않고 규칙을 지킨다. 한 번의 큰 승부수가 아니라 적게 이기더라도 더 많이 이기는 매매 원칙을 만든다.

　이 사고방식이 먼저 갖춰지지 않으면 어떤 누구도 단기 투자자로 성공하지 못한다. 단기 투자의 출발점은 일격필살의 매매 기법이나 백전백승 기술적 분석이 아니라 바로 이 사고방식이다.

CHAPTER 2

단기 투자 고수의 매매법

짧게, 빠르게, 반복한다

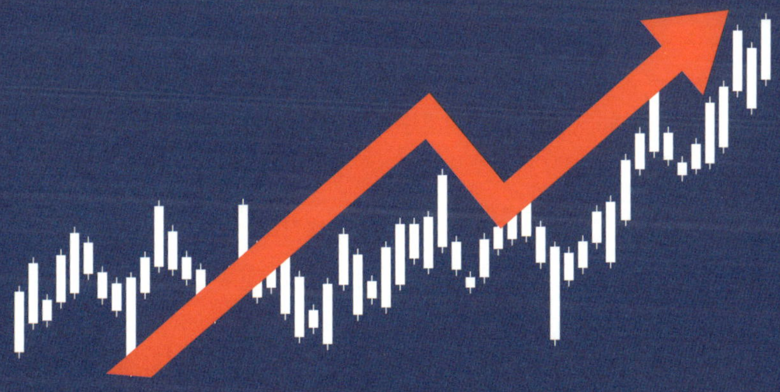

1

단기 투자의
4원칙

단기 투자(단타)의 매력이 무엇이라고 생각하는가?

1. "짧은 시간 안에 큰돈을 벌 수 있다."

2. "오랜 시간 꾸준히 수익을 쌓아 가며 리스크를 관리할 수 있다."

1번을 골랐다면 전형적으로 단타를 하면 안 되는 사람이다. 아니, 주식 자체를 하면 안 되는 사람이라고 해도 과언이 아니다. 단타에 대한 개념을 조금 더 올바르게 장착하기 위해 도박과 단타의 차이에 대해서도 알아보자. 아직도 많은 사람이 주식 투자, 특히 단타를 도박과 크게 다르지 않다고 생각한다. 그 이유는 단타가 가진 몇 가지 특성 때문이다.

첫째, 단기 결과 지향성이다. 단타는 짧은 시간 안에 수익과 손실이 결정된다. 몇 분 만에 수익이 나기도 하고 손실이 나기도 한다. 결과만 놓고 보면 슬롯머신처럼 운에 맡기는 게임처럼 보이기 쉽다.

둘째, 즉흥성이다. 시장이 빠르게 움직이다 보니 뉴스나 종목 게시글 하나만 보고 즉시 매수·매도를 결정하는 모습이 충동적으로 보이기도 한다. 분석보다 '감'에 의존하는 일부 투자자들의 행동이 단타 전체를 도박처럼 보이게 만든다.

셋째, 한 방 심리다. 단기간에 큰돈을 벌겠다는 욕심이 강해질수록 투자라기보다 베팅에 가까운 행동을 하게 된다. '한 번에 크게 벌겠다.'는 심리가 도박의 올인 본능과 닮았기 때문이다.

이처럼 단기 결과 지향성, 즉흥성, 한 방 심리 같은 속성 때문에 단타는 표면적으로 도박과 유사해 보인다. 그러나 본질은 전혀 다르다. 도박은 고정된 확률 위에서 운에 전적으로 의존하는 행위다. 반면 단타는 공부와 분석을 통해 확률을 유리하게 설계할 수 있는 전략적 판단의 영역이다. 단타 투자자는 시장 데이터를 기반으로 진입 시점과 손절선, 익절선을 사전에 설정하고 거래량과 심리 흐름을 분석해 리스크를 통제한다. 도박처럼 운에 돈을 거는 것이 아니라 돈을 벌 수 있는 과정과 매매 원칙을 만들어 가는 것이 단기 투자인 것이다.

도박이 한 번의 판에서 모든 것을 거는 게임이라면, 단타는 수십 번의 거래를 통해 통계적 우위를 만드는 관리 전략에 가깝다. 둘 다 확률 위에

단타와 도박의 차이

① 짧은 시간 큰 돈
(일확천금)
② 오랜시간 꾸준한 수익
땡! 그 길은 파멸! 당장 주식을 그만두세요!
당연히 ①번! 대박 가즈아~!

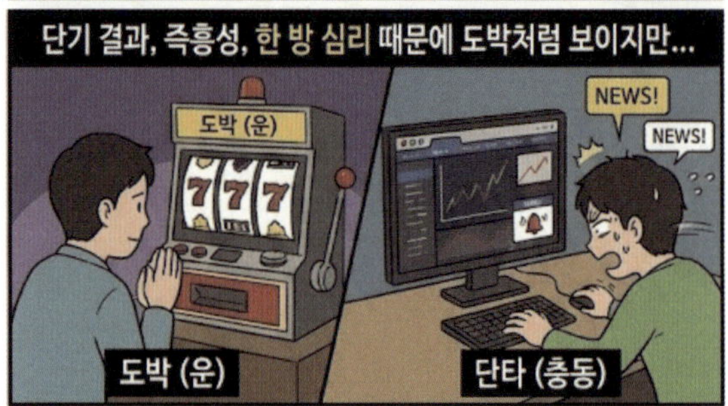

단기 결과, 즉흥성, 한 방 심리 때문에 도박처럼 보이지만...
도박 (운)
NEWS!
NEWS!
도박 (운)
단타 (충동)

도박 = 운을 기다림
(파도에 몸을 맡김)
단타 = 확률을 설계함
(데이터로 파도를 읽고 기술로 투자)

단타는 '한 방'이 아닙니다.
'적은 수익이라도 꾸준히 쌓아가는 전략 투자'입니다.
아하! 실력으로 쌓는 거였군요!
단타 = 감(感)이 아닌 철저한 데이터 기반의 확률 게임!

서 있다는 점에서는 같지만, 도박은 운에 기대고 단타는 확률을 설계한다는 점에서 본질이 다르다.

결국 단타는 '운을 기다리는 행위'가 아니라 확률을 관리하는 기술이다. 감에 의존하는 매매는 도박이 되지만 기준과 원칙에 따른 반복은 전략이 된다. 이러한 차이가 분명하기 때문에 나는 단타를 단번에 큰 수익을 노리는 방식이 아니라 작은 수익을 반복해 쌓아 가는 투자 전략으로 정의한다. 단타가 '돈을 잃지 않도록 설계된 전략'이 되기 위해서는 반드시 지켜야 할 2가지 원칙이 있다.

첫째, 수익금은 인출하라

단타의 첫째 원칙은 수익금을 재투자하지 않고 꾸준히 인출해 투자금을 일정하게 유지하는 것이다. 많은 사람이 주식 투자라 하면 '수익금 재투자'와 '복리의 힘'을 떠올린다. 수익이 발생하면 그 수익을 소비하지 않고 그대로 재투자해 복리로 자산을 극대화해 가는 것이 교과서적인 전략으로 자리 잡았기 때문이다. 하지만 이 원칙은 중장기 가치 투자나 배당주 투자에서만 유효한 전략이다.

단타는 전혀 다른 세계다. 수익금을 인출하지 않고 계속 재투자하는 것은 오히려 패가망신으로 가는 지름길이 된다. 단타는 기업의 펀더멘털보다는 하루하루의 수급, 시장 심리, 돌발 뉴스에 의해 움직이기 때문이다. 예측 불가능한 시장인 동시에 매매 빈도까지 높기 때문에 언제든 예상치 못한 손실이 발생할 수 있는 것이 단기 투자다. 이 불확실성 속에서 수익금을 인출하지 않고 계속 굴리면 언젠가 단 한 번의 실수로도 회복하기 어려울 정도의 큰 손실을 맞이하게 된다.

따라서 수익이 났을 때는 일부를 반드시 인출해 위험을 분산시키고, 계좌의 예수금을 일정한 수준으로 유지해야 한다. 그렇게 해야만 만약 예상치 못한 손실이 발생하더라도 인출해 둔 수익금을 활용해 계좌가 무너지는 것을 막을 수 있고, 다음 날 다시 정상적인 투자 리듬을 회복할 수 있다.

예를 들어, 계좌의 예수금을 4,000만 원으로 세팅해 두고 1,000만 원 수익이 나서 계좌의 잔고가 5,000만 원으로 늘어났을 때 1,000만 원의 수익은 인출하고 처음과 같이 예수금 4,000만 원 상태를 유지하는 것이다. 수익이 났을 때는 수익을 출금하지만, 4,000만 원으로 세팅해 둔 계좌에서 손실이 날 경우에는 추가 입금을 하지 말아야 한다. 그대로 투자를 지속해 4,000만 원을 넘어서게 되면 그 이후의 수익금은 다시 출금하는 식으로 계좌를 운용해야 한다.

이 원칙만 지킨다면 손실의 위험은 4,000만 원 이내로 한정되고 수익이 나는 금액은 그대로 인출해 수익금을 완전한 내 돈으로 쌓아 가며 투자를 지속할 수 있다. 이 방법은 시장 상황이 좋지 않을 때나 슬럼프에 빠져 손실을 거듭하는 상황이 오더라도 손실을 최소화할 수 있는 방법이다.

위의 적정 예수금은 예시일 뿐 본인의 그릇에 맞는 금액으로 설정하길 바란다. 본인이 감당할 수 있는 금액만큼 예수금을 설정해 두고 투자 실력이 충분히 키워져 꾸준히 수익이 날 때 예수금을 서서히 늘려 나가야 한다. 항상 냉정한 투자 판단을 유지할 수 있도록 본인 그릇의 크기에 맞는 예수금을 파악하여 설정하고 수익은 지속적으로 출금한다면, 안정적으로 수익을 쌓아 가며 수익금은 완전한 내 돈으로 만들고 손실은 최소화하는 단기 매매를 할 수 있게 된다.

단타에서 수익금 인출은 단순한 현금 확보가 아니다. 리스크 관리의 핵심 원칙이자 다음 거래를 위한 심리적 안전장치다. 힘들게 쌓은 수익을 한 번의 실수로 모두 잃지 않기 위해서는 항상 일정한 투자금 규모를 유지하고 인출한 수익을 다시 일어설 수 있는 발판으로 삼아야 한다.

둘째, 주식을 최대한 짧게 보유하라

단타의 둘째 원칙은 주식을 가능한 한 짧게 보유하는 것이다. 주식 시장에는 매일 수많은 호재와 악재가 쏟아진다. 하지만 대부분의 호재는 이미 시장에 어느 정도 예견된 상태로 존재한다. 예를 들어, 어떤 기업이 새로운 상품을 개발하고 있고, 그 상품이 특정 고객사에 납품될 것이라는 기대감은 빠르면 수년 전부터, 늦어도 몇 달 전부터 이미 투자자들 사이에 인식되어 있다. 즉 호재의 규모나 시점은 불확실하더라도 그 호재의 가능성과 내러티브는 미리 시장에 반영되어 있다는 것이다.

반면에 악재는 대부분 예고 없이 찾아온다. 2024년 12월 3일 사상 초유의 비상계엄과 그로 인한 주가 폭락, 2019년 코로나19 팬데믹으로 인한 세계 증시 붕괴, 2001년 9·11 테러와 같은 사건은 누구도 예상할 수 없었던 전형적인 예측 불가의 악재였다. 이런 사건들은 보유 중인 주식의 가치를 단숨에 수십 퍼센트 이상 폭락시켰다. 이러한 대형 변수 외에도 기업 내부자가 아니면 결코 알 수 없는 리스크, 예를 들어 분식회계, 횡령, 허위공시, 압수수색 등은 외부 투자자가 미리 대응하기 어렵다.

이처럼 시장에는 수많은 돌발 리스크가 도사리고 있다. 따라서 단타를 할 때는 최대한 외부 변수에 노출되는 시간을 줄여야 한다. 주식을 오래 보유할수록 예측 불가능한 리스크에 노출될 확률은 기하급수적으로 늘어난다. 즉 단타의 본질은 "싸게 사서 비싸게 판다."가 아니라 "불확실성에 노출되는 시간을 최소화한다."는 데 있다.

이 원칙을 지킨다면 단기 매매는 장기 투자보다 오히려 안전한 투자 방식이 될 수 있다. 단기 매매에서는 수익이 발생할 때마다 일정 금액을 인출하고, 매매를 하지 않는 날에는 계좌에 종목을 보유하지 않는 것이 바람직하다. 그렇게 해야 예측 불가능한 시장 충격이 오더라도 손실을 제한할 수 있다. 이것이 단타를 '위험한 투기'가 아니라 '안정적인 기술적 매매'로 만드는 핵심 원칙이다.

셋째, 투자 전략별로 계좌를 분리하라

만약 단기 매매와 장기 투자, 혹은 배당주 투자를 병행하려 한다면 투자 전략별로 계좌를 분리해야 한다. 단기 매매와 장기 투자는 종목을 바라보는 기준 자체가 다르기 때문이다. 중장기 가치 투자자가 선호하는 저평가 상태에 있는 우량주는 단기 매매 관점에서는 절대 건드리면 안 되는 시장으로부터 소외받는 종목이고, 반대로 단기 매매에서 수익 기회가 많은 종목은 주로 전고점을 뚫고 신고가를 쓸 정도로 이미 상승한 상태일 가능성이 높아 중장기 투자자로서는 신규 진입을 권장하지 않는 고평가·고위험 종목일 가능성이 높다.

특히 단기 매매로 진입한 종목이 손절 시기를 놓쳐 어느새 '의도치 않은 장기 투자 종목'으로 바뀌는 경우가 많다. 이런 상황이 반복되면 계좌 전체의 손실 폭이 커지고, 무엇보다 투자자의 원칙이 흔들리기 시작한다. 반면에 전략별로 계좌를 명확히 분리해 두면 이러한 실수를 방지할 수 있을 뿐 아니라 전략별 성과를 구체적으로 분석하기도 훨씬 쉽다.

결국 단타의 셋째 원칙은 단순한 기술적 지침이 아니라 예측 불가능한 시장에서 자신을 보호하기 위한 리스크 관리의 철학이다. 단타에서 중요한 것은 더 오래 버티는 것이 아니라 더 빨리 대응하고 더 짧게 머무르는 것이다. 시장을 오래 쳐다볼수록 위험은 커지고, 짧게 접근할수록 생존 확률은 높아진다.

넷째, 고정수입이라는 생존 환경을 갖춘 상태에서 시작하라

당장 수익을 얻기 위해 학업이나 직장 생활을 포기하고 주식 투자에 집중하는 선택은 절대 추천하지 않는다. 직장을 그만두고 전업 투자를 하게 되면, 지금 받는 월급만큼은 반드시 벌어야 한다는 압박감이 생기고, 이 심리적 부담은 투자 판단을 지속적으로 뒤흔들기 때문이다. 아무리 좋은 투자 기법을 가지고 있더라도 심리 상태가 무너지면 투자에서 실패할 수밖에 없다.

주식 투자는 아무리 능력이 뛰어난 사람이라도 잘못된 판단으로 언제든 큰 손실을 볼 수 있는 영역이다. 시장 상황이 따라 주지 않으면 실력이 좋아도 수익을 내기 쉽지 않은 것이 주식 투자의 현실이기도 하다. 그런데 전업 투자 상태에서 매월 고정수익을 만들어야 한다는 압박감이 전제된다면, 한동안 수익을 내지 못하는 위기가 찾아왔을 때 그 위기를 이겨낼 확률은 더더욱 낮아지게 된다.

내가 주식 투자자로 살아남을 수 있었던 가장 큰 이유 중 하나도 주식 투자를 온몸으로 배우던 시기에 매월 월급을 받는 직장인이었다는 점이다. 당장 주식 투자로만 생활비를 벌어야 한다는 부담이 없었고, 주식으로 수익을 내지 못하던 시기에도 직장에서 버는 월급으로 생활이 가능했기 때문에 실패에 대한 심리적 압박감이 훨씬 덜했다. 이런 여유가 있었기에 시행착오를 겪으면서도 무너지지 않고 오래 버틸 수 있었다고 생각한다.

만약 당신이 전업 투자자의 삶을 고민하고 있다면 본격적으로 나서기에 앞서 한동안 주식 투자 수익금이 전혀 없더라도 생활에 지장이 없을 만한 환경을 반드시 먼저 갖춰 두길 바란다. 또는 오후 시간대나 주말을 활용해 주식 외에 고정수입을 만들어 두어, 심리적 압박감을 줄여 주는 완충 장치를 마련하는 것도 좋은 방법이다. 이런 대비가 되어 있어야 "당장 수익을 내야 한다."는 조바심과 압박감에서 벗어나 안정적으로 투자 실력을 키워 갈 수 있다.

또한 자신의 성향도 점검해야 한다. 수익이나 손실에 따라 감정 변화가 심하거나, 손절매를 잘하지 못하거나, 보유 종목에 지나치게 집착해 냉정한 판단을 하지 못하는 성격이라면 주식 투자, 특히 단기 매매는 적합하지 않다. 반면에 잘못 샀다고 판단되는 순간 지체 없이 손절할 수 있는 사람은 주식 투자로 성공할 가능성이 매우 높다.

2
단기 매매의 종류

단기 매매는 당장 주가가 상승할 수 있는 기업에 투자하는 전략이다. 단기 매매를 할 때는 기업 가치에 대한 기본적 분석 내용은 고려하지 않는다. 주가가 상승하는 과정은 보통 옆의 그림과 같다. 차트와 뉴스, 외국인과 기관의 매수세를 파악하는 등 기술적 분석에 집중한다. 투자자들이 어떤 종목에 관심을 많이 가지고 있는지, 많은 사람이 매수하고 싶어 함으로써 수급이 몰리는 종목이 무엇인지 파악하는 것이 핵심이다.

단기 매매라고 해서 다 똑같은 건 아니다. 단기 매매에도 종류가 있다.

주가가 상승하는 과정

재료

– 실적 성장(매출, 영업이익)

– M&A, 신사업

– 정부 정책, 규제 완화

– 산업 사이클(전방 수요, 업황)

– 기술 개발, 임상 결과, 특허

– 글로벌 파트너십, 수출 확대

– 기관 리포트, 목표가 상향

수급

– 개인, 기관, 외국인 순매수 증가

– 거래량, 거래대금 급증

– 뉴스, 이슈로 촉발된 매수세 유입

– 프로그램 매매, 알고리즘 매수 흐름

– 단기 수급 테마 형성

– 단타 세력, 단기 자금 유입

결과

– 주가 상승(양봉 확대, 돌파, 신고가)

– 추세 전환(하락→상승 전환)

– 변동성 증가(상승 탄력 강화)

– 시장 관심도 증가

(SNS, 언론, 리포트 언급 확대)

기본적 분석 & 기술적 분석

기본적 분석

· 기업의 내재가치를 평가해 현재 주가가 저평가 상태인지, 고평가 상태인지 분석

· PER·PBR·ROE 같은 재무지표와 재무제표를 통해 회사의 수익성·건전성·성장성을 파악

· 기업 자체의 가치를 먼저 따지는 방식으로, 중장기 가치 투자와 배당주 투자에 주로 활용

기술적 분석

· 기업 내용보다 주가·거래량의 흐름과 패턴을 분석해 매수·매도 시점을 판단하는 방법

· 이동평균선·RSI·MACD·지지·저항 등 차트 신호를 읽어 수급과 심리 동향 파악

· "지금 이 가격에서 사도 되는가?"를 결정하는 방식으로 단타·스윙 같은 단기 매매에 주로 활용

단기 매매는 보유 기간에 따라 스캘핑(Scalping), 데이 트레이딩(Day Trading), 스윙 매매(Swing Trading) 3가지 전략으로 나눌 수 있다.

스캘핑은 단기 매매 중에서도 가장 짧은 시간 단위로, 포지션을 몇 초에서 몇 분 내에 정리하는 초단타 기법이다. 아주 작은 가격 변동(틱)을 포착해 이익을 실현하며, 하루에 수십 번에서 수백 번 거래한다. 높은 집중력과 빠른 판단력이 필수적이고, 잦은 거래 횟수로 인해 거래 비용 관리가 매우 중요한 전략이다.

데이 트레이딩은 하루(당일) 안에 매수와 매도를 모두 완료하여 포지션을 다음 날로 넘기지 않는 매매 방식이므로 밤사이 발생할 수 있는 예상치 못한 위험(장 마감 후 악재, 미국 증시 영향 등)을 회피할 수 있다. 수분에서 수시간 동안 포지션을 유지하며, 당일의 뉴스나 기술적 분석을 주된 근거로 삼는 매매 방식이다.

스윙 매매는 며칠에서 몇 주 동안 종목을 보유하며, 시장의 단기 추세 변화를 활용해 수익을 추구하는 매매 방식이다. 기업 실적 발표, 주요 경제 이벤트, 예상되는 호재 등 단기 모멘텀을 분석해 진입과 청산 시점을 결정한다. 다만 보유 기간이 길어질수록 장 마감 이후의 돌발 변수나 미국 증시의 영향에 노출될 위험이 존재한다.

스캘핑과 데이 트레이딩은 즉각적이고 빠른 판단이 필요하고 보유 기간을 짧게 가져가기 때문에 주식 시장이 열리는 시간 동안 오직 주식 거래에만 집중할 수 있는 사람 또는 전업 투자자에게 적합한 기법이다. 반면에 스윙 매매는 스캘핑과 데이 트레이딩과 비교하면 주식 보유 기간이 길고 주로 정규 시간이 시작하는 시간과 끝나는 시간에 거래하므로 직장인도 활용 가능한 매매 방식이다.

스캘핑과 데이 트레이딩은 종목을 보유한 채로 오버나이트(하루 이상 주식을 보유하는 것)하지 않기 때문에 미국 증시를 포함한 외부 변수에 노출되지 않는다. 국내 증시는 미국 증시의 영향을 많이 받는 특징이 있다. 미국 증시가 상승하면 다음 날 국내 증시도 상승할 확률이 높고, 반대로 미국 증시가 하락하면 국내 증시도 하락할 확률이 높다. 그 때문에 스윙 매매를 선택할 경우 미국 증시를 포함하여 예상하지 못한 외부 변수에 노출될 수 있으므로 주가 방향성 역시 고려 요소에 포함시켜야 한다.

그렇다면 단기 매매를 할 경우 3가지 방법 중에서 어떤 방식을 선택해야 할까? 하루 중 주식 거래가 가장 활발하게 이루어지는 오전 9~11시에 집중해서 투자할 수 있는 상황이라면 3가지 단기 매매 기법을 모두 고려해 볼 수 있다. 그러나 학업 또는 직장 생활로 인해 오전 시간에 주식 투자에 온전히 집중할 수 없는 상황이라면 스캘핑과 데이 트레이딩 기법보다는 스윙 매매를 주력으로 갈고닦는 것이 적절할 것이다.

3
단기 매매가
좋은 투자
전략인 이유

첫째, 리스크가 작다

혼히 '단기 매매'라고 하면 변동성이 크고 위험하다고 생각한다. 주식 투자에 관한 많은 격언도 단기 투자를 부정적으로 말하며, 단타는 깡통 차는 지름길이라 피하라고 이야기하기도 한다. 그러나 올바른 방식으로만 접근한다면 한국 주식 시장에서 단기 투자는 오히려 가장 안전한 투자법 중 하나가 될 수 있다.

주식은 본질적으로 원금 손실의 위험을 안고 있는 투자 상품이다. 단기 투자를 하든 장기 투자를 하든, 심지어 우량주에 투자하더라도 주식을 보유하고 있는 한 리스크는 언제나 존재한다. 보유하고 있다는 사실 자체가 '언제든 떨어질 수 있는 가능성'을 항상 품고 있기 때문이다.

반면에 단기 투자는 매매하는 날을 제외하면 종목을 보유하지 않는 것이 기본값이다. 즉 '현금 상태'가 디폴트이기 때문에 보유 리스크를 가장 낮춘 방식으로 시장에 접근하게 된다. 여기에 단기 투자의 장점이 있다.

모든 악재는 언제나 예상하지 못한 순간에 갑자기 찾아온다. 그 누구도 악재가 예정된 기업의 주식을, 그 악재가 터지기 전에 일부러 매수하지 않기 때문이다. 즉 모든 악재는 근본적으로 예측 불가능하며, 주식을 보유하고 있는 순간은 언제든 그 리스크에 노출되어 있는 상태다.

이 예측 불가능한 악재에 대비하는 현실적인 방법은 단 한 가지뿐이다. 악재가 발생하기 전에 그 종목에 대한 매수·매도를 모두 끝내고 보유 기간을 최소화하는 것이다. 단기 투자를 하면 오전 중에 매수하고 장 마감 전에 매도함으로써 계좌에 주식이 없는 상태를 기본값으로 유지할 수 있고, 이로 인해 '보유 리스크'를 최소화한 상태로 시장에 접근할 수 있다.

단기 투자는 보통 오전 중에 매수하고, 장 마감 전에 매도하는 방식으로 진행되므로 평상시 계좌에는 주식이 아닌 현금만 남아 있다. 스윙이나 오버나이트처럼 특별한 이유가 있을 때를 제외하면, 기본적으로 주식을 가지고 있지 않으므로 악재에 노출될 가능성도 최소화된다. 또 현금이 많기 때문에 언제든 새로운 종목을 편입해 수익 기회를 잡을 수 있다는 장점도 있다.

게다가 앞서 말한 매매 원칙처럼 단기 매매에서는 수익금을 그날그날 출금하기 때문에 자금의 크기를 스스로 통제하기 편하고, 본인의 그릇에 맞는 자금 관리가 가능하다. 단기 투자가 위험하다는 이야기는 단기 투자의 일부만 보고 전체 구조는 이해하지 못한 데서 생긴 오해에 가깝다. 단기 투자의 원리를 이해하고, 지켜야 할 원칙을 철저히 지키며 매매한다면 단기 투자는 결코 위험한 투자가 아니다. 오히려 가장 안전하고, 가장 합리적이며, 리스크가 가장 통제된 투자 방식이 될 수 있다.

둘째, 소액으로 당장 시작할 수 있다

단기 투자는 투자금이 많지 않아도 쉽게 시작할 수 있는, 누구에게나 접근성이 좋은 투자 방법이다. 많은 사람이 주식 투자를 하려면 초기 자금이 많이 필요하다고 생각하지만, 실제로는 그렇지 않다. 단기 투자는 100만 원만 있어도 충분히 시작할 수 있고, 그보다 적은 금액으로도 당장 실전 매매를 시작하는 데 전혀 문제가 없다. 오히려 본인의 그릇(자신의 매매 원칙에 따라 냉정하게 투자 판단을 내릴 수 있는 규모)보다 큰 금액으로 시작하면 판단이 흐려지고, 냉정해야 할 상황에서 감정적으로 대응해 수익을 낼 수 있었던 자리에서 손실을 보기 쉽다.

또 한 가지 중요한 점은 투자금의 규모가 커질수록 즉각적인 매매 체결이 어려워진다는 사실이다. 주식 시장에서의 매매는 사고자 하는 사람과 팔고자 하는 사람이 제시한 가격이 맞아떨어지는 지점에서 이루어진다. 그런데 투자금이 커지면 자연스럽게 매매해야 하는 주식 수량도 많아지고, 그만큼 내가 원하는 가격에 즉시 주문을 체결하기가 점점 어려워지는 것이다. 특히 스캘핑처럼 짧은 시간 안에 빠르게 매수·매도해야 하는 기법일수록 이 문제가 더 크게 나타난다. 금액이 커질수록 주문 체결이 지연되거나 가격이 밀릴 가능성이 높아진다. 이런 특징 때문에도 앞서 말한 '수익금을 지속적으로 출금해 투자금 규모를 일정하게 유지하는 원칙'은 매우 중요하다.

또한 본인의 그릇 크기를 초과한 투자금으로 매매할 경우 커진 손익 규모만큼 마음이 더 크게 흔들려 냉정한 판단을 하기 어려워진다. 단기 매매에서는 심리를 냉정하게 안정적으로 유지하는 것이 무엇보다 중요한데, 과한 투자금은 이성적인 결정 대신 감정적인 대응을 초래해 실패 확률을 높인다.

단기 투자는 100만 원이면 충분히 시작할 수 있다. 소액이라도 올바른 방법으로 투자한다면 수익은 자연스럽게 쌓인다. 설령 당장 100만 원이 없더라도 문제없다. 현실적으로 100만 원은 한두 달 정도 아르바이트만 해도 모을 수 있는 금액일 뿐 아니라 그보다 더 적은 금액으로도 단기 투자를 시작할 수 있기 때문이다.

셋째, 하락장에도 돈을 벌 수 있다

상승장에는 어떤 투자법을 선택하든 대부분 수익을 낼 수 있다. 그러나 하락장이 온다면 장기 투자자는 그저 손실을 감내하며 지수 반등과 함께 내 종목이 오를 때까지 버티는 방법 외에는 달리 할 수 있는 게 없다. 그러나 단기 투자는 기본적으로 수익을 낼 수 있을 만한 종목이 보이지 않는다면 매매를 하지 않는 것이 원칙이기 때문에 계좌에 보유 종목이 없는 것이 기본값이므로 계좌에 보유 종목이 없으니 하락장의 리스크를 거의 받지 않는 투자법이라 볼 수 있다.

더 나아가 단기 투자는 하락장에도 오히려 돈을 벌 수 있는 투자법이다. 하락장이어서 지수 상승을 견인하는 주도 테마나 주도주는 없을지라도 그날 급등하는 종목, 그날 상한가에 가는 종목은 반드시 있기 때문이다.

실제로 최근 5년만 돌아봐도 지수는 폭락하고 대부분의 종목이 무너져 내리던 시기에도 몇 배에서 많게는 수십 배까지 폭등했던 종목이 분명히 존재했다. 예를 들어, 2020년 3월 코로나19 팬데믹 때문에 코스피가 2,200대에서 1,439까지, 코스닥이 700대에서 428까지 폭락할 때 대부분의 투자자는 공포에 묶여 아무것도 할 수 없었다.

그러나 이 하락장 직후 2차전지와 로봇이라는 명확한 주도 섹터가 등장하면서 에코프로비엠은 저점 대비 10배 이상 올랐고, 에코프로는 무려 20배 이상 상승하며 한동안 "국내 증시 최고의 수익률 종목"으로 불렸다. 같은 시기에 레인보우로보틱스 역시 코로나19로 인한 구조적 변화와 삼성전자의 로봇 투자 테마가 맞물리며 1만 원대였던 주가가 50만 원에 근접할 정도로 15배 이상 폭등했다.

2022년 러시아-우크라이나 전쟁 때도 마찬가지다. 전쟁 충격으로 지수는 연일 급락했고 투자심리는 극도로 위축됐지만, 사료·곡물의 수급 불안 문제가 등장하며 오히려 사료 관련주들이 폭발적으로 뛰었다. 한일사료는 2,000~3,000원대에서 시작해 최대 5만 원대 중반까지 올라 약 20배가 넘는 상승률을 기록했고, 현대사료 역시 3,000원대에서 3만 원을 넘기며 10배 가까이 치솟았다(2022년 6월 주식 분할 고려). 시장 전체가 붕괴되는 와중에도 특정 테마가 붙은 종목은 오히려 반대로 급등한 것이다.

2024년 12월 비상계엄 이슈가 터졌을 때도 상황은 비슷했다. 지수는 820대에서 670대로 밀리며 코스닥 전체가 단숨에 흔들렸지만, 정치 테마주는 오히려 상한가 행진을 이어 갔다. 대표적으로 오리엔트정공은 지수가 폭락하는 그 시점에 연속 상한가를 기록하며 단기간에 수 배 오르는 흐름을 보여 줬다.

이처럼 지수가 하락해도 오르는 주식은 있기 마련이므로 단기 투자는 하락장에도 돈을 벌 수 있다. 하락장이라고 해서 반드시 모든 종목이 떨어지는 것은 아니며, 어떤 종목은 시장의 공포를 비집고 올라오기도 하기 때문이다. 단기 투자는 이렇게 "지수와 무관하게 테마와 수급, 이슈에 기반하여 급등하는 개별 종목"을 포착하여 수익을 내는 전략이기 때문에 하락장에서도 기회를 만들 수 있다.

주식 시장이 하락하는 상황일지라도 시장에는 늘 그 상황에 맞춰 사람들이 사고 싶어 하는 주식이 있다. 급락장 속에서도 시장을 주도하는 테마의 대장주 흐름에 잘 올라타기만 한다면 손실을 메우고 수익을 내는 것도 가능한 것이 단기 투자다.

단기 매매가 좋은 투자 전략인 이유

4

단기 매매 종목 선별 (기초)

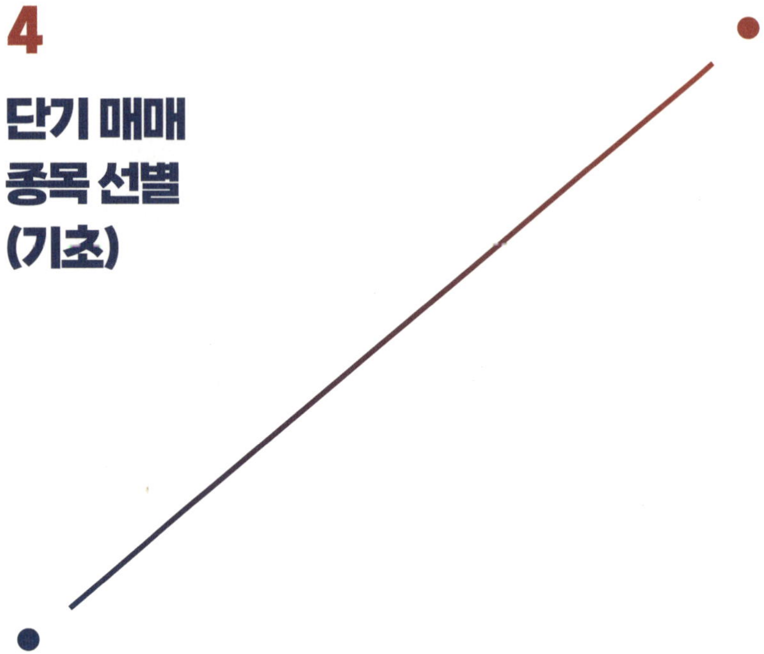

시장 주도 테마를 잡아라

주식 시장에는 항상 테마가 존재한다. 테마는 유행과도 같아서 새로운 테마가 생겨나기도 하고 과거 유행했던 테마가 다시 유행하기도 한다. 성공적인 단기 투자의 핵심은 모두의 관심을 받아 시장을 주도하는 테마의 대장주를 찾아 공략하는 것이다.

코로나19는 국내 증시에 폭락장을 만들어 냈던 대표적인 악재 중 하나다. 코로나19 팬데믹으로 주가가 그야말로 반 토막 난 종목도 부지기

수다. 중·소형주뿐 아니라 모두가 우량주라고 생각하는 대기업의 주가도 마찬가지였다. 하지만 이런 상황에도 코로나19 팬데믹의 수혜주인 코로나19 진단키트, 코로나19 치료제 관련주 주가는 시장 상황과 반대로 큰 폭의 상승세를 보였다.

2020년 1~4월 코로나19 초기에 국내 증시는 마스크, 진단키트, 치료제라는 3가지 축을 중심으로 폭발적인 상승이 일어났다. 전 세계 PCR 수요가 폭증하던 시기에는 진단키트 대장주 씨젠이 6개월 만에 10배 넘게 오르며 대표 수혜주로 자리 잡았다. 멕아이씨에스·수젠텍·랩지노믹스 같은 진단 업체들도 두세 달 사이 3~5배 치솟았고, 치료제 테마의 신풍제약은 '피라맥스 기대감' 하나로 7,000원 대에서 21만 원대까지 약 30배 폭등하는 이례적 흐름까지 만들었다. 마스크 대란이 터지자 웰크론, 오공, 모나리자, 케이엠 같은 마스크, 부직포 업체들이 단기간 2~4배 급등하기도 했다.

이처럼 예상치 못한 악재가 발생해 시장 전반이 급락하더라도 오히려 주가가 오르는 테마와 주식은 항상 존재한다. 이렇게 시장을 주도하는 테마를 잘 활용한다면 어떤 상황에서도 얼마든지 수익을 낼 수 있는 게 단기 투자다.

코로나19 테마주와 같이 하락장에서 상승하는 테마도 있지만, 상승장에서 다른 종목들보다 압도적으로 더 강력한 상승세를 보여 주는 테마도 있다. 2023년 상반기 코스피 지수는 연초 2,236포인트에서 6월 말 2,564 포인트까지 14.66% 상승했다. 글로벌 경기 회복 기대와 함께 주식 시장 전체가 호황을 맞이한 결과였다.

하지만 이러한 대상승 역시 모든 종목이 균등하게 오르며 만들어진 것이 아니었다. 특정 테마가 시장을 주도하며 몇 배에서 수십 배의 폭발적인 상승을 이끌어 낸 것이다. 대표적으로 2차전지 테마가 그랬다. 전기차 배터리 수요 폭증과 글로벌 공급망 재편으로 인해 이 섹터는 시장 전체 상승률을 훨씬 웃도는 성과를 보였다.

그중 대장주인 에코프로는 2023년 상반기 동안 주가가 1월 초 약 11만 원대에서 7월 말 100만 원대를 돌파하며 무려 1,000%에 달하는 상승률을 기록했다. 이는 단순한 운이 아니라 테슬라나 LG에너지솔루션 같은 글로벌 파트너십과 정책 지원이 맞물린 결과였다. 만약 이 테마를 미리 포착하고 투자했다면 시장 평균 수익률의 70배 가까운 성과를 거둘 수 있었을 것이다.

어떤 이슈가 발생하는지에 따라 그날그날 시장을 주도하는 테마가 달라진다. 단기 투자를 하는 경우 이런 테마의 대장주를 찾아 매매하는 것이 기본이다. 장기 투자나 배당주 투자를 하는 경우에는 특정 종목이나 테마에 이미 시드머니의 상당 부분이 투자된 상태라 여유자금이 없어 그때그때 시장 주도 테마의 대장주에 탑승해 큰 수익을 내는 것이 어렵다는 단점이 있다. 그러나 단기 투자는 그날그날 시장을 주도하는 테마의 대장주를 활용해 큰 수익을 내는 것이 가능하다. 매일매일 쏟아져 나오는 뉴스와 기업 공시, 미국 증시 영향에 따라 매일매일 주도 테마는 달라지기 마련이지만, 단기 투자의 핵심은 당일 가장 인기 있는 테마 내에서 단기 매매를 해야 한다는 것이다.

단기 투자 고수들의 사고방식

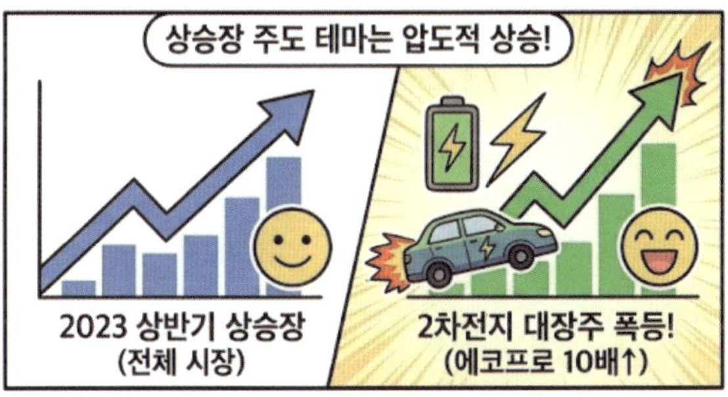

거래대금으로 주도 테마를 찾아라

단기 매매에서 성공 확률을 높이려면 내 생각에 오를 것 같은 종목이 아니라 시장 전체의 관심이 쏠린 종목을 찾아야 한다. 많은 투자자가 동시에 관심을 가지고 자금이 몰리는 테마는 거래대금 상위 종목을 보면 쉽게 확인할 수 있다. 거래대금은 지금 시장의 돈이 어디로 흐르고 있는지를 보여 주는 가장 확실한 지표다.

세력은 거래량이 적은 종목을 통정 매매로 움직여 차트를 만들 수는 있다. 그러나 거래대금은 조작하기 어렵다. 거래대금을 인위적으로 늘리려면 반복 매매를 해야 하는데, 이 과정에서 발생하는 막대한 거래세로 인해 현실적으로 조작 비용이 너무 크기 때문이다. 그래서 거래대금 상위 목록만 제대로 확인해도 오늘 시장에서 실제로 돈이 몰리는 테마와 단기 매매에 적합한 종목을 빠르게 찾을 수 있다.

주도 테마가 형성되면 눌림목을 기다리는 사람도 많고 돌파에 올라타려는 사람도 많아 자연스럽게 수급이 집중된다. 예를 들어, 시장 참여자 대부분이 2차전지 테마에 열광한다면 아무리 비슷한 차트 모양을 가진 종목이라도 2차전지가 아닌 종목은 힘이 약할 수밖에 없다. 차트는 비슷해 보일지라도 그 차트를 움직이는 '사람의 관심'이 다르면 결과도 완전히 달라질 수 있기 때문이다. 따라서 단기 매매 종목은 차트만 보고 고르는 것이 아니라 시장 전체 흐름과 관심도가 합쳐진 결과(=거래대금)를 기준으로 선별해야 한다.

키움증권 HTS 기준으로는 [0184] 당일거래 상위 화면에서 '거래대금'

을 클릭하고 'ETF+ETN+스팩 제외'를 설정하면 바로 거래대금 상위 종목을 확인할 수 있다. 이 목록에서 상위 15위 안에 상승률 5% 이상 종목이 여러 개 몰려 있다면, 그 종목들이 속한 섹터가 바로 오늘의 주도 테마다. 만약 상위 15위에서 뚜렷한 테마가 보이지 않는다면 상위 30위까지 범위를 넓혀 살펴도 충분하다.

오늘의 주도 테마 – 상위 15위

순위	분	종목명	현재가	대비		등락률	거래량	전일비	회전율	금액(백만)
1	신	SK하이닉스	538,000	▼	14,000	-2.54	2,330,729	52.73	0.33%	1,256,239
2	신	삼성전자	104,000	▼	500	-0.48	8,364,000	35.22	0.15%	869,179
3	신	삼성에피스홀딩스	550,000	▲	1,000	+0.18	1,034,085	27.50	4.16%	571,848
4	신	두산에너빌리티	79,200	▲	800	+1.02	6,190,981	60.02	0.97%	495,569
5	신	현대오토에버	272,500	▲	50,000	+22.47	1,951,411	330.25	7.12%	495,449
6	신	로보티즈	288,500	▲	33,000	+12.92	1,674,020	194.82	11.49%	474,115
7	신	레인보우로보틱스	470,500	▲	26,000	+5.85	937,838	291.96	4.84%	445,964
8	신	현대차	279,000	▲	12,500	+4.69	1,457,823	200.60	0.72%	402,135
9		뉴로핏	32,800	▲	3,650	+12.52	9,927,541	196.62	85.32%	318,286
10	신	한라캐스트	18,460	▲	2,890	+18.56	16,898,484	328.62	46.30%	301,531
11		원익홀딩스	27,350	▲	3,450	+14.44	9,419,647	379.58	12.20%	248,696
12	신	두산로보틱스	84,900	▲	8,200	+10.69	2,640,731	624.50	4.08%	217,599
13	신	고영	28,200	▼	600	-2.08	6,999,257	44.51	10.20%	200,740
14	신	현대모비스	344,000	▲	24,500	+7.67	577,380	210.22	0.64%	194,034
15	종	에임드바이오	44,000	↑	33,000	+300.00	3,760,373		5.87%	164,948

가장 먼저, 오늘의 시장 주도 테마를 찾아야 한다. 거래대금 상위 종목 중 상승률이 높은 종목들이 어떤 테마에 속하는지 체크하면 된다. 거래대금 상위 15위 이내 종목 중 상승률이 5% 이상인 종목을 체크해 보겠다. 현대오토에버, 로보티즈, 레인보우로보틱스, 뉴로핏, 한라캐스트, 원익홀딩스, 두산로보틱스, 현대모비스, 에임드바이오 이렇게 9개 종목을 찾을 수 있다.

이들 중 현대오토에버, 로보티즈, 레인보우로보틱스, 한라캐스트, 원익홀딩스, 두산로보틱스가 모두 로봇 테마주다. 이날은 사람들의 관심이 로봇 테마주로 쏠렸으며 로봇 테마주를 매수하고 싶어 하는 사람들이 많은 날이었다는 것이 확인된다. 거래대금 상위 15위 이내의 종목 중에서 시장을 주도하는 테마가 선명하게 보이지 않는다면 범위를 조금 더 넓혀 상위 30위까지 확인해 본다.

물론 어떤 날은 주도 테마가 전혀 보이지 않을 때도 있다. 시장이 하락하거나 유동성이 떨어지면 거래대금이 특정 종목군에 집중되지 않아 모두가 주목하는 테마가 없는 날이 된다. 이럴 때 억지로 매매하면 손실 확률이 높다. 괜히 종목을 끼워 맞추다 손실을 보면 정작 좋은 기회가 왔을 때 제대로 대응하지 못하는 '이중 손실'을 겪게 된다.

국내에는 3,000개가 넘는 주식 종목이 있고 수익을 낼 기회는 매일 찾아온다. 확실한 테마가 보이지 않는 날에는 매매하지 않는 것이 최고의 선택일 때가 많다. 인내하고 관망하는 것이 단기 매매에서는 매우 중요한 원칙이다.

마지막으로 거래량과 거래대금을 혼동하는 경우를 조심해야 한다. 거래량은 착시를 만들기 쉽다. 예를 들어, 주가가 500원인 종목은 거래량이 아무리 많아도 거래대금이 크지 않을 수 있다. 이런 종목은 시장의 실제 관심을 대변하지 못한다. 반면에 거래대금은 주가와 거래량이 모두 반영되어 있어 시장 심리와 수급이 가장 정확하게 드러나는 지표다. 거래량만 보고 종목에 진입하면 세력이 잠깐 만들어 놓은 불꽃놀이에 휘말리는 '불나방 매매'가 될 가능성이 높다.

단기 매매자는 차트보다 먼저 거래대금을 통해 주도 테마를 확인해야 한다. 이는 단기 매매 성패를 가르는 핵심 원칙이며, 이 원칙을 지키는 것만으로도 불필요한 손실을 크게 줄일 수 있다.

거래대금 상위 종목이 어떤 테마인지 확인하는 방법

간혹 [0184] 메뉴를 통해 거래대금 상위 종목을 확인했더라도 해당 종목이 무슨 테마인지 감이 오지 않는 경우가 있다. 종목명만 보고 테마를 직관적으로 떠올릴 수 없는 종목이 많기 때문이다. 이럴 때는 키움증권 영웅문 HTS의 [0659] 인포스탁 섹터 종목 메뉴를 활용하면 좋다. 이 기능은 특정 종목이 어떤 테마에 묶여 있는지, 시장에서 어떤 성격으로 반응하고 있는지 한눈에 보여 준다.

예를 들어, 최근 로봇 테마가 강하게 움직였을 때 레인보우로보틱스, 두산로보틱스, 로보티즈 같은 종목은 종목명만 보아도 로봇 관련주라는 사실을 쉽게 알 수 있다. 하지만 원익홀딩스, 한라캐스트처럼 이름만으로는 이 종목이 도대체 어떤 테마인지, 로봇과 관련이 있는지 없는지 쉽게 파악하기 어려운 종목들도 있다. 이런 경우 [0659] 화면에서 종목명을 검색해 보면 원익홀딩스가 로봇 관련주이자 반도체 장비사, 지주사라는 것을 바로 확인할 수 있다. 한라캐스트 역시 2025년 하반기 신규 상장 기업으로 로봇, 자율주행차, 자동차 부품주로 분류되어 있다는 사실을 단번

[0659] 인포스탁섹터종목 - 인포스탁 섹터그룹별 구성종목 (통합)

인포스탁섹터그룹종목 | 섹터그룹별 | 섹터구성종목 | 섹터수익률비교 | 섹터별종목비교

등락률순 | ○전체 ○테마검색 ◉종목 | 125490 한라캐스트 | 10 일전 | 26 | 19

* 해당 정보는 인포스탁에서 제공하고 있으며, 당사는 이에 대한 법적 책임을 지지 않습니다.

테마명	등락률	기간수익률	상세
2025 하반기 신규상장	▲ 7.29%	8.88%	
로봇(산업용/협동로봇 등	▲ 2.67%	19.85%	
자율주행사	▲ 1.50%	0.36%	
지능형로봇/인공지능(AI)	▲ 0.89%	8.75%	
자동차부품	▲ 0.52%	6.13%	

종목명	현재가	대비	등락률	거래량	기간수익률
에임드바이오	44,000 ⬆	33,000	300.00%	3,793,239	0%
한라캐스트	18,330 ▲	2,760	17.73%	26,945,594	87.23%
삼익제약	17,890 ▲	1,970	12.38%	4,405,180	-13.83%
큐리오시스	78,200 ▲	8,300	11.87%	2,429,654	29.04%
뉴로핏	32,600 ▲	3,450	11.84%	13,993,141	42.67%
프로티나	104,300 ▲	10,400	11.08%	3,145,184	54.29%
애드포러스	8,040 ▲	520	6.91%	93,454	7.63%
그린광학	21,200 ▲	1,200	6.00%	2,468,294	-14.00%
에스투더블유	30,700 ▲	1,300	4.42%	1,489,155	32.90%
노타	42,500 ▲	1,700	4.17%	4,820,611	25.37%
더핑크퐁컴퍼	33,950 ▲	1,100	3.35%	1,715,000	-6.47%
그래피	22,950 ▲	600	2.68%	626,943	80.99%
삼성스팩11호	2,095 ▲	50	2.44%	977,894	4.91%
지투지바이오	89,000 ▲	1,600	1.83%	2,105,878	-4.61%
엔알비	13,340 ▲	230	1.75%	103,354	5.79%
대신벨류리츠	4,725 ▲	70	1.50%	32,141	4.88%
아우토크립트	11,450 ▲	150	1.33%	80,057	3.15%
오아	8,570 ▲	100	1.18%	16,986	1.42%
씨엠티엑스	88,600 ▲	1,000	1.14%	411,150	-32.67%

[0659] 인포스탁섹터종목 - 인포스탁 섹터그룹별 구성종목 (통합)

인포스탁섹터그룹종목 | 섹터그룹별 | 섹터구성종목 | 섹터수익률비교 | 섹터별종목비교

등락률순 | ○전체 ○테마검색 ◉종목 | 030530 원익홀딩스 | 10 일전 | 40 | 16

* 해당 정보는 인포스탁에서 제공하고 있으며, 당사는 이에 대한 법적 책임을 지지 않습니다.

테마명	등락률	기간수익률	상세
로봇(산업용/협동로봇 등	▲ 2.67%	19.85%	
지주사	▼ -0.29%	1.10%	
반도체 장비	▼ -1.49%	1.61%	

종목명	현재가	대비	등락률	거래량	기간수익률
한라캐스트	18,330 ▲	2,760	17.73%	26,945,594	87.23%
원익홀딩스	27,750 ▲	3,850	16.11%	20,653,105	25.57%
스맥	7,840 ▲	980	14.29%	36,631,704	112.47%
와이투솔루션	4,505 ▲	455	11.23%	9,466,567	58.07%
SJG세종	10,060 ▲	930	10.19%	7,343,339	21.79%
케이알엠	4,040 ▲	340	9.19%	748,657	16.26%
두산로보틱스	83,600 ▲	6,900	9.00%	5,056,130	12.67%
인탑스	16,450 ▲	1,190	7.80%	499,148	21.13%
레인보우로보	478,000 ▲	33,500	7.54%	1,676,896	22.25%
하이젠알앤엠	62,800 ▲	4,300	7.35%	2,163,758	27.90%
피제이전자	5,560 ▲	370	7.13%	514,236	8.38%
한국피아이엠	66,900 ▲	4,300	6.87%	1,166,510	64.78%
알에스오토메	13,920 ▲	870	6.67%	942,667	10.04%
에스피시스템	11,380 ▲	480	4.40%	2,346,632	28.59%
디아이씨	10,190 ▲	390	3.98%	12,839,854	42.52%
제우스	15,200 ▲	530	3.61%	603,117	10.63%
코닉오토메이	2,470 ▲	85	3.56%	2,206,327	9.53%
클로봇	44,700 ▲	1,500	3.47%	5,911,124	20.65%
휴림로봇	5,800 ▲	190	3.39%	23,291,059	11.32%

에 파악할 수 있다.

즉 거래대금 상위 종목의 테마 정체가 모호할 때 [0659] 메뉴를 활용하면 이 종목이 어떤 테마로 묶여 있는지, 시장에서는 어디에 속하는 종

목으로 반응하는지, 현재 어떤 섹터 흐름에 영향을 받고 있는지를 빠르고 정확하게 확인할 수 있다.

만약 거래대금 상위 종목 중에서도 상승률이 5% 이상인 종목 여러 개가 비슷한 테마로 묶여 있다면, 그 테마가 바로 해당일의 주도 테마일 가능성이 매우 높다. 단기 매매에서 테마 확인은 종목 선정의 절반 이상을 결정짓는 과정이므로 [0184] 거래대금 상위 + [0659] 테마 분류를 함께 활용하면 훨씬 정확하게 시장의 중심축을 찾을 수 있게 된다.

만약 인포스탁 섹터그룹별 구성 종목 메뉴 등 HTS 기능만으로 확인이 어렵다면 네이버에 접속해 종목명을 검색한 후 뉴스 버튼을 눌러 해당 종목이 주로 어떤 키워드들로 화제가 되고 있는지 확인하는 것이 좋다.

한라캐스트 종목은 네이버 뉴스의 제목과 내용을 훑어보니 '휴머노이드 로봇 부품'이라는 키워드가 나온다. 한라캐스트는 휴머노이드 로봇과 관련해 주가가 상승했다는 것을 추론할 수 있는 것이다. 만약 주가가 상한가로 가거나 거래대금이 폭발적으로 올랐더라도 HTS [0659] 인포스탁 섹터그룹별 구성 종목 메뉴에서나 네이버 뉴스 등을 통해 유의미한 정보를 알아 낼 수 없는 상황이라면 매매하지 않는 것이 좋다. 적을 알고 나를 아는 상태에서 싸워야만 이길 가능성이 높아진다. 그런데 해당 종목의 정체를 제대로 파악하지 못한 채 이미 주가가 빠르게 오르고 있다는 이유만으로 따라서 들어갔다가는 불에 뛰어들어 재만 남고 사라질 불나방 신세를 면치 못할 가능성이 높기 때문이다.

종목의 주요 키워드를 확인하는 방법

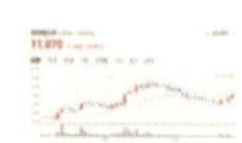

5
단기 매매에서
자주 하는 실수

뉴스 매매(재료 매매)의 함정에 빠지지 마라

주식 시장은 새로운 이슈나 뉴스에 따라 주가가 급등락한다. 그래서 초보 투자자들은 "남들보다 뉴스만 빨리 보면 돈을 벌 수 있다."고 생각한다. 호재 뉴스를 체크하며 매매 판단의 지표로 삼는 것을 뉴스 매매, 재료 매매, 이벤트 드리븐 매매 등으로 부른다. 결론부터 말하자면, 뉴스를 최우선 순위에 두고 단기 매매를 하는 것은 매우 위험하다.

내 기준에서 말하자면, 내가 접한 뉴스는 아무리 빨리 봤다 하더라도 이미 수많은 시장 참여자가 먼저 인지한 뒤일 가능성이 높다. 그 시점에는 주가 역시 상당 부분 올라 있는 경우가 대부분이다. 주식 시장에서 공시나 뉴스가 발표될 때는 그 내용이 이미 주가에 선반영되었을 확률이 매우 높다는 점을 반드시 기억해야 한다.

많은 사람이 흔히 이렇게 생각한다. "기다리던 호재 뉴스가 나왔으니 이제 더 오르겠지." 하지만 현실의 주식 시장은 정반대로 움직이는 경우가 훨씬 많다. 오랫동안 기대를 모아 온 호재가 공식적으로 발표되는 순간 주가는 오히려 급락하는 장면이 자주 연출된다. 그 이유는 단순하다. 해당 호재를 예상하고 미리 주식을 매수해 두었던 투자자들이 뉴스가 확인되는 시점을 차익 실현의 기회로 보기 때문이다. 그 결과 매도 물량이 한꺼번에 쏟아지며 주가가 하락하게 된다.

이처럼 호재가 나왔음에도 불구하고 주가가 하락하는 현상을 시장에서는 '재료 소멸'이라고 부른다. 기대감으로 주가를 끌어올리던 힘이 뉴스가 공식적으로 확인되는 순간 사라져 버리는 것이다. 특히 단기 매매 관점에서는 이 '재료 소멸'이 매우 치명적일 수 있다.

물론 예외도 있다. 그 누구도 전혀 예상하지 못했던 추가 호재가 연이어 등장하거나, 시장의 기대를 훨씬 뛰어넘는 결과가 나오는 경우에는 뉴스 이후에도 주가가 더 상승할 수 있다. 하지만 이는 어디까지나 예외적인 상황일 뿐이다. 대부분의 경우 이슈의 결과가 공식적으로 발표되기 전까지는 기대감으로 주가가 오를 수 있어도 그 결과가 확인되는 순간에는 설령 좋은 결과일지라도 오히려 주가가 하락할 가능성이 높다.

따라서 뉴스 매매를 할 때는 "뉴스가 좋다."는 사실보다 그 뉴스가 이미 주가에 얼마나 반영되어 있는지, 그리고 누가, 어떤 목적으로 그 시점에 매도하려 하는지를 먼저 생각해야 한다. 이 원칙을 이해하지 못하면 투자자는 늘 뉴스의 가장 마지막에 뛰어드는 사람이 될 수밖에 없다.

단, 이 원칙에도 분명한 예외는 존재한다. 바로 거래대금 상위에 위치한 주도 테마 안에서 그 테마의 대장주급 종목에 새로운 호재가 발생한 경우다. 이때는 단순한 뉴스 발표와 달리 해당 호재가 추가적인 수급 유입으로 이어질 가능성이 높다. 이미 많은 자금이 몰려 있는 주도 테마의 중심 종목이기 때문에 호재를 계기로 새롭게 진입하려는 매수세가 차익 실현을 목적으로 나오는 매도 물량을 충분히 흡수할 수 있는 힘을 가지게 되는 것이다.

이런 경우에는 일반적인 '재료 소멸' 흐름과 달리 호재가 오히려 추가 상승을 만들어 내는 연료가 될 수 있다. 특히 주도 테마의 대장주는 시장 참여자들의 시선이 가장 집중되는 종목이기 때문에 새로운 이슈가 발생했을 때 테마 전체의 기대감을 다시 한 번 끌어올리는 역할을 하기도 한다. 결과적으로 차익 실현 매물로 인한 하방 압력을 이겨 내고 예상보다 훨씬 강력한 상승이 이어지는 장면도 자주 연출된다.

따라서 뉴스 자체를 보고 매매할 것이 아니라 그 뉴스가 어떤 종목에서 나왔는지, 그리고 그 종목이 현재 거래대금 상위의 주도 테마 대장주인지를 반드시 함께 확인해야 한다. 단기 매매에서 성공 확률을 높이려면 언제나 거래대금 상위 주도 테마 안에서 대장주를 중심으로 매매해야 한다는 원칙을 잊지 말아야 한다.

뉴스매매의 함정 (착각)
속보!
초대박 호재 발생!
남들보다 빨리 사야지!
떼돈 번다!
매수

재료 소멸 (현실)
NEWS
호재 공식 발표!
뉴스 나왔으니
익절(차익실현)!
어? 호재인데
왜 떨어져...
으악!

예외: 주도 테마의 힘
새로운
호재 추가
매도 물량
주도 테마
대장주
강력한 매수세가
매도 물량 흡수!
추가 상승 가즈아!

핵심 원칙 (성공 비결)
뉴스만 보면 안 돼!
'주도 테마 대장주'인지
확인하는 게 핵심이라네.
아하! 종목이
중요한 거였군요!
거래대금 상위
뉴스보다 중요한 건 '주도 테마 대장주' 확인!

'대세', '주류', '주도' 테마를 잡아라

주식 매매를 오래 하다 보면 누구나 종목이나 섹터에 대한 개인적인 호불호가 생기기 마련이다. "나는 반도체는 체질에 안 맞아.", "바이오는 쳐다보기도 싫다." 혹은 반대로 "2차전지주는 언젠가 다시 간다."며 몇 년째 같은 종목을 붙잡고 있는 경우도 있다. 이런 생각은 대부분 과거의 경험에서 비롯한다. 특정 섹터에서 유독 손실을 봤거나, 반대로 어떤 종목에서 큰 수익을 냈던 기억이 생존 본능처럼 각인되며 개인적인 선호와 편견으로 굳어지는 것이다.

하지만 단기 매매에서는 이 호불호가 가장 위험한 함정이 된다. 단기 매매에서 중요한 것은 내가 좋아하는 종목이 아니라 많은 사람이 동시에 좋아하는 종목이다. 내 눈에 좋아 보이는 것은 전혀 중요하지 않다. 그 순간 절대 다수의 시장 참여자 눈에 좋아 보이는 종목이어야만 강력한 매수세가 붙고 의미 있는 상승이 나온다.

이 점은 아무리 강조해도 지나치지 않다. 단기 매매는 내가 옳다고 믿는 판단을 증명하는 게임이 아니다. 다수의 선택에 올라타는 게임이다. 내가 아무리 좋은 종목이라고 생각해도 시장의 관심을 받지 못한다면 주가는 움직이지 않는다. 반대로 내가 별로라고 느끼는 종목이라도 시장의 자금과 관심이 집중되면 단기적으로 훨씬 강한 상승이 나올 수 있다.

이 지점이 바로 중장기 가치 투자와 단기 매매의 결정적인 차이다. 중장기 가치 투자는 다수의 시장 참여자로부터 외면받아 저평가된 우량주를 펀더멘털에 대한 확신을 가지고 인내하며 보유하는 전략이다. 내 눈

대세, 주류, 주도 테마 찾기

함정: 개인적 호불호와 편견
내 취향이 중요해! 과거의 기억에서 벗어날 수 없어!
반도체 손실
바이오 쳐다보기도 싫어
내 2차전지 언젠가 다시...

단기매매의 핵심: 다수의 선택
대세·주류·주도 테마
내 눈에 좋아 보이는 건 중요하지 않아. 지금 사람들이 열광하는 게 뭐지?

차이점: 가치투자 vs 단기매매
나만 아는 가치를 믿어...
시장의 중심에 올라타야지!
저평가 우량주 (인내와 확신)
주도 테마 대장주 (수급과 거래대금)

결론: 가장 많은 사람이 좋아하는 종목!
결국 답은 '가장 많은 사람이 좋아하는 종목'에 있었다! 내 취향은 잠시 안녕!
주도 테마 대장주 공략 성공!

에 기업의 가치가 명확히 보이고 시장이 아직 그 가치를 알아보지 못했을 때 들어가는 투자다.

하지만 단기 매매는 정반대다. 시장이 외면하는 종목이 아니라 이미 시장의 중심에 올라선 종목을 공략해야 한다. 당장 주가가 움직일 수 있고 단기간에 수익을 낼 수 있는 종목의 조건은 다음과 같다.

- 그날의 주도 테마에 속해 있다.
- 그 테마 안에서도 대장주 또는 중심 종목이다.
- 거래대금과 수급이 뒷받침된다.
- 차트가 이를 확인시켜 준다.

이 모든 조건을 종합했을 때 '지금 이 순간 가장 많은 사람이 좋아하는 종목'을 찾아내는 것이 단기 매매의 핵심이다. 단기 매매에서 성공하고 싶다면 자신의 취향과 신념은 잠시 내려놓고 대세, 주류, 주도 테마 한가운데에 서는 연습부터 해야 한다.

2등주는 피하고 1등주만 매매하라

거래대금을 통해 그날의 주도 테마까지는 잘 파악했지만, 정작 매매 단계에서 실수를 하는 경우가 많다. 바로 그 테마의 대장주가 아닌, 대장주 다음으로 상승률이 높은 '2등주'를 매매하는 경우다. 대장주가 이미 많이 올랐다고 느껴 가격 부담이 생기거나, "대장주는 이미 많이 오른 상태이니, 이제 2등주 차례일 것"이라 기대하는 심리 때문에 이런 선택을 하게 된다.

하지만 단기 매매에서는 2등주 매매를 하지 않는 것이 원칙이다. 같은 테마 안에서 대장주라는 것은 그 종목을 사고 싶어 하는 사람이 다른 어떤 종목보다도 많다는 뜻이다. 이미 시장에서 가장 강한 매수세를 확인받은 상태이며, 거래대금과 수급이 지속적으로 뒷받침될 가능성도 높다. 즉 추가 상승이 나올 확률 역시 가장 높은 위치에 있는 종목이 바로 대장주다.

반대로 2등주를 보유한 사람들의 심리는 다르다. 기회만 된다면 2등주를 팔고 대장주로 갈아타고 싶어 하는 경우가 많다. 하지만 대장주를 보유한 사람들은 굳이 2등주로 이동하려 하지 않는다. 이 심리 차이가 바로 상승 탄력의 차이로 이어진다.

대장주는 가격이 높고 상승률이 커 보여 부담스러울 수 있다. 그러나 실제로는 상승할 때도 대장주가 더 크게 오르고, 하락할 때도 대장주는 매수 대기 수요가 많아 하방이 쉽게 열리지 않는다. 호가창에 매수벽이 형성되며 가격을 지지해 주는 경우가 많기 때문이다. 2등주는 1등주에 비해 상승할 때 더 작게 오르고, 하락할 때 더 크게 하락한다. 간단한 특징이지만 이런 특징을 잊어서 손해 보는 사람이 많다.

간혹 대장주가 이미 상한가에 진입해 매수하고 싶어도 매수하지 못하는 상황이 발생한다. 하지만 그렇다고 해서 2등주를 대신 매매하는 것은 매우 위험하다. 이럴 때는 차라리 대장주의 상한가가 풀리기를 기다리거나, 끝내 매수 기회가 오지 않더라도 관망하는 편이 훨씬 낫다. 단기 매매에서 가장 중요한 것은 수익을 키우는 것보다 손실을 피하는 것이기 때문이다.

물론 예외적인 상황도 있다. 대장주가 단기 과열종목 지정으로 단일가 거래에 들어가거나, 투자 경고·위험 종목으로 지정되어 이후 거래정지가 발생해 대장주를 거래할 수 없는 기간에는 2등주가 일시적으로 크게 상승하는 경우도 있다. 그러나 이런 상승은 대부분 오래가지 않는다. 대장주 거래가 정상적으로 재개되는 순간 수급은 다시 대장주로 쏠리고 2등주는 급락할 가능성이 높다. 따라서 이런 상황에서 2등주를 매매하더라도 대장주 거래 재개 이전에 반드시 먼저 빠져나와야 한다.

일반적으로 대장주는 쉽게 바뀌지 않는다. "곧 대장주가 바뀔 것"이라는 기대만으로 2등주를 미리 매매하면 실패 확률이 높아진다. 다만 아주 드물게 2등주의 상승률이 대장주를 앞지르며 대장주가 실제로 교체되는 순간이 나타나기도 한다. 이때 시장 참여자들은 기존 대장주를 매도하고 새로운 대장주로 이동하려는 움직임을 보이게 되고, 그 결과 기존 대장주는 하락하고 새로운 대장주가 추가 상승하는 흐름이 만들어진다.

따라서 대장주가 바뀌는 것이 명확해진 순간이라면 과감하게 새로운 대장주로 갈아타야 한다. 최소한 대장주 왕좌를 빼앗긴 종목은 빠르게 정리해야 한다. 이 판단을 제때 늦지 않게 해야만 수익은 극대화하고 손실은 최소화할 수 있다.

단기 매매에서 기억해야 할 원칙은 단순하다. 1등이 있는 곳에 돈이 몰리고, 2등은 언제든 버려질 수 있다. 그래서 단기 매매에서는 언제나 대장주를 중심으로 사고, 2등주 매매는 피해야 한다.

2등주 매매 피하기

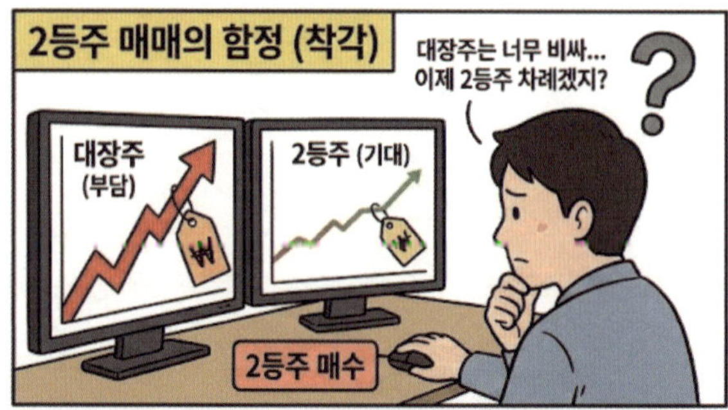

2등주 매매의 함정 (착각)
대장주는 너무 비싸...
이제 2등주 차례겠지?
대장주 (부담)
2등주 (기대)
2등주 매수

상승과 하락의 차이 (현실)
더 크게 오르고, 하락 시 지지!
덜 오르고, 하락 시 급락!
대장주
2등주
매수벽 (지지)

보유자의 심리 (탄력 차이)
기회만 되면 대장주로 갈아타야지...
굳이 왜? 우린 1등인데.
대장주
2등주

단기매매 핵심 원칙 (대장주)
예외: 대장주 거래정지 시, 2등주 단기 매매
(하지만 거래 재개 전 필히 탈출!)
1등주 (대장주)
원칙: 2등주는 피하고, 오직 대장주만 공략하라!

손실은 짧게, 수익은 길게 가져가라

단기 매매를 망치는 최악의 습관을 하나만 꼽으라면, 단연 '수익은 짧게 가져가고, 손실은 길게 버티는 습관'이다. 많은 투자자가 수익 중인 종목은 목표 수익률에 도달하지 못했더라도 쉽게 매도하는 반면, 손실 중인 종목은 손실 폭이 애초에 정해 둔 원칙을 훨씬 넘어섰음에도 불구하고 쉽게 팔지 못한다.

이 행동의 근본 원인은 손실회피성향에 있다. 손실회피성향이란 인간의 본성 중 하나로 동일한 크기의 이익과 손실이 주어졌을 때 이익보다 손실에 훨씬 더 크게 감정적으로 반응하는 경향을 말한다. 이 성향은 주식 투자에서도 그대로 나타난다. 특히 단기 매매에서는 계좌를 무너뜨리는 가장 위험한 요인이 된다. 이로 인해 투자자는 모순적인 행동을 반복한다. 계속 보유하면 더 큰 수익이 날 가능성이 높은 대장주는 조금만 올라도 서둘러 이익을 확정해 버린다. 반대로 손실 중인 종목은 "조금만 더 버티면 오르겠지.", "이만큼 내렸으니 이제는 반등하겠지."라는 기대감으로 계속 붙잡고 있게 된다. 그러나 이는 단기 매매에서 가장 잘못된 태도다.

주식 시장은 우리의 직관과 반대로 움직이는 경우가 훨씬 많다. 오르는 종목은 계속 오르고, 내리는 종목은 계속 내린다. 이 단순한 사실을 받아들이지 못하기 때문에 이미 대세가 확인된 대장주는 너무 빨리 팔아 수익을 적게 제한하고, 하락 추세가 명확한 종목은 끝까지 버티다가 손실을 치명적인 수준까지 키우게 된다. 특히 손실을 만회해 보겠다는 생각으로 손실 중인 종목에 물타기를 하는 행위는 단기 매매 투자자에게 최악의 습

최악의 습관 (반대로 행동)
수익은 짧게, 손실은 길게?
조금만 먹고 익절!
언젠간 오르겠지... 버텨!
수익 (대장주)
손실 (하락주)
수익 (대장주)
손실 (하락주)

원인 (손실회피성향)
같은 크기라도 손실의 고통이 훨씬 크다!
작은 손실
작은 이익

최악의 행동 (물타기)
손실을 확대하는 최악의 선택!
평단가 낮춰서 탈출해야지...
손실 종목 (계속 하락)
손실 종목(계속 하락)
수익 종목 (계속 상승)

단기매매 필승 전략!
이 원칙을 거꾸로 하면 계좌는 녹아내린다네!
수익은 길게 (추세 추종)
손실은 짧게 (칼손절)
손실은 짧게, 수익은 길게 가져가라!

관이다. 지속적으로 하락해 온 주식을 추가로 매수하는 것은 손실을 줄이는 행동이 아니라 오히려 손실을 확대하는 선택일 가능성이 높다. 단기 매매에서는 이 습관만큼은 반드시, 그리고 즉시 버려야 한다.

단기 매매에서 살아남기 위해 기억해야 할 원칙은 분명하다. 손실은 짧게 끊고, 수익은 길게 가져가야 한다. 이 원칙을 거꾸로 실행하는 순간 단기 매매는 더 이상 투자가 아니라 계좌를 소모하는 행위가 된다.

6

단기 매매의 핵심
- 끼 있는 종목 찾기

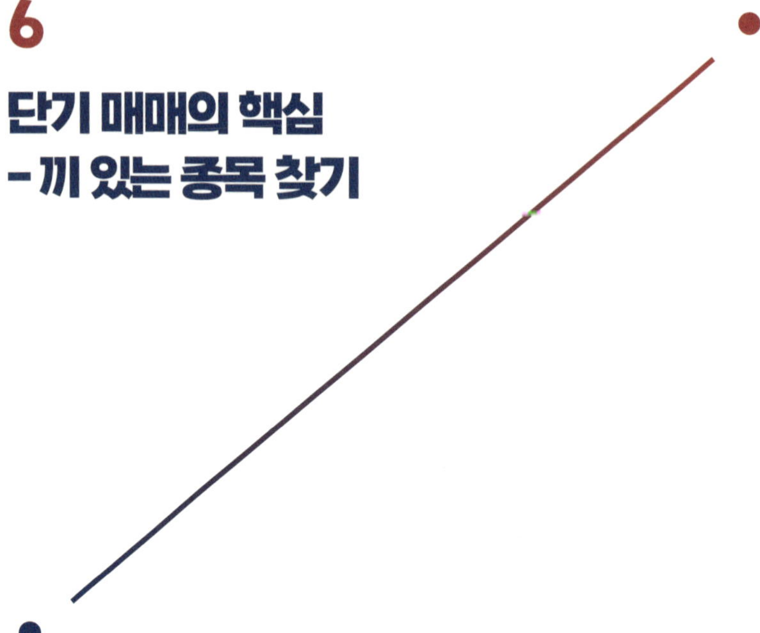

어떤 종목은 작은 호재에도 쉽게 오르고, 어떤 종목은 아무리 좋은 호재가 나온 것 같아도 좀처럼 오를 생각을 안 한다고 느껴진다. 단기 매매를 할 때는 잘 오르는 종목, 일명 '끼 있는 종목'을 찾아내는 것이 중요하다.

예를 들어, 국민종목인 삼성전자의 경우 거래대금이 크고 전 국민의 관심사일 정도로 인기가 많은 종목임에도 불구하고 하루에 상승할 수 있는 폭이 제한적이다. 장기 투자로 접근하기에 좋은 우량주들은 대개 일일 변동성이 작아서 단기 매매에 적합한 종목은 아니라 볼 수 있다.

만약 삼성전자와 같이 변동성이 작은 주식을 단기 매매로 접근한다면 추가 상승 여력이 낮아 수익을 확보하기 쉽지 않다. 지루한 흐름을 보이며 다른 종목을 매매할 기회비용마저 날리게 될 수 있다.

반대로 시가총액이 큰데도 한 번 오르는 경우 큰 폭으로 상승하는 로보티즈 같은 종목도 있다. 로보티즈의 6개월 일봉 차트를 확인해 보면 10% 이상 상승하는 날을 흔하게 찾아볼 수 있고 20% 이상 상승하는 날도 찾아볼 수 있다. 삼성전자처럼 하루에 5% 이상 상승하기 어려운 종목이라면 주도 테마의 대장주가 되더라도 추가 상승에 대한 기대감이 크지 않다. 하지만 로보티즈같이 상승할 때 크게 상승하는 종목이라면 추가 상승에 대한 기대가 크다.

상승 여력을 가늠해 볼 수 있는 여러 요소가 있지만 그중에서 가장 명확하면서도 직관적으로 상승 여력을 판단하는 방법은 최근 6개월 정도의 일봉 차트를 확인해 보는 것이다.

상승 여력이 큰 종목(=끼 있는 종목)을 쉽고 빠르게 찾아내기 위해 강세 패턴을 적용한다. 강세 패턴이 보이도록 설정하는 방법은 다음과 같다.

키움증권 영웅문 HTS 기준 [0600] 키움종합차트 화면에서 오른쪽 마우스를 클릭한 후 수식관리자(M)를 클릭한다. 수식관리 창에서 강세약세를 클릭한 후 사용자강세약세를 추가한다. 이후 다음 화면과 같이 작성한 후 작업 저장을 누른다. 나는 본 수식의 제목을 '끼 있는 종목'이라 작성했다.

로보티즈의 6개월 차트

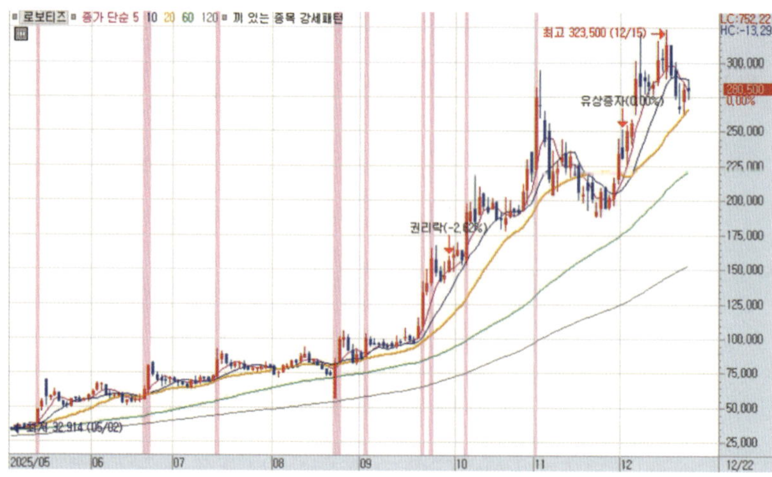

강세 패턴이 보이도록 설정하는 방법

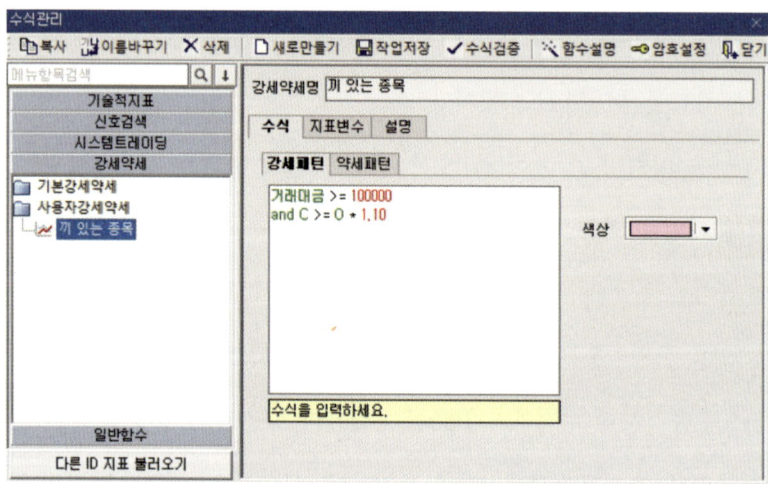

거래대금 1,000억 원 이상, 시초가(O) 대비 종가(C)가 10% 이상 상승한 캔들을 분홍색으로 표시하도록 설정한 것이다. 간혹 수식관리가 익숙하지 않은 사람들은 이런 의문을 품을 수도 있다. "거래대금 1,000억 원 이상으로 설정하라면서 왜 100000으로 적어 뒀지?" 기본적으로 HTS에서는 백만 원 단위로 시작한다. 거래대금 1,000억 원이 원래대로라면 100,000,000,000원이지만 백만 원 단위이기 때문에 100000백만 원인 것이다.

이렇게 강세 패턴을 쉽게 확인할 수 있도록 설정했다면 다시 키움증권 영웅문 HTS 기준 [0600] 키움종합차트 화면에서 오른쪽 마우스를 클릭한다. 그리고 강세약세적용을 누른 다음 휠을 아래로 내려 목록을 살펴보면 '끼 있는 종목'이 나오고 그것을 클릭하면 수식이 적용된다.

끼 있는 종목 설정하는 방법

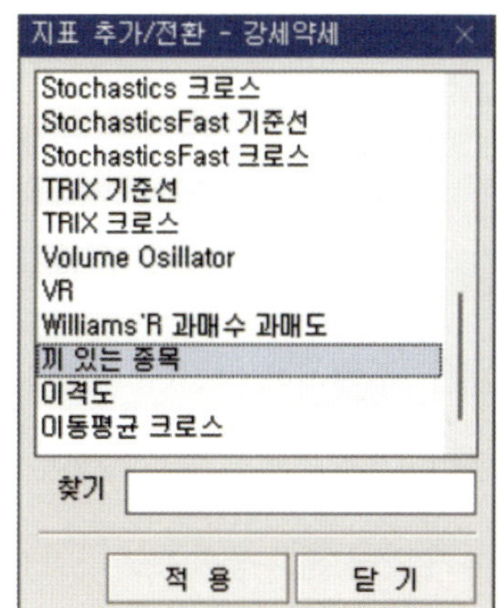

최근 6개월 내 본 강세 패턴이 자주 나타난 종목일수록 단기 매매 후보군으로 적합한 끼 있는 종목이라고 생각해도 좋다. 단, 끼 있는 종목이라고 해서 항상 주가가 상승하기만 하는 것은 아니다. 그러나 강세 패턴이 자주 나타난 종목일수록 사람들의 관심을 받아 매수세가 집중되면 다른 종목에 비해 상대적으로 더 쉽게 상승하기에 단기 매매에 적합한 종목이라 볼 수 있다.

위꼬리 없는 양봉이 중요한 이유

단기 매매에서 말하는 '끼 있는 종목'이란 한 번 움직일 때 크게 움직일 수 있는 종목을 뜻한다. 그러나 단순히 크게 오르는 것만으로는 충분하지 않다. 오를 때 강하게 오르고, 그 상승세를 끝까지 유지하며 마감하는지가 훨씬 더 중요하다. 장 중에 급등했다가 위꼬리를 길게 달고 밀려 내려오는 종목보다는, 위꼬리 없이 꽉 찬 양봉으로 강세를 유지한 채 마감하는 종목이 단기 매매에 훨씬 유리하다. 그 양봉이 상한가 장대양봉이라면 더 말할 것도 없다.

이런 종목을 찾는 방법은 의외로 단순하다. 최근 차트를 살펴보았을 때 위꼬리 없이 상한가로 마감한 이력이 반복적으로 나타나는 종목이라면 단기 매매에 적합한 종목일 가능성이 높다. 대부분의 투자자는 매매 판단을 할 때 과거 차트를 참고한다. 과거에도 한 번 오르기 시작하면 끝까지 밀어 올려 상한가로 마감했던 이력이 많은 종목의 경우 그만큼 시장 참여자들이 안심하고 큰 금액을 과감히 투입할 수 있기 때문이다.

반대로 오를 때마다 상승분을 지켜내지 못하고 긴 위꼬리를 반복적으로 다는 종목은 주의해야 한다. 이런 종목은 주가가 오르는 중에도 "또 위꼬리 달겠지."라는 인식이 강해 매수세가 붙기보다 매도 물량이 먼저 쏟아질 가능성이 크다. 결국 상승 도중에도 쉽게 밀리며 하락 마감하는 패턴이 반복된다. 따라서 위꼬리를 자주 다는 종목은 되도록 매매를 피하는 것이 바람직하다.

상한가에 자주 진입하는 종목은 심리 구조 자체가 다르다. 크게 상승하는 날에는 "이번에도 상한가를 갈 수 있다."는 기대감이 시장에 퍼지고, 주식 보유자들은 쉽게 매도하지 않고 버티거나 오히려 추가 매수까지 나서는 경우가 많다. 이 때문에 수급이 끊기지 않고, 단기 매매 관점에서는 더 수익을 내기 좋은 환경이 만들어진다.

때로는 시가총액, 주식 수, 유통비율, 펀더멘털을 복잡하게 분석하는 것보다 이렇게 과거 일봉 차트를 통해 끼 있는 종목 여부를 확인하는 것이 훨씬 빠르고 실전적인 종목 발굴 방법이 되기도 한다. 단기 매매에서는 '처음 가는 길'보다 이미 한 번 가 본 길을 다시 가는 종목이 훨씬 안전하고 강하게 움직인다는 사실을 기억해야 한다.

7

단기 매매
종목 선별(심화 1)
- 차트

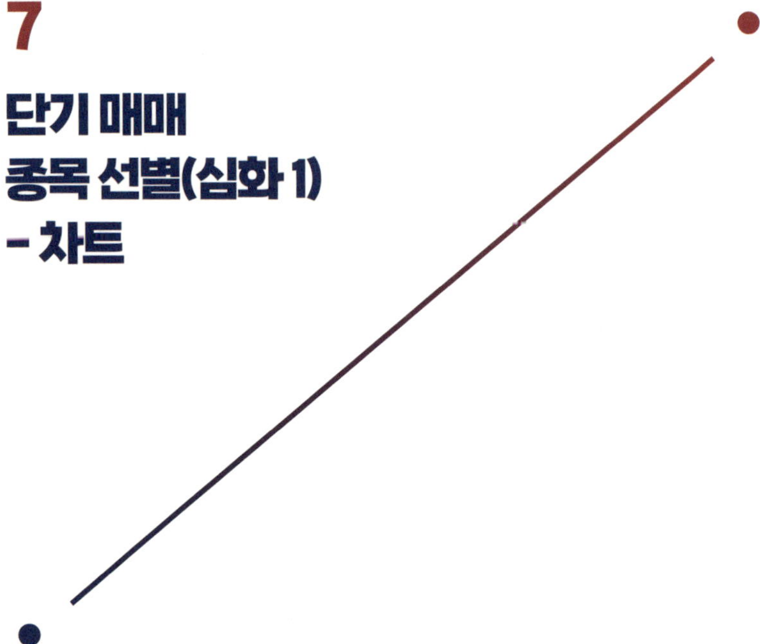

차트 - 전고점 돌파 장대양봉

지금까지 단기 매매에 적합한 종목을 선별하기 위해 고려해야 할 여러 요소를 살펴봤다. 거래대금, 주도 테마, 대장주, 상한가 이력 등 모두 중요한 기준들이다. 그러나 단기 매매를 하려는 사람이 이 책에서 딱 한 가지만 기억해야 한다면 바로 지금부터 다룰 내용이다. 나머지는 모두 이 핵심을 보완하기 위한 설명에 불과하다고 해도 과언이 아니다.

단기 매매에 적합한 종목을 선별해 낼 수 있는 가장 강력한 조건은 바로 '전고점을 돌파하는 장대양봉이 처음 출현하는 자리'에 있는 종목이다. 여기에 더해, 그 종목이 거래대금이 집중된 당일의 주도 테마 대장주라면 승률은 기하급수적으로 높아진다.

여기서 말하는 전고점 돌파의 시간적 기준은 최소 6개월 이상이다. 만약 과거에 나왔던 모든 가격대를 넘어서는 역사적 신고가를 돌파하고 있는 상황이라면 단기 매매 관점에서는 더할 나위 없이 좋은 자리라고 볼 수 있다.

전고점을 돌파하며 장대양봉이 출현하는 자리는 다른 어떤 패턴보다도 주가가 쉽게 상승할 가능성이 높다. 그 이유는 명확하다. 거래대금을 동반해 전고점을 돌파하고 있다는 것은 과거에 저항으로 작용하던 가격대를 모두 소화하고 상단에 더 이상 의미 있는 저항 매물이 남아 있지 않다는 뜻이기 때문이다. 즉 차익 실현 매물이나 하방 압력으로 작용할 수 있는 물량이 거의 없는 구간에 진입했다는 의미다.

다르게 말하면, 그 종목에 물려 있는 투자자가 거의 없는 상태라는 것이다. 그 주식을 보유한 사람이라면 누구나 수익 구간에 있는 상황이며, 이로 인해 주가 하락을 유발할 매도 물량이 현저히 줄어든다. 반면에 전고점을 돌파하는 강한 흐름을 확인한 새로운 매수자들은 더 많이 유입된다. 이렇게 되면 매도세보다 매수세가 압도적으로 강해지고, 주가는 훨씬 가볍게 위로 치고 올라갈 수 있는 여건을 갖추게 된다.

단기 매매에서 가장 이상적인 환경은 바로 이런 상태다. 저항은 사라지고, 매수 욕구는 커지며, 매도할 이유는 줄어든 자리. 전고점을 돌파하

핵심만 딱 하나!
거래대금
주도 테마
내링수
대장주
딱 하나만 기억하게!
단기매매의 절대 반지!
'가장 강력한 조건 = 전고점 돌파 장대양봉 (첫 출현)'

저항을 뚫는 힘!
전고점
(저항)
최소 6개월 이상
or
역사적 신고가
장대양봉
저 거대한 저항을
한 번에 뚫다니...!
거래대금 동반
'과거 매물대 완전 돌파! 역사적 신고가는 더 강력!'

매물 소화 완료!
매도세
(차익실현)
매도세
(차익실현)
보게나!
매도할 이유가 사라진
텅 빈 하늘이지!
수익
수익
수익
수익
'저항 매물 소멸! 물린 사람 없이 모두 수익!'

압도적 매수 우위!
매수세
(폭발)
매도세
저항은 없고
매수만 넘치니...
날아갈 수밖에 없군요!
'매수세 폭발, 주가 급등! 단기매매 최적의 타이밍!'
'전고점 돌파 장대양봉 = 시장 심리 + 수급의 완벽한 조화!'

는 장대양봉은 단순한 차트 신호가 아니라 시장 심리와 수급 구조가 동시에 유리해졌다는 가장 강력한 증거라는 점을 반드시 기억해야 한다.

효성중공업은 2025년 5월 지난 6개월 전고점인 54만 9,000원을 돌파하는 모습을 보여 줬다. 당시는 엔비디아와 팔란티어 위주의 AI 대호황 초강세장과 함께 전 세계적인 전력 부족 사태에 대한 우려로 전력설비 섹터에 대한 관심이 증폭되던 시기였다. 업황 전망도 좋았던 주도 테마 대장주였던 것이다.

이후 효성중공업 차트는 어떻게 됐을까? 다음 차트와 같이 지속적으로 상승하여 2025년 11월 기준 장 중 최고가 249만 2,000원까지 상승해 1년 동안 약 5배 가까운 폭등을 보여 줬다. 당시 이미 시가총액이 무려 5조 원이었던 우량주였음에도 6개월 전고점 돌파 조건에 맞춰 강력한 우상향 상승세가 이어지니 1년 내 무려 5배에 가까운 기록적인 상승이 나온 것이다.

효성중공업의 2024년 11월 ~ 2025년 11월 차트

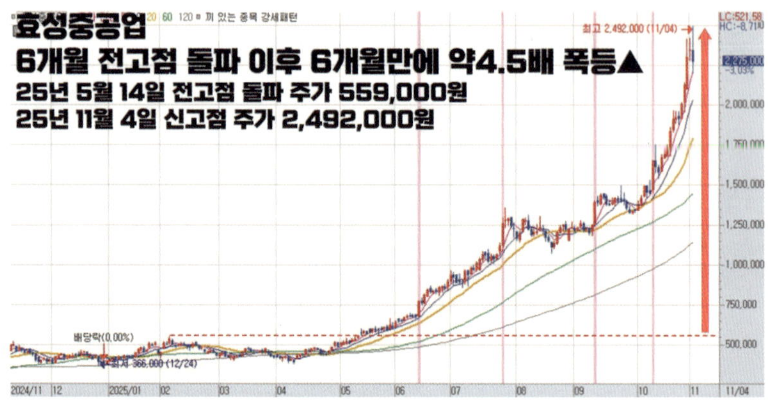

이런 종목은 신고가를 기록했다고 해서 많이 올랐다며 바로 주식을 매도하고 수익을 짧게 확정지을 것이 아니라 이때부터 더 강력한 상승이 나올 수 있으니 해당 종목을 유심히 살펴봐야 한다. 텐배거 유망주들은 보통 이런 패턴으로 시작해 지속적으로 상승하기 때문이다. 이런 종목들은 단기 매매나 중장기 투자자들에게 좋은 매매 대상이 된다. 주도 테마 대장주는 신고가를 돌파했다고 해서 비싸다고 매매를 하지 않을 것이 아니라 적극적으로 매매를 고려해야 한다는 것을 또 한 번 알 수 있는 사례다.

주도 테마 대장주는 달리는 말에 기꺼이 올라타는 자세가 필요하다. 주식 초보 개미 입장에서는 주가가 너무 높아 겁이 나더라도 해당 종목이 주도 테마의 대장주로 판단된다면 적극적으로 매매에 임해야 한다. 단타 매매를 할 때는 싼 종목을 사서 수익을 내는 것이 아니라 그날그날 인기가 있고 상승세를 타고 있는 주식을 사야 수익을 극대화할 수 있다.

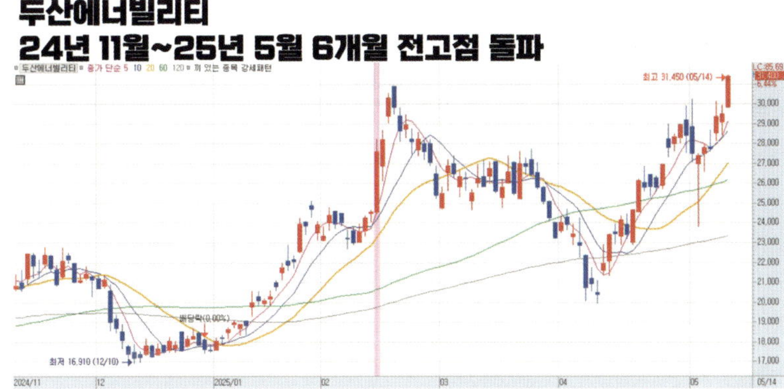

우리나라 원전 대장주 두산에너빌리티도 마찬가지다. 2025년 5월 14일, 6개월 전고점 구간이었던 3만 1,000원대를 돌파한 두산에너빌리티 주가는 이후 지속적으로 상승하여 6개월이 채 지나지 않은 2025년 11월에 장 중 9만 7,400원으로 52주 신고점을 기록하며 약 3배 가까운 주가 폭등을 보여 줬다. 원전 역시 효성중공업(전력설비)과 함께 AI 상용화로 인한 전력 부족 사태에 대응할 수 있는 에너지 대안으로서 주목받던 상황이었기 때문에 주도 테마의 대장주로서 큰 상승이 나온 것이다.

이렇듯 차트상 중요한 위치(전고점 돌파 구간)에서 인기 테마의 대장주가 가파르게 상승하고 있다면 이후에도 지속적으로 수급이 집중되어 대박 종목이 될 수 있다는 것을 명심해야 한다.

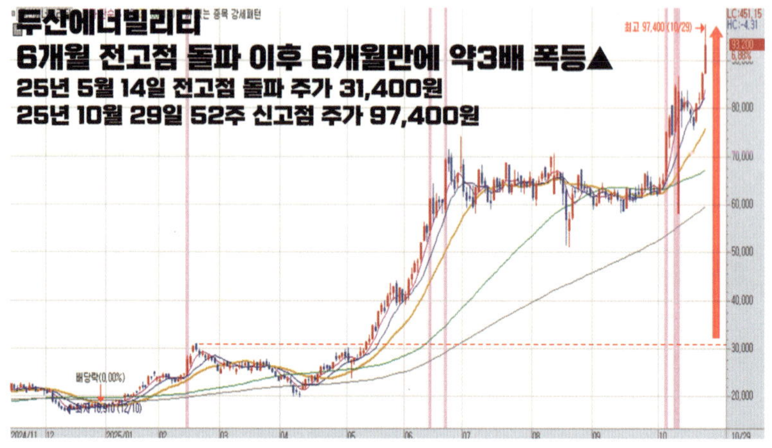

상승할 종목(정배열) vs 하락할 종목(역배열)

단기 매매를 할 때는 반드시 상승 추세를 유지하는 종목만을 공략해야 한다. 상승 추세가 유지되는 차트를 정배열, 그 반대의 경우를 역배열이라고 부른다. 물론 역배열 구간을 노리는 매매 기법도 존재하지만, 안정적이고 지속적으로 수익을 내는 단기 매매를 하기 위해서는 정배열 종목만을 대상으로 하는 것이 원칙이다.

정배열이란 단기 이동평균선이 가장 위에 있고, 그 아래에 중기 이동평균선, 가장 아래에 장기 이동평균선이 위치한 상태를 말한다. 이는 주가가 꾸준히 상승해 왔고, 최근으로 올수록 더 높은 가격에서 거래가 이루어지고 있다는 뜻이다. 반대로 역배열은 장기 이동평균선이 가장 위에 있고, 그 아래에 중기, 가장 아래에 단기 이동평균선이 위치한 상태로 주가가 오랜 기간 하락해 왔다는 명확한 증거다.

역배열 종목이 위험한 이유는 분명하다. 장기간 하락한 종목일수록 고점에서 매수해 물려 있는 투자자가 많다. 이런 종목은 주가가 조금만 반등해도 "본전이라도 오면 팔자."는 매도 물량이 쏟아지기 쉽다. 그 결과, 주가는 상승 도중 위꼬리를 달고 밀리며 마감할 가능성이 높고, 지속적인 상승을 기대하기 어렵다. 아주 강력한 재료와 수급이 동시에 붙지 않는 한 큰 상승으로 이어지기 힘든 구조다.

물론 운 좋게 바닥을 잡아 단기 수익을 낼 수도 있다. 그러나 이는 확률과 통계에 근거한 매매가 아니라 운에 기대는 매매에 가깝다. 단기 매매에서 가장 경계해야 할 것은 바로 이런 '운 좋은 한 번의 성공'을 실력으로 착각하는 것이다. 이런 매매는 반복이 어렵고, 결국 계좌를 망가뜨릴 가능성이 높다.

또 하나 중요한 점은, 역배열 종목은 오랜 시간 하락해 온 종목이라는 특성상 개인 투자자가 알기 어려운 악재가 숨어 있을 가능성도 크다는 것이다. 실제로 역배열 종목 중에는 이후 갑작스러운 횡령, 분식회계, 관리 종목 지정, 심지어 상장폐지 사유에 해당하는 사건이 발생해 보유 주식이 순식간에 휴지 조각이 되는 사례도 적지 않다.

결론은 명확하다. 단기 매매에서 수익을 낼 가능성을 높이려면 이미 올라가고 있는 종목을 따라가는 전략을 선택해야 한다. 역배열보다는 정배열, 하락 추세보다는 상승 추세에 올라타는 것이 훨씬 합리적이고 안전한 단기 매매 전략이라는 점을 반드시 기억해야 한다.

정배열 vs 역배열

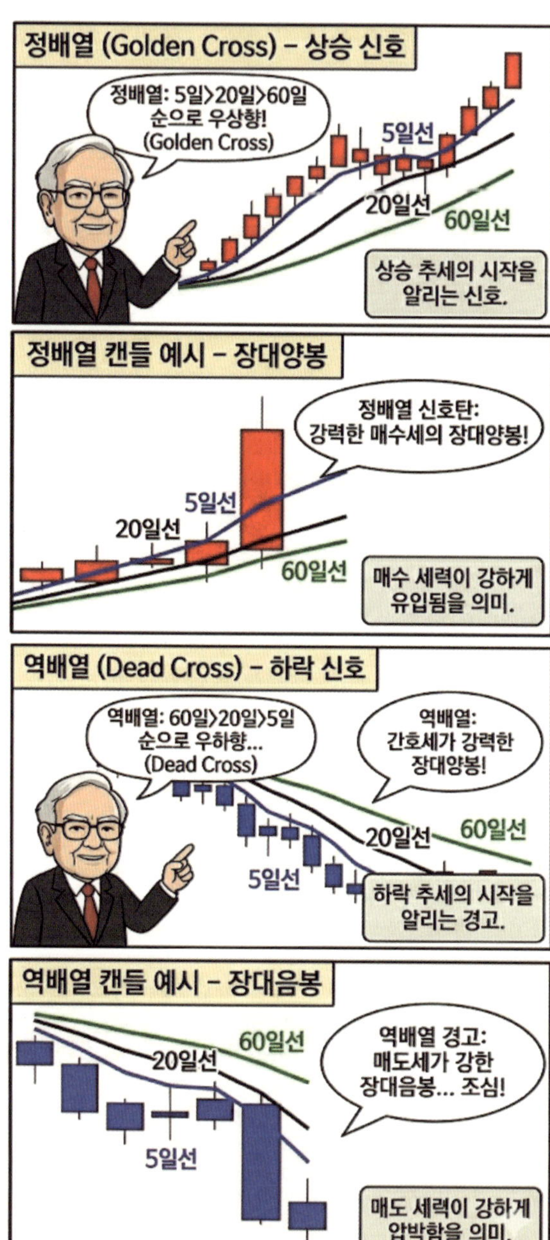

정배열 (Golden Cross) – 상승 신호
정배열: 5일>20일>60일 순으로 우상향! (Golden Cross)
5일선
20일선
60일선
상승 추세의 시작을 알리는 신호.
정배열 캔들 예시 – 장대양봉
정배열 신호탄: 강력한 매수세의 장대양봉!
20일선
5일선
60일선
매수 세력이 강하게 유입됨을 의미.
역배열 (Dead Cross) – 하락 신호
역배열: 60일>20일>5일 순으로 우하향... (Dead Cross)
역배열: 간호세가 강력한 장대양봉!
20일선
60일선
5일선
하락 추세의 시작을 알리는 경고.
역배열 캔들 예시 – 장대음봉
60일선
20일선
역배열 경고: 매도세가 강한 장대음봉... 조심!
5일선
매도 세력이 강하게 압박함을 의미.

정배열과 역배열을 활용한 단기 매매 전략

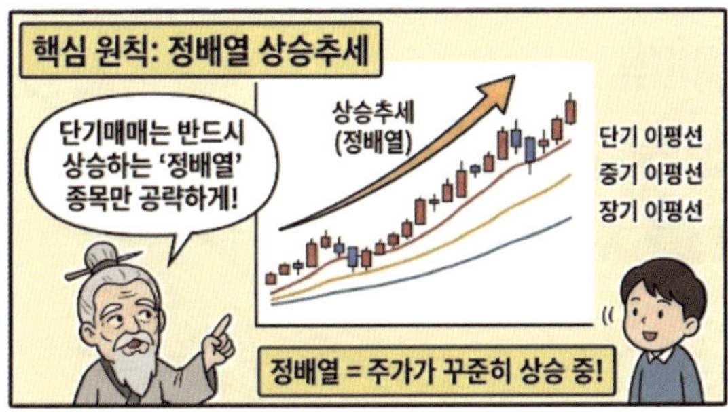

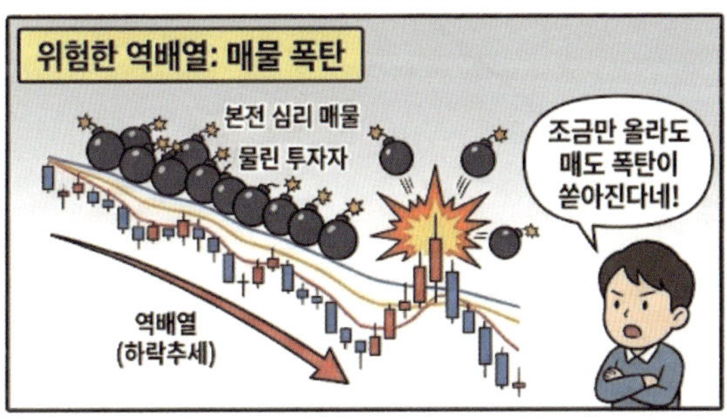

8

단기 매매 종목 선별(심화 2) – 수급과 지수

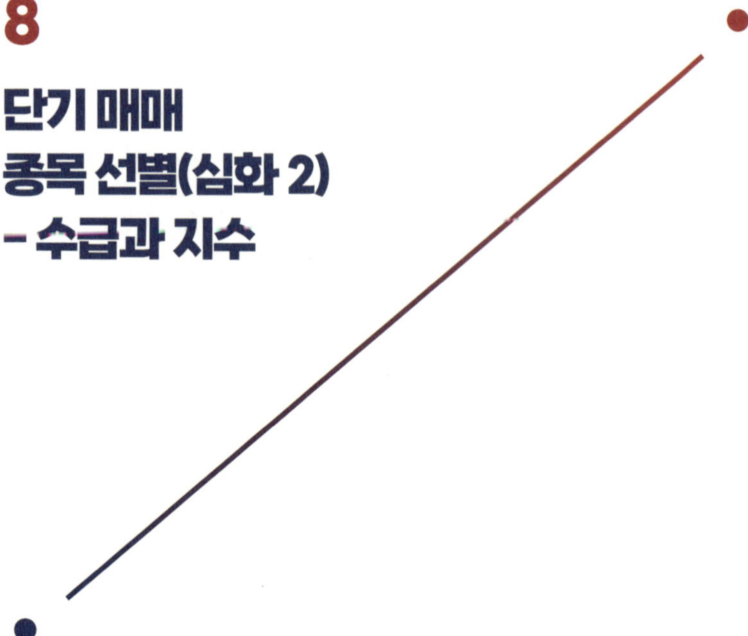

뚜렷한 수급 주체가 있는 종목이 꾸준히, 강하게 오른다

예측할 수 없이 단발적으로 오르고 끝나는 일회성 상승은 우리가 수익을 볼 수 있는 매매 기회로 활용할 수 없다. 그런 일회성 돌발 급등을 개인 투자자들이 사전에 예측해 수익으로 연결하기는 거의 불가능하다. 우리가 실제로 노려야 할 상승은 어느 정도 예측 가능성이 전제된 상태에서 만들어지는 추세적 상승이다.

이 추세적 상승은 개인 투자자 수급만으로는 파악하기 어렵다. 개인 수급은 불특정 다수가 자유롭게 사고파는 구조여서 누가 사는지 알기 어렵고 방향성 또한 쉽게 바뀌기 때문이다. 개인 투자자들끼리는 서로의 매매를 알 수도 없고, 일관된 매수세를 오랫동안 유지하기도 힘들다. 이 때문에 개인 수급만 보고서는 주가의 향후 흐름을 예측하는 데 분명한 한계가 있다.

반면에 외국인과 기관 수급은 성격이 다르다. 이들은 개인 투자자와는 비교할 수 없을 정도로 자금 규모가 크고, 일정한 기준과 전략에 따라 비교적 일관된 방향으로 매매하는 특징을 가진다. 한 번 매집에 들어가면 단기간에 방향을 바꾸기보다는 일정 기간 같은 방향으로 수급을 이어 가는 경우가 많다. 이러한 특성 때문에 외국인과 기관 수급은 해당 종목의 향후 주가 방향을 가늠해 볼 수 있는 중요한 참고 지표가 된다.

특히 이들의 수급은 개인 수급보다 매집력이 강하기 때문에 외국인이나 기관이 꾸준히 매수하는 종목은 자연스럽게 추세적 상승으로 이어질 가능성이 높아진다. 물론 외국인이나 기관이 매수한다고 해서 반드시 주가가 오른다고 단정할 수는 없다. 그러나 그들의 매매 추세를 함께 고려한다면 단순한 우연이 아닌 의미 있는 상승 흐름을 훨씬 현실적으로 판단할 수 있다.

주식 시장에서 특정 주식을 계속해서 매입하는 행위를 '매집'이라 한다. 주가가 일회성으로 단기간 반짝 오르고 끝나는 것이 아닌, 지속적으로 꾸준히 상승하려면 반드시 꾸준한 매집 수급이 뒷받침되어야 한다. 특히 외국인이나 기관이 주도 테마의 대장주를 중심으로 매집하는 상황이

수급의 힘

개인 수급의 한계 (일회성 반짝 급등)
예측 불가
단발성 상승
어? 갑자기 튀네?
금방 꺼지잖아...

외국인/기관 수급의 특징 (거대 자금, 일관성)
외국인
기관
우린 목표가 있어.
꾸준히 매집한다!
일정한 방향, 지속적인 매수

수급이 만드는 추세적 상승
추세적 상승
(꾸준한 매집)
뚜렷한 주체가 이끄는
상승이 진짜 기회!

단기매매 핵심 전략 (수급 확인)
단발성 요행 말고,
'수급 주체'를 확인하고
추세에 올라타라!
외국인/기관
순매수 지속
매수
수급을 읽는 시각 = 단기매매 성공의 핵심 기준!

라면 단기 매매 관점에서도 매우 유리한 환경이라 볼 수 있다.

아주 단순하게 정리하자면 이렇다. 외국인이나 기관 수급이 꾸준히 유입되는 종목이라면 조금 더 적극적으로 매매를 고려해 볼 수 있고, 반대로 외국인과 기관의 매도세가 이어지는 종목이라면 아무리 차트가 좋아 보여도 좀 더 조심할 필요가 있다.

결국 단기 매매에서 우리가 활용해야 할 수익 기회는 우연히 튀어 오르는 종목이 아니라 뚜렷한 수급 주체가 만들어 내는 추세의 초입이다. 단발성 상승이 아닌 이어질 수 있는 상승을 잡기 위해서라도 수급을 읽는 시각은 단기 매매에서 반드시 갖춰야 할 핵심 기준이라는 점을 명심해야 한다.

이 추세를 실제로 확인할 수 있는 대표적인 화면이 바로 키움증권 HTS 기준 [0258] '기관매매동향', 그리고 [0796] '투자자별 매매동향' 메뉴다. 다음 표들은 한화시스템의 실제 수급 상황과 차트를 함께 보여 주는 예시다.

한화시스템의 투자자별 매매동향과 종목별 기관매매추이를 보면 다음과 같은 특징을 분명하게 알 수 있다. 최근 며칠간 기관과 외국인이 동시에 순매수하고 있으며, 하루이틀이 아니라 연속적인 매수 흐름을 이어가고 있고, 특히 주가가 오르는 날에 거래대금이 함께 증가하고 있는 상황이다.

단발성 매수 수급이 아닌 기관과 외국인이 가격을 올려 가며 매집에 들어간 전형적인 패턴이다. 기관과 외국인은 가격이 오를수록 누적 매수

<h2 style="text-align:center">한화시스템의 투자자별 매매동향</h2>

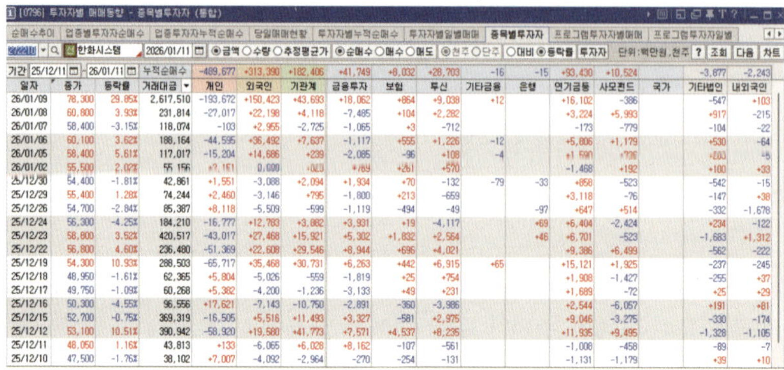

일자	종가	등락률	거래대금	개인	외국인	기관계	금융투자	보험	투신	기타금융	은행	연기금등	사모펀드	국가	기타법인	내외국인
기간 25/12/11 ~ 26/01/11 누적순매수				-489,677	+313,390	+182,406	+41,749	+8,032	+28,703	-16	-15	+93,430	+10,524		-3,877	-2,243
26/01/09	78,300	29.85%	2,617,510	-193,672	+150,423	+43,693	+18,062	+864	+9,038	+12		+16,102	-386		-547	+103
26/01/08	60,800	3.93%	231,814	-27,017	+22,198	+4,118	-7,485	+104	+2,282			+3,224	+5,993		+917	-215
26/01/07	58,400	-3.15%	118,074	-103	+2,955	-2,725	-1,065	+3	-712			-173	-779		-104	-22
26/01/06	60,100	3.62%	188,164	-44,595	+36,492	+7,637	-1,117	+555	+1,226	-12		+5,806	+1,179		+530	-64
26/01/05	58,400	5.61%	117,017	-15,204	+14,686	+239	-2,085	-96	+108	-4		+1,590	+726		+603	-5
26/01/02	55,500	2.02%	55,156	+3,161	0,000	+023	+769	+261	+570			-1,468	+192		+100	+33
25/12/30	54,400	-1.81%	42,861	+1,551	-3,088	+2,094	+1,934	+70	-132	-79	-33	+858	-523		-542	-15
25/12/29	55,400	1.28%	74,244	+2,460	-3,146	+795	-1,800	+213	-659			+3,118	-76		-147	+38
25/12/26	54,700	-2.84%	85,387	+8,118	-5,509	-599	-1,119	-494	-49		-97	+647	+514		-332	-1,678
25/12/24	56,300	-4.25%	184,210	-16,777	+12,783	+3,882	+3,931	+19	-4,117		+69	+6,404	-2,424		+234	-122
25/12/23	58,800	3.52%	420,517	-43,017	+27,468	+15,921	+5,302	+1,832	+2,564		+46	+6,701	-523		-1,683	+1,312
25/12/22	56,800	4.60%	236,480	-51,369	+22,608	+29,546	+8,944	+696	+4,021			+9,386	+6,499		-562	-222
25/12/19	54,300	10.93%	288,503	-65,717	+35,468	+30,731	+6,263	+442	+6,915	+65		+15,121	+1,925		-237	-245
25/12/18	48,950	-1.61%	62,365	+5,804	-5,026	-559	-1,819	+25	+754			+1,908	-1,427		-255	+37
25/12/17	49,750	-1.09%	60,268	+5,382	-4,200	-1,236	-3,133	+49	+231			+1,689	-72		+25	+29
25/12/16	50,300	-4.55%	96,556	+17,621	-7,143	-10,750	-2,891	-360	-3,986			+2,544	-6,057		+191	+81
25/12/15	52,700	-0.75%	369,319	-16,505	+5,516	+11,493	+3,327	-581	+2,975			+9,046	-3,275		-330	-174
25/12/12	53,100	10.51%	390,942	-58,920	+19,580	+41,773	+7,571	+4,537	+8,235			+11,935	+9,495		-1,328	-1,105
25/12/11	48,050	1.16%	43,813	+133	-6,065	+6,028	+8,162	-107	-561			-1,008	-458		-89	-7
25/12/10	47,500	-1.76%	38,102	+7,007	-4,092	-2,964	-270	-254	-131			-1,131	-1,179		+39	+10

<h2 style="text-align:center">한화시스템의 종목별 기관매매추이</h2>

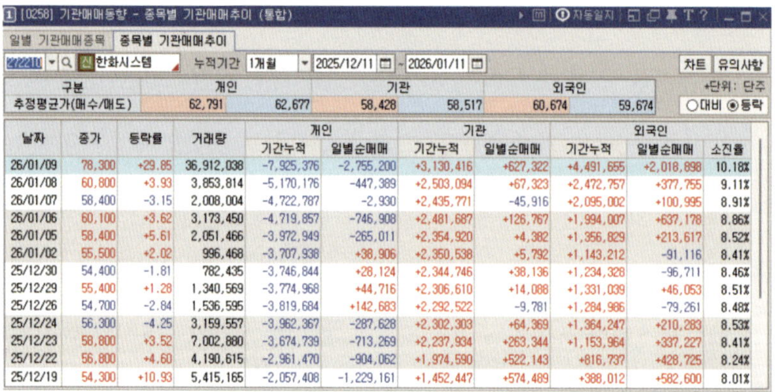

날짜	종가	등락률	거래량	개인		기관		외국인		소진율
				기간누적	일별순매매	기간누적	일별순매매	기간누적	일별순매매	
추정평균가(매수/매도)				62,791	62,677	58,428	58,517	60,674	59,674	
26/01/09	78,300	+29.85	36,912,038	-7,925,376	-2,755,200	+3,130,416	+627,322	+4,491,655	+2,018,898	10.18%
26/01/08	60,800	+3.93	3,853,814	-5,170,176	-447,389	+2,503,094	+67,323	+2,472,757	+377,755	9.11%
26/01/07	58,400	-3.15	2,008,004	-4,722,787	-2,930	+2,435,771	-45,916	+2,095,002	+100,995	8.91%
26/01/06	60,100	+3.62	3,173,450	-4,719,857	-746,908	+2,481,687	+126,767	+1,994,007	+637,178	8.86%
26/01/05	58,400	+5.61	2,051,466	-3,972,949	-265,011	+2,354,920	+4,382	+1,356,829	+213,617	8.52%
26/01/02	55,500	+2.02	996,468	-3,707,938	+38,906	+2,350,538	+5,792	+1,143,212	-91,116	8.41%
25/12/30	54,400	-1.81	782,435	-3,746,844	+28,124	+2,344,746	+38,136	+1,234,328	-96,711	8.46%
25/12/29	55,400	+1.28	1,340,569	-3,774,968	+44,716	+2,306,610	+14,088	+1,331,039	+46,053	8.51%
25/12/26	54,700	-2.84	1,536,595	-3,819,684	+142,683	+2,292,522	-9,781	+1,284,986	-79,261	8.48%
25/12/24	56,300	-4.25	3,159,557	-3,962,367	-287,628	+2,302,303	+64,369	+1,364,247	+210,283	8.53%
25/12/23	58,800	+3.52	7,002,880	-3,674,739	-713,269	+2,237,934	+263,344	+1,153,964	+337,227	8.41%
25/12/22	56,800	+4.60	4,190,615	-2,961,470	-904,062	+1,974,590	+522,143	+816,737	+428,725	8.24%
25/12/19	54,300	+10.93	5,415,165	-2,057,408	-1,229,161	+1,452,447	+574,489	+388,012	+582,600	8.01%

하며 주가가 조정받는 구간에서도 이탈 없이 매수한 것이다. 이건 매우 중요한 신호다. 개인 수급으로 만들어진 상승은 조금만 흔들려도 바로 꺾이지만 기관·외국인 수급이 주도하는 상승은 쉽게 무너지지 않는다. 왜냐하면 이들은 "조금 올랐으니 팔자."가 아니라 "아직 덜 샀으니 더 사자."는 관점으로 움직이기 때문이다.

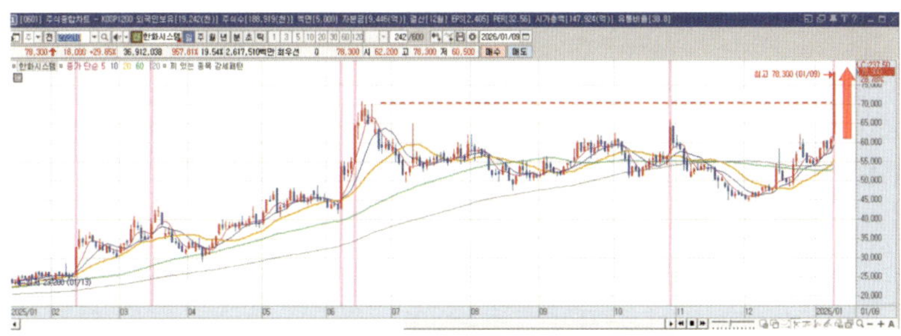

외국인과 기관의 추세적 매수세가 이어진 결과, 한화시스템은 2026년 1월 9일, 52주 전고점 저항대였던 7만 원 선을 강력한 상한가 장대양봉으로 돌파하며 강력한 상승을 보여 줬다. 이번 급등 이전에도 시가총액 10조 원이 넘었던 우량주가 하루 만에 상한가 급등이 나온 경이로운 수준의 강력한 주가 급등 슈팅이 나온 것이다. 이런 조합을 갖춘 종목이 바로 예측 가능한 추세적 상승이 나오는 종목이자 우리가 노려야 할 단기 매매 종목이라는 것을 잊지 말자.

개인이 아니라 누가 사고 있는지를 봐야 하고, 차트만 보지 말고 차트와 함께 수급도 봐야 한다. 키움증권 영웅문 HTS 기준 [0258]과 [0796] 메뉴를 통해 기관과 외국인이 실제로 돈을 넣고 있는 종목인지 확인할 수 있다면, 그 종목의 상승은 우연이 아니라 의도된 움직임일 가능성이 높다. 그리고 바로 이런 자리에서 단기 매매든, 스윙이든, 중기 추세 추종이든 승률이 급격히 높아진다는 점을 기억해야 한다.

주식 투자하기 좋은 날 - 지수(시장동향) 확인하기

앞서 개별 종목 매매의 승률을 높일 수 있는 선행 지표로 외국인과 기관 매매동향을 파악하는 방법을 알아봤다. 그렇다면 개별 종목이 아닌 '그 날'이 주식하기 좋은 날인지 아닌지 주식 시장 전반에 대한 승률을 가늠해 볼 수 있는 방법은 무엇일까? 바로 '지수'를 확인하는 것이다.

주식 투자를 하다 보면 주식방송에서 사람들이 "오늘은 장이 좋은 날이다.", "오늘은 지수가 좋은 날이다."라고 말하는 것을 들어 봤을 것이다. 지수란 코스피, 코스닥, 선물 지수를 말한다. 물론 지수가 오르고 있는 날이라고 해서 무조건 수익을 보고, 지수가 떨어지고 있는 날이라고 해서 무조건 손실을 보는 것은 아니지만 지수가 상승 중인 날은 좀 더 적극적으로 매매에 임하기 좋은 여건인 것은 분명하다. 따라서 지수 상황 체크 역시 매매 성공 확률을 높일 수 있는 선행 요건이다.

그렇다면 어떤 날이 매매를 적극적으로 고려해 봐도 좋을 만큼 지수가 좋은 날일까? 첫 번째로 꼽자면 외국인 수급이 강력하게 들어오는 날이다. 코스피 또는 선물에 외국인 매수세가 1조 원 이상, 코스닥의 경우 3,000억 원 이상 들어오며 대량 매수 포지션을 잡고 있는 날은 매매하기 좋은 날이라 볼 수 있다. 반대로 외국인 매도세가 거센 날에는 매매를 자제하는 것이 좋다. 이런 날에는 수익을 내려고 무리해서 매매를 진행하기보다는 그동안 쌓아 온 수익을 지키며 그간 관심 있게 관망하던 종목을 조금 더 알아보는 시간으로 보내는 것이 좋다. 무리한 매매를 잘 참아 내고 절제하며 쉬는 것도 실력이다.

코스피, 코스닥, 선물 지수는 키움증권 hts 기준 [0780] 투자자별 매매 동향 메뉴를 통해 손쉽게 확인할 수 있으며, 네이버 검색을 통해서도 바로 체크할 수 있다.

시장구분	개인	외국인	기관계
코스피	+3,169	-18,379	+12,287
코스닥	+1,287	-1,932	+773
선물	-2,965	+2,998	-428
콜옵션	+15	-124	+112
풋옵션	-15	-20	+47
주식선물	+3,028	-1,804	-1,289
달러선물	-870	+1,270	-400

매매하기 좋은 날

거 참, 주식 투자하기 딱 좋은 날씨네. 오늘은 '장'이 좀 서나?
코스피 지수 ▲
코스닥 지수 ▲
1. 시장 동향(지수) 확인: 주식하기 좋은 날인가?

개별 종목만 봐선 안 돼. '지수' 흐름부터 읽어야지. 숲을 봐야 나무가 보이지 않겠어?
코스피/코스닥 지수 상승세, 투자 심리 호전
2. 승률을 높이는 선행 지표: 지수 상승 시 적극 매매 고려

특히 '외국인' 형님들이 돈보따리 풀고 들어오는 날! 그런 날이 진짜 '베팅'할 날이지.
외국인 순매수:
코스피 1조원↑,
코스닥 3천억↑
(대량 매수 유입)
3. 핵심 기준: 외국인 대량 매수 유입일 = 적극 매매 적기

반대로 외국인이 팔아치울 땐? 섣불리 덤비지 마. 쉬는 것도 실력이야. 알겠나?
외국인 대량 매도 ▼
4. 매도 시 절제: 무리한 매매 자제, 쉬는 것도 투자다.

9

단기 매매
실전 기술 1
- 비중과 분할 매수

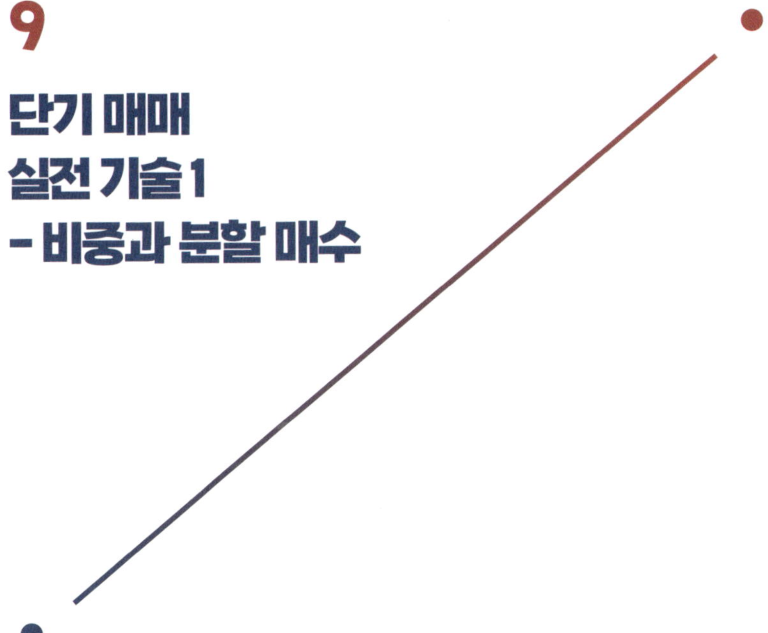

단기 매매 전 필수 세팅 – 감당할 수 있는 금액인가?

주식 투자를 본격적으로 시작하기에 앞서 반드시 점검해야 할 것이 있다. 바로 내가 감당할 수 있는 투자금의 크기, 즉 '그릇'이다. 이 그릇을 무시한 채 단기 매매를 시작하면 아무리 좋은 매매 기법을 가지고 있어도 결국 실패하게 된다.

100만 원 정도의 소액으로 매매할 때는 주가가 조금 흔들려도 비교적 담담하게 대응할 수 있다. 하지만 투자금이 커지면 달라진다. 1억 원을 투자한 상태에서는 1~2%만 움직여도 손익은 수백만 원 단위로 변한다. 이 때부터는 차트보다 손실 금액이 먼저 눈에 들어오기 시작한다.

100만 원으로 1% 손실이 나면 1만 원이다. 10%가 빠지더라도 10만 원 인데, 이 정도 손실은 대부분의 사람이 원칙대로 손절할 수 있다. 하지만 5,000만 원으로 1% 손실이 나면 손실금은 50만 원이고 10% 손실이 나면 500만 원이다. 이 금액 앞에서 "원칙대로 손절하자."고 냉정하게 판단할 수 있는 사람은 많지 않다.

문제는 여기서 시작된다. 사람의 뇌는 긍정보다 부정에 더 크게 반응 한다. 손실 금액이 커질수록 사람은 판단이 아니라 감정으로 매매를 하 게 된다. 손절해야 할 자리에서 버티게 되고, 수익을 키워야 할 자리에서 는 겁이 나서 일찍 팔아 버린다. 그 결과는 늘 같다. 수익은 적고, 손실은 커진다.

그래서 단기 매매에서는 수익률보다 먼저 생각해야 할 것이 있다. 내 예수금이 매매 원칙에 맞게 흔들리지 않고 매매할 수 있는 금액인가다. 이 금액이 바로 내 그릇의 크기다. 사람마다 그릇의 크기는 다르다. 누군 가는 100만 원이 편하고, 누군가는 1,000만 원이 편할 수 있다. 중요한 것 은 금액의 크기가 아니라 그 금액을 들고 있을 때 심리가 안정적인가다.

그릇 이내의 금액으로 매매하면 실력만큼의 결과가 나온다. 하지만 그릇을 넘어서는 순간 매매는 급격히 어려워진다. 손절은 늦어지고, 판단 은 흔들리며, 작은 실수 하나가 큰 손실로 이어진다. 만약 내 시드머니가 그릇보다 커서 지속적으로 손실이 발생한다면 답은 분명하다. 매매 금액을 줄여야 한다. 이것은 후퇴가 아니라 생존을 위한 조정이다.

반드시 지켜야 할 원칙이 하나 더 있다. 그릇을 넘어서는 수익이 발생했다면 그 초과분은 반드시 출금해야 한다는 것이다. 출금하지 않고 계좌에 남겨 두면 그 돈은 언젠가 다시 시장에 돌려주게 된다. 단기 매매를 오래 해 본 사람일수록 이 사실을 뼈저리게 경험한다.

반대로 손실이 났다고 해서 추가 입금으로 손실을 메우려 해서는 안 된다. 손실을 본 상태에서 매매 금액을 키우면 계좌는 회복이 아니라 붕괴의 길로 들어선다.

단기 매매는 중장기 가치 투자나 배당주 투자와 다르다. 중장기 투자는 시간이 복리로 작용하지만, 단기 매매는 매 순간의 심리 안정이 승패를 가른다. 그래서 단기 매매에서는 수익을 키우는 것보다 수익을 지키는 자금 관리가 훨씬 중요하다. 종잣돈이 크지 않아도 괜찮다. 100만 원으로 시작해도 충분하다. 중요한 것은 얼마로 시작하느냐가 아니라 내가 감당 가능한 금액으로 시작하느냐다.

매수한 종목이 10% 이상 하락하더라도 감정적으로 무너지지 않고 원칙을 지킬 수 있다면 그 금액이 바로 내 그릇이다. 투자 경험이 적다면 처음에는 100만 원으로 시작하라. 잃어도 다시 일어설 수 있는 금액으로 시장을 배우는 것이 단기 매매의 가장 안전한 출발이다.

실전 단기 매매에서 가장 먼저 해야 할 일은 차트를 보는 것도 종목을 고르는 것도 아니다. 내 그릇을 정확히 파악하고 그 그릇에 맞게 시드머니를 세팅해 놓는 것. 그것이 모든 단기 매매 기술의 출발점이다.

단기 매매 전에 확인해야 할 것

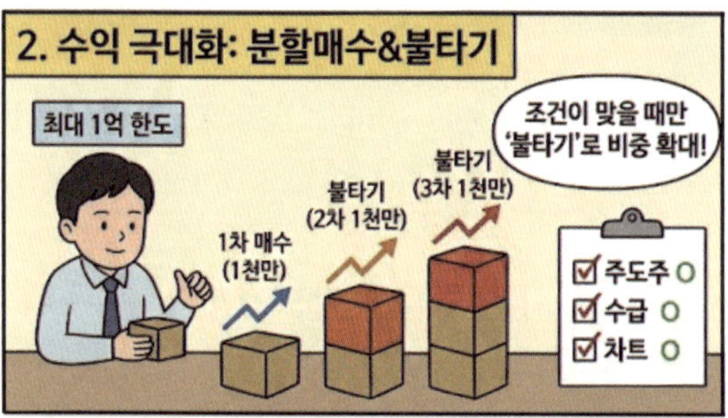

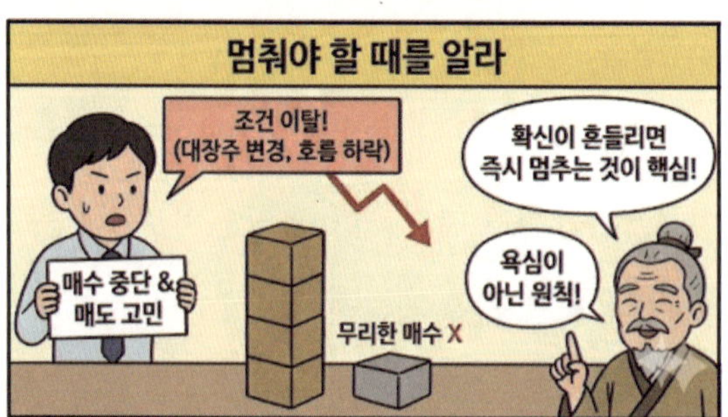

수익 극대화 전략 – 분할 매수와 불타기

단기 매매에서 수익을 극대화하기 위해 반드시 익혀야 할 기술이 있다. 바로 분할 매수와 불타기다. 분할 매수란 한 번에 전부 매수하는 것이 아니라 종목의 흐름과 조건을 확인해 가며 여러 차례 나누어 매수하는 방식이다. 그리고 이렇게 분할 매수를 하다가 매수한 종목이 계속해서 모든 조건에 부합할 경우 추가 매수를 통해 비중을 늘려 가는 것을 '불타기'라고 한다.

중요한 점은, 불타기는 무작정 주가가 올랐다고 따라 사는 행위가 아니라 조건이 유지되고 있을 때만 허용되는 전략이라는 것이다. 그래서 분할 매수를 시작하기 전에 반드시 정해야 할 것이 있다. 바로 내 그릇 안에서의 최대 투자 한도다. 이 기준이 없으면 분할 매수는 어느 순간 욕심이 되고, 불타기는 과도한 몰빵으로 변질된다. 예를 들어, 내가 단기 매매에서 감당 가능한 최대 금액이 1억 원이라면 한 번에 전부 매수하는 것이 아니라 1,000만 원씩 나누어 진입하는 식이다.

주도 테마의 대장주이고, 수급과 차트 흐름이 모두 좋으며, 시장 상황까지 뒷받침되는 종목이라면 1,000만 원씩 추가 매수를 하여 최대 1억 원까지 비중을 늘려 가는 것이다. 이 과정에서 반드시 명심해야 할 점이 있다. 분할 매수는 '전제 조건이 유지될 때만' 이어지는 전략이라는 것이다. 처음에는 좋아 보였던 종목이라 하더라도 매매 도중 조건이 깨졌다고 판단되면 즉시 추가 매수를 중단해야 한다. 즉 분할 매수를 시작했다고 해서 무조건 최대 투자금까지 매수해야 하는 것은 아니다. 분할 매

분할 매수와 불타기

1. 시작 전, '최대 한도'를 정하라.
판에 들어가기 전, 내 '씨드머니(한도)'부터 정해야지. 넘치면 투기니까.
예수금(씨드머니)
내 씨드머니 (한도)

2. '분할매수'로 신중히 진입하라.
장 초반이니까 아직 주도테마 대장주가 확실하게 정해지기 전엔 소액만 분할매수!
주도테마 대장주 후보
분할 진입 (신중)

3. 조건이 완벽할 때만 '불타기'!(비중 확대)
이 종목 확실하다? 조건 완벽? 이럴 때 '불타기'로 승부 보는 거지!
주도테마 대장주
확신 = 비중 확대 (불타기)

4. 조건이 깨지면 즉시 멈춰라.
어? 주도테마 대장주가 바뀌네? 조건 깨지면 미련 없이 '스톱'. 그게 고수의 원칙이야.
STOP
BLACK JACK
욕심 금지, 원칙 준수

수 중에도 매 순간 해당 종목이 여전히 매매 기준에 부합하는지를 점검해야 한다.

정해진 금액을 채우기 위해 매매하는 것이 아니라 종목의 흐름에 맞춰 금액을 조절하는 것이 올바른 분할 매수의 핵심이다. 모든 조건이 완벽하게 맞아떨어지는, 이른바 S급 종목일 경우에만 불타기를 통해 비중을 늘리며 수익 극대화에 집중한다. 반대로 일부 조건만 맞거나 확신이 서지 않는 종목이라면 분할 매수 도중이라도 과감히 멈춰야 한다.

또 하나 중요한 기준은 해당 종목이 시장 주도 테마의 대장주 지위를 유지하고 있는가다. 분할 매수 중에 대장주가 다른 종목으로 넘어가거나, 시장의 흐름이 예상과 다르게 흘러간다면 추가 매수는 멈추고 매도를 고민해야 한다. 단기 매매는 한 번의 거래로 큰돈을 벌겠다는 욕심을 내는 순간 실패 확률이 급격히 높아진다. 철저하게 매매 원칙에 기반을 두어 수익은 키우고, 손실은 최소화해야만 안정적인 계좌 성장이 가능하다.

분할 매수와 불타기는 욕심을 채우기 위한 기술이 아니다. 확신이 쌓일수록 비중을 늘리고, 확신이 흔들릴 때는 투자를 멈추는 습관이다. 이 원칙을 지킬 수 있다면 단기 매매에서 수익은 자연스럽게 따라오게 된다.

10

단기 매매 실전 기술 2 – 캔들, 매수 타이밍, 손절매

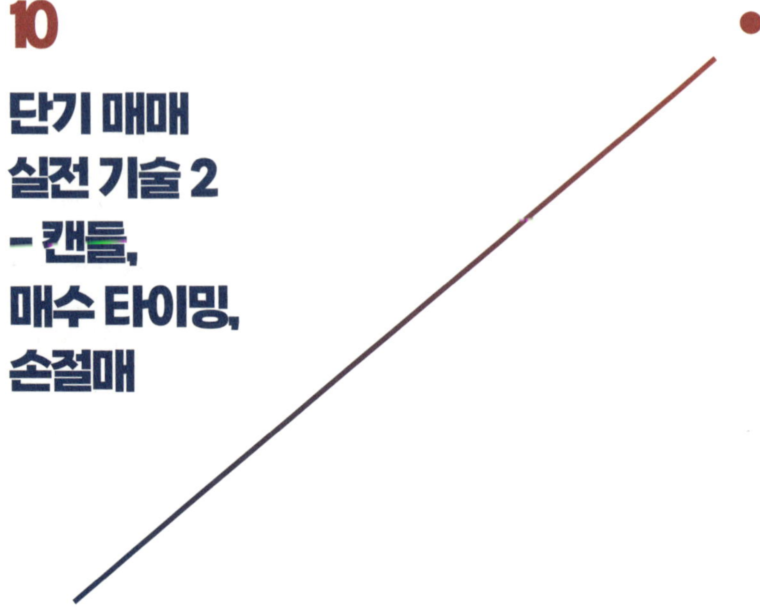

캔들 – 전고점 돌파 장대양봉

드디어 대망의 기술적 매매 전략을 다룰 차례다. 앞서 수급, 주도 테마, 대장주, 거래대금, 정배열 등 단기 매매에 필요한 수많은 조건을 살펴봤지만, 그 모든 조건을 종합했을 때 내가 단기 매매 종목으로 가장 선호하는 자리는 단 하나다. 바로 '전고점을 돌파하는 첫 장대양봉 자리에 있는 종목'이다.

이 자리를 선호하는 이유는 단순하다. 주식 시장에서 어떤 종목이 오를지를 미리 맞히는 것은 사실상 불가능에 가깝기 때문이다. 아무리 내 눈에 좋아 보이는 종목이라 하더라도 수급이 들어오지 않고, 시장의 관심을 받지 못하면 주가는 움직이지 않는다. 운 좋게 상승할 종목을 맞힌다 하더라도 문제는 또 있다. 그 종목이 언제 오를지는 알 수 없다는 점이다. 오늘 오를지, 한 달 뒤에 오를지, 혹은 1년이 지나서야 움직일지 아무도 장담할 수 없다. 이 기다림의 시간 동안 투자자는 아무것도 하지 못한 채 기회비용을 계속 치르게 된다.

그래서 나는 '언젠가 오를 것 같은 종목'을 미리 사서 기다리는 매매보다 시장이 이미 '오르기 시작했다.'고 명확하게 보여 주는 종목을 선호한다. 전고점 돌파 첫 장대양봉은 바로 그 신호가 가장 분명하게 드러나는 자리다. 과거에 강한 저항으로 작용했던 전고점을 거래대금을 동반한 장대양봉으로 돌파했다는 것은 그 가격에서도 사겠다는 수요가 충분히 몰렸다는 의미다. 특히 그 종목이 주도 테마의 대장주라면 이야기는 달라진다. 수급, 테마, 심리, 차트가 모두 같은 방향으로 정렬되기 시작한 순간이기 때문이다. 이 자리는 '아직 오르지 않은 종목을 찾아 기다리는 자리'가 아니다. 이미 시장이 선택했고, 이제 막 움직이기 시작한 자리다.

다음 차트는 각각 현대차와 한화시스템의 전고점 돌파 장대양봉 사례다. 현대차는 2026년 CES를 전후로 한 로봇 산업 부각 속에서 주도 테마의 대장주 역할을 하며 전고점을 돌파했고, 한화시스템은 미국의 베네수엘라 대통령 납치 이슈, 이란 압박 등 지정학적 리스크가 부각되며 방산 테마의 대장주로 급부상했다. 현대차는 이후 역사적 신고점 기록을 계

현대차의 2024년 6월 ~ 2026년 1월 차트

현대차
25년 12월 5일(금) 전고점 돌파 장대양봉 출현 후
50% 이상 급등하며 역사적 신고점 경신

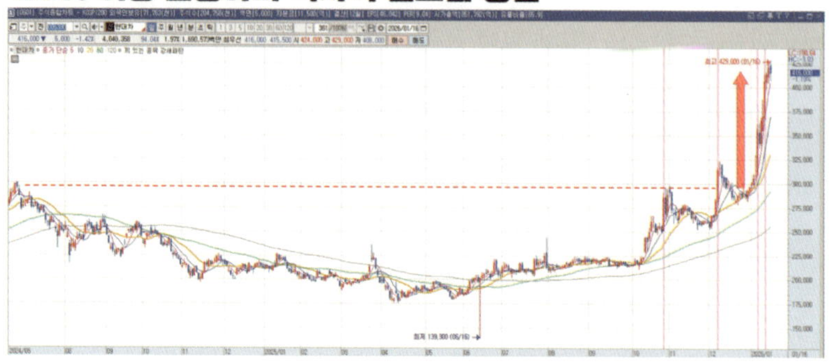

한화시스템의 2025년 1월 ~ 2026년 1월 차트

한화시스템
26년 1월 9일(금) 전고점 돌파 장대양봉 출현 후
60% 이상 급등하며 역사적 신고점 경신

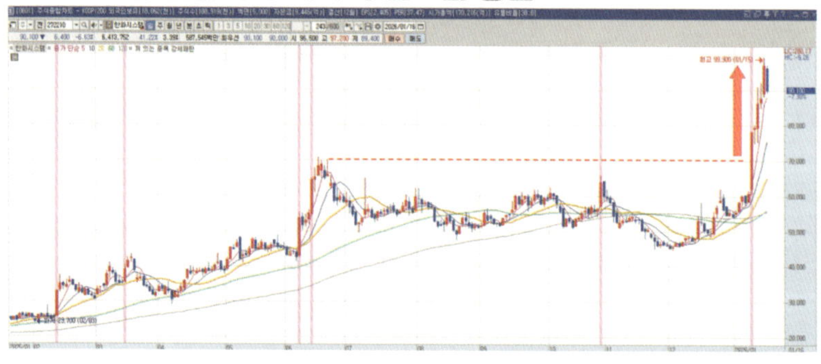

속 갈아치우며 한 달간 50% 넘는 주가 폭등을 보여 줬고, 한화시스템 역시 이후 5거래일간에 폭발적으로 오르며 60% 넘는 급등세를 보여 줬다.

이 두 종목의 공통점은 명확하다. 막연한 기대감 속에서 서서히 오르

120

던 종목이 아니라 시장 전체의 관심이 한 방향으로 쏠린 주도 테마의 중심에 있었고, 그 결과 전고점이라는 강력한 저항을 거래대금과 함께 단숨에 돌파했다는 점이다.

전고점은 과거에 매물 부담이 가장 강했던 자리다. 그 가격대에서 주식을 보유하고 있던 투자자들이 모두 정리되고 나면, 차트 상단에는 더 이상 뚜렷한 저항 매물이 존재하지 않게 된다. 즉 위로 갈수록 주가를 막아설 물량이 줄어드는 구조가 만들어진다.

여기에 장대양봉이 동반되었다는 것은 그날 하루에만 반짝 수급이 들어온 것이 아니라 '이 가격에서도 사겠다는 사람'이 대거 등장했음을 의미한다. 특히 그 종목이 주도 테마의 대장주라면, 이후에도 추격 매수, 기관·외국인 수급, 개인 투자자의 관심이 연쇄적으로 이어질 가능성이 높아진다. 많은 투자자가 저지르는 실수는 이 지점에서 나온다. "이미 많이 올랐다."는 이유로 전고점 돌파 장대양봉을 외면하고, 대신 언제 오를지 모르는 종목을 미리 사서 기다리는 것이다. 하지만 이런 방식은 확률이 아니라 희망에 기대는 매매에 가깝다.

반대로 전고점을 돌파하며 장대양봉이 처음 등장한 종목은 이미 시장이 그 방향을 선택했음을 보여 주는 결과물이다. 이때부터는 '기다림의 매매'가 아니라 '흐름에 올라타는 매매'가 가능해진다. 최소한 이 자리에서는 추가 상승이 이어질 수 있는 조건이 처음으로 충족되었다는 점만은 분명하다. 그래서 단기 매매에서는 언제 오를지 모르는 종목을 미리 사서 버티기보다 주도 테마의 대장주가 전고점을 돌파하며 장대양봉을 만들어 낸 날부터 집중적으로 관찰하고 매매에 나서는 전략이 훨씬 합리적이다.

전고점을 돌파하는 장대양봉이 나오는 그날의 주도 테마 대장주는 주로 9시 30분 이후 발견할 수 있다. 9시 30분 이전에는 전일 시간외 단일가에서 상승했던 종목이나 호재 뉴스가 나온 종목에 거래대금이 몰릴 가능성이 크기 때문이다. 시간외 단일가 상승 종목이나 호재 뉴스로 아침에 상승한 종목은 기존 보유자들에게 매도 기회가 되며 위꼬리를 달고 하락할 가능성이 크다. 따라서 9시 30분 이후 거래대금 상위 종목을 확인하면 확실한 그날의 테마와 대장주를 찾을 수 있을 것이다.

만약 코스피, 코스닥 지수가 하락하며 시장 분위기가 좋지 않은 날이거나, 외국인 매도세가 이어지는 날에는 매매에 적합한 주도 테마가 나오지 않을 수 있으니 확실한 테마가 보이지 않는다면 다음 기회를 기다리며 매매를 쉬어야 한다. 전고점을 돌파하는 첫 장대양봉이 나온 날에 잘못된 종목을 매수할 경우 큰 손실을 볼 수 있기 때문이다.

장대양봉 상태에서 매수했다면 최소 10%는 상승한 상황에서 매수했다는 것인데, 이처럼 종목을 잘못 선택해 위꼬리가 달린 채로 마감한다면 최소 10% 이상 손실을 볼 수 있다. 또한 장 중 시장 주도 테마가 변경되는 경우에는 변경된 테마로 모두 이동하려고 하기 때문에 기존 종목은 즉시 매도하고 빠르게 변경된 주도주로 갈아타야 손실을 줄일 수 있다.

한편, 조건에 해당하는 종목 중 외국인 또는 기관이 대량매수하는 종목은 더 확신을 가지고 매매할 수 있다. 거래대금 상위 15개 이내에 해당하면서 거래대금의 10% 이상을 프로그램이 작정하고 매수하는 종목이라면 종가까지 계속 상승할 확률이 높다.

전고점을 돌파하는 첫 장대양봉이 나오고 주도 테마 대장주이며 프로그램이 작정하고 매수 중인 종목이라면 종가까지 강세로 마감하며 상한가까지 갈 확률도 높으므로 분할 매수하며 모아 가는 전략을 활용하길 권한다. 해당 종목이 결국 위꼬리 없이 강세로 마감한 경우에는 다음 날에도 상승할 확률이 높으므로 샀다 팔았다 하기보다는 다음 날까지 보유하여 수익을 극대화한 후 매도하는 것도 좋은 방법이다.

위 조건만 잘 충족한다면 타이밍을 재기보다 발견 즉시 매수하는 것이 적절하다. 장 종료 후 시간외 단일가 매매에서 1% 이상 하락했다면 시간외 단일가에서 바로 매도하거나 다음 날 장 초반에 바로 매도한 후 그날의 주도 테마를 새로 노리는 것이 적절하다. 시간외 단일가에서 1% 이상 하락한 종목은 다음 날 시초가에서 더 밀리며 결국 장대음봉으로 마감할 가능성도 높기 때문이다.

주식 단기 매매 골든 타이밍

전고점을 돌파하는 첫 장대양봉이 나오는 그날의 주도 테마 대장주는 대부분 장 초반이 아닌 9시 30분 이후에 드러나는 경우가 많다. 그 이유를 먼저 이해해야 한다. 장 시작 직후인 9시~9시 30분 전까지는 전일 시간외 단일가에서 급등했던 종목이나 아침에 호재 뉴스가 나온 종목으로 거래대금이 일시적으로 몰릴 가능성이 크다. 이러한 종목들은 신규 수급이 들어온다기보다 기존 보유자들에게 매도 기회를 제공하는 경우가 많고, 그 결과 장 중에 위꼬리를 달고 밀리며 하락 마감할 확률도 높다.

따라서 진짜 그날의 주도 테마와 대장주는 초반 소음을 지나고 나서 9시 30분 이후 거래대금 상위 종목들을 통해 보다 명확하게 확인할 수 있다. 이 시점부터는 시장이 어떤 테마를 선택했는지, 그리고 어느 종목에 수급이 집중되고 있는지가 훨씬 분명해진다.

다만 모든 날에 주도 테마가 나오는 것은 아니다. 코스피·코스닥 지수가 약세를 보이거나, 외국인 매도세가 하루 종일 이어지는 날에는 매매에 적합한 주도 테마 자체가 형성되지 않을 수 있다. 이런 날은 억지로 종목을 찾기보다 매매를 쉬는 것이 가장 좋은 선택이다.

전고점을 돌파하는 첫 장대양봉 자리는 그 자체로 이미 최소 10% 이상 상승한 이후의 자리다. 즉 종목 선택이 틀렸을 경우 위꼬리를 달고 마감하면 손실 역시 단번에 크게 발생할 수 있는 자리이기도 하다. 그래서 이 전략은 '아무 종목이나 적용하는 기법'이 아니라 조건이 명확하게 충족된 종목에만 제한적으로 사용하는 전략이다.

또 하나 중요한 점은 장 중 주도 테마가 변경되는 경우다. 시장의 관심이 다른 테마로 이동하면 수급은 빠르게 그쪽으로 쏠리고, 기존 주도주는 순식간에 힘을 잃는다. 이럴 때는 미련 없이 기존 종목을 정리하고 새롭게 떠오른 주도 테마의 대장주로 빠르게 갈아타는 것이 손실을 줄이는 방법이다.

한편, 같은 전고점 돌파 장대양봉이라 하더라도 외국인이나 기관, 특히 프로그램 매수가 강하게 동반된 종목은 훨씬 더 높은 신뢰도를 가진다. 거래대금 상위 15위 이내에 속해 있으면서 전체 거래대금의 10% 이상을 프로그램이 의도적으로 매수하고 있는 종목이라면 종가까지 강세를 유지할 확률이 매우 높다.

정리하자면, 전고점을 돌파하는 첫 장대양봉이 나오고 그날의 주도 테마 대장주이며 외국인·기관, 특히 프로그램 매수가 강하게 유입되고 있다면 이 종목은 종가까지 강세로 마감할 가능성이 높고, 상황에 따라서는 상한가까지도 열려 있다. 이 경우에는 분할 매수를 활용해 주식을 모아가는 전략이 효과적이다. 만약 해당 종목이 위꼬리 없이 강세로 마감했다면 다음 날에도 추가 상승이 이어질 확률이 높다. 이럴 때는 단타로 샀다 팔았다 하기보다는 다음 날까지 보유해 수익을 극대화한 뒤 매도하는 전략도 고려할 만하다. 이 모든 조건이 충족된 종목이라면 타이밍을 재려다 놓치기보다는 발견 즉시 대응하는 것이 오히려 더 합리적이다.

반대로 장 종료 후 시간외 단일가에서 1% 이상 하락하는 모습을 보인다면 이는 흐름이 꺾였다는 신호로 받아들여야 한다. 이 경우에는 시간외 단일가에서 즉시 매도하거나, 다음 날 장 초반에 빠르게 정리한 뒤 그날의 새로운 주도 테마를 다시 노리는 것이 바람직하다. 시간외 단일가에서 의미 있게 밀린 종목은 다음 날 시초가부터 추가 하락하며 결국 장대음봉으로 마감하는 경우도 적지 않기 때문이다.

단타 매매 시 매수 타이밍

작전 회의 (기약 없는 기다림)
1. 막연한 기다림은 비효율!
기약 없는 기다림은 기회비용만 날릴 뿐입니다.
언제 오를지 모르는 종목

신호 포착 (확실한 징조)
2. 전고점 돌파 장대양봉 = 출발 신호!
찾았다! 저항을 뚫어낸 확실한 신호!
전고점 저항
장대양봉 + 거래대금

총공격 명령 (최고의 타이밍)
3. 주도테마 대장주의 돌파는 필승!
수급, 심리, 차트가 정렬된 지금이 공격의 때!
주도테마 대장주
주도테마 대장주

승리 (이미 시작된 상승)
4. 기다림 없이, 시작된 상승에 탑승!
기다리는 자리가 아니라, 이미 승기가 잡힌 자리입니다!
수익

단타 매매 시 매도 타이밍

때를 기다리다
(오전 9시 30분 전)
아직은 '초반 소음'일 뿐. 진짜 바람(주도테마)을 기다려라.

바람의 방향을 읽다
(오전 9시 30분 후)
9시 30분, 안개가 걷히고 주도테마 대장주가 드러난다!

확실한 신호에 진입하라
(핵심 조건)
전고점 돌파와 강력한 수급!
지금이 골든 타이밍, 진입하라!
전고점 돌파 장대양봉 + 강력 수급(외인/기관)

냉철하게 대응하라
(상황별 전략)
강세 마감
시간외 하락/테마 변경
강세
강세는 즐기되...
...흐름이 바뀌면 미련 없이 퇴각하라!

손절매 - 내 계좌를 지켜 줄 배수의 진

주도 테마 대장주를 아무리 잘 찾아 매매하더라도 손절을 제대로 하지 못하는 사람이라면 단기 매매를 해서는 안 된다. 단기 매매에서 수익을 내는 것만큼, 아니 그보다 더 중요한 것이 바로 손실을 최소화하는 능력이기 때문이다.

손절을 제대로 하지 못하면 50만 원씩 열 번을 벌어도, 한 번의 큰 손실로 1,000만 원을 날리며 그동안의 수익이 모두 무의미해진다. 단기 매매는 '얼마나 많이 버느냐?'의 게임이 아니라 '얼마나 크게 잃지 않느냐?'의 게임이다.

손절은 크게 2가지로 나눌 수 있다. 유연한 손절과 기계적 손절이다.

유연한 손절이란 '이제는 팔아야 할 상황'이라고 판단되는 순간, 손실 금액과 상관없이 즉시 매도하고 나오는 것을 말한다. 유연한 손절을 해야 하는 대표적인 경우는 다음과 같다.

- 주도 테마의 대장주가 바뀌었을 때
- 시장의 주도 테마 자체가 변경됐을 때
- 차트상 상승 추세가 무너졌다고 판단될 때

이런 상황에서는 손실이 크든 작든 망설이지 말고 단호하게 손절매를 해야 한다. 하지만 초보 투자자일수록 이 유연한 손절을 가장 어려워한다. 이미 손실이 커졌다는 이유로 팔지 못하거나, '조금만 더 기다리면 다시 오르지 않을까?' 하는 막연한 희망에 매달리다가 결국 손실을 더 키우는 경우가 많다.

여기서 반드시 기억해야 할 사실이 있다. 단기 매매의 기본 상태는 '주식 보유'가 아니라 '주식 미보유'다. 단기 매매 대상 종목은 시장과 수급의 관심을 받아 주가가 급등하는 종목이다. 그 관심이 사라지는 순간, 그동안의 상승폭을 한꺼번에 반납하는 경우도 매우 흔하다. 그래서 단기 매매에서는 '언제까지 들고 갈 것인가?'보다 '언제 나와야 하는가?'가 훨씬 중요하다.

기계적 손절이란 미리 정해 둔 손실률이나 가격에 도달하면 아무 생각 없이 무조건 매도하는 방식이다. 손절 라인을 사전에 정해 두고, 그 가격이 오면 감정 개입 없이 실행하는 것이다. 초보자는 물론이고, 경험이 많은 투자자라 하더라도 손실 구간에 들어가면 심리가 흔들리기 마련이다. 그래서 기계적 손절은 선택이 아니라 필수다. 일반적으로 경험이 많을수록 유연한 손절이 유리할 수 있지만, 초보자라면 먼저 기계적 손절을 철저히 지키는 것부터 시작해야 한다.

주식 투자는 수익을 잘 내는 것만큼이나 손절을 잘하는 것이 중요하다. 주식 시장에는 3,000개 내외의 종목이 있다. 매일같이 새로운 기회가 생긴다. 정해 둔 원칙에 따라 손절하며 감당할 수 있을 만큼의 손실만 봐야 다음 기회가 왔을 때 다시 일어설 수 있다. 이미 물린 종목에 집착하며 손실을 키우고, 시간이라는 기회비용까지 치르며 버틸 이유는 없다. 과감한 손절이 새로운 수익의 출발점이 된다.

손절매를 결정했다면 욕심을 부리지 말고 즉시 전량을 시장가로 매도하는 것이 좋다. 내가 손절을 고민한다면 이미 많은 사람이 같은 고민을

단타 매매 시 손절 타이밍

1. 계좌를 지키는 배수의 진!
내 계좌를 지키는 최후의 보루, '손절매'뿐이다!
손절매
손실
배수의 진

2. 상황 판단 즉시, 유연하게!
상황이 변했다! (추세 붕괴, 대장주 변경) 즉시 퇴각하라!
대장주
좌

3. 감정 없이, 기계적으로!
감정은 없다. 정해진 선에 닿으면 자동으로 발동!
-3% 손절선

4. 손절은 새로운 수익의 출발점!
과감한 손절이 있었기에, 다음 기회를 잡을 수 있다!
새로운 기회
다음 전투 준비

하는 상황이다. 조금이라도 더 높은 가격에 팔겠다고 호가를 기다리다 보면 오히려 더 큰 손실로 이어질 수 있다. 누구에게나 위기는 온다. 누구나 실수도 한다. 그러나 손절을 빠르고, 냉정하고, 과감하게 하는 사람만이 단기 매매에서 살아남을 수 있다.

CHAPTER 3

중장기 투자 고수의 매매법

시간을 아군으로 만드는 투자

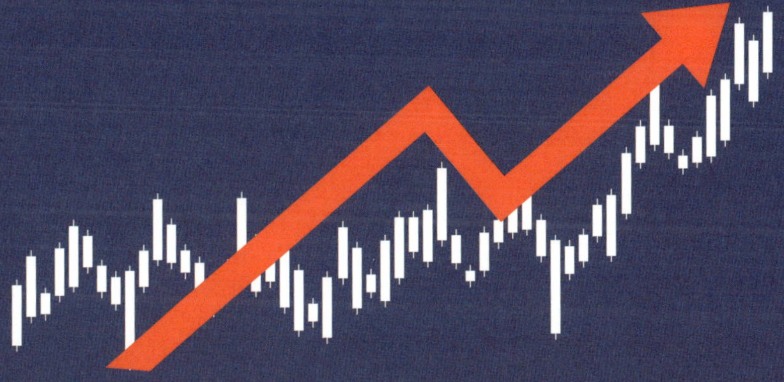

중장기
투자 고수의
가치관

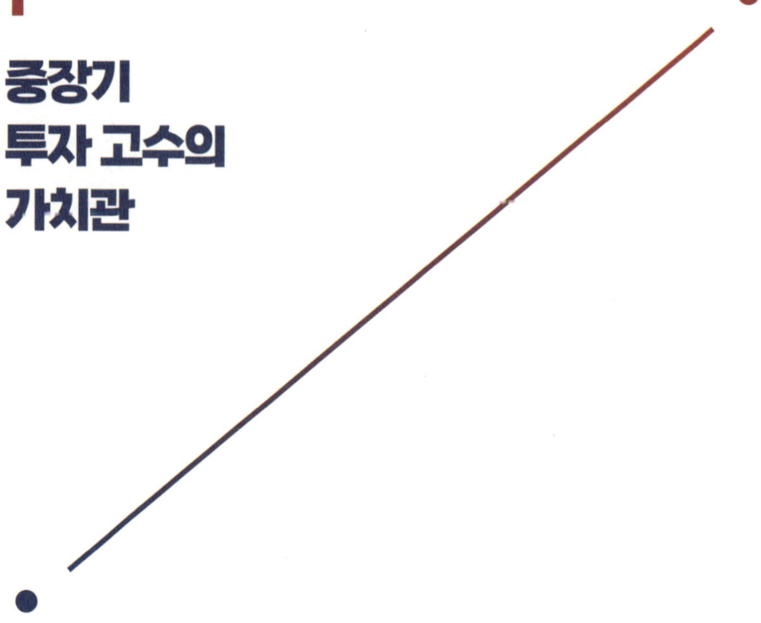

앞서 단기 투자자로서 성공하기 위해 필요한 마음가짐과 기술적 접근법을 다루었다. 그러나 중장기 투자는 출발점부터 완전히 다르다. 단기 투자의 연장선이 아니다. 우열의 문제가 아니라 사고방식, 대응 방식, 인내의 기준까지 전부 다르다고 보는 편이 정확하다.

그래서 단기 투자와 중장기 투자를 병행하고자 한다면 가장 먼저 해야 할 일은 계좌를 분리하는 것이다. 같은 계좌 안에서 두 전략을 섞어 쓰다가 헷갈리는 순간이 오면, 결국 판단 기준이 흔들리고 성공하기 어려워지기 때문이다.

지금부터는 중장기 투자로 꾸준한 성과를 낸 사람들이 공통적으로 공유하는 몇 가지 가치관을 살펴보며, 중장기 투자자로서 반드시 갖춰야 할 사고의 틀을 정립해 볼 것이다.

낙관주의 – 온갖 악재에도 세상은 망하지 않았다

지금 주식 투자를 시작하려는 사람이라면 이것 하나만은 꼭 마음에 새기길 바란다. 인류 역사를 살펴보면 어떤 사상 초유의 악재 속에서도 세상은 망하지 않았다. 그리고 앞으로도 세상이 망할 가능성은 매우 낮다.

2008년 글로벌 금융위기 당시를 떠올려 보자. 미국발 금융 시스템 붕괴 소식이 연일 쏟아졌고, 글로벌 대형 투자은행이던 리먼브라더스는 파산했다. 국내 증시에서는 전체 상장 종목의 절반 가까이가 하한가를 기록했고, 시중은행들마저 연쇄 도산할 수 있다는 공포가 시장을 뒤덮었다. 하지만 결과는 어땠는가? 세상은 망하지 않았고, 자본주의는 무너지는 대신 더 단단해지고 발전했다.

2020년에는 또 다른 위기가 찾아왔다. 인류 역사상 처음으로 대륙과 대양을 가리지 않고 전염병 코로나19가 확산되었다. 코스피와 코스닥은 하루에 8% 이상 폭락했고, 끝없이 추락하는 주가 앞에서 시장에는 공포와 절망만이 가득했다. 이 위기가 언제 끝날지, 인류가 이 상황을 극복할 수 있을지 누구도 장담하지 못했다. 그러나 이번에도 마찬가지였다. 세상은 망하지 않았고, 오히려 더 빠르게 발전했다.

세상은 언제나 불확실성으로 가득하다. 금융위기, 코로나19 팬데믹, 9·11 테러, 러시아-우크라이나 전쟁, 비상계엄 사태처럼 예상하지 못한 거대한 사건은 반복해서 발생한다. 이런 위기를 마주하면 자본주의는 거대한 변동성을 만들어 낸다. 그리고 인간의 본능은 즉각 반응한다. "도망쳐라." 맹수를 만나면 살아남기 위해 도망치던 원시인의 유전자가 오늘날 주식 시장에서 공포 매도를 부추기는 것이다.

하지만 주식 고수들, 이른바 슈퍼개미들은 다르다. 그들은 본능이 아니라 역사와 경험을 근거로 이성적인 판단을 내린다. 그들이 믿는 것은 단 하나다. 자본주의에는 스스로를 치유하는 회복탄력성이 있다는 사실이다. 단기적으로는 어떤 악재든 발생할 수 있지만 시간을 충분히 주면 결국 경제는 회복되고, 기업가치는 본래 자리로 돌아온다는 장기적 낙관론이다.

코스피 1985~2026년 차트

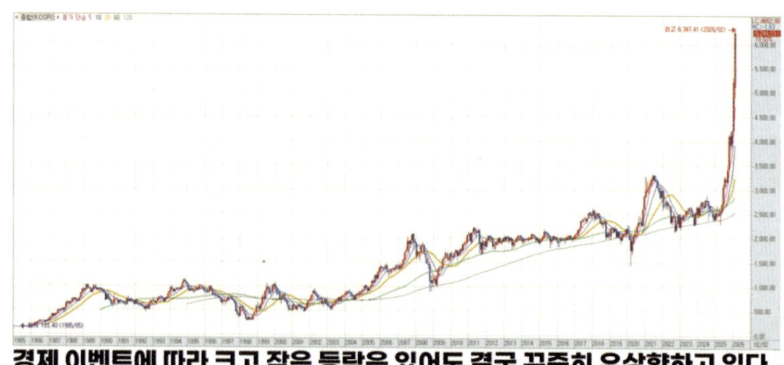

경제 이벤트에 따라 크고 작은 등락은 있어도 결국 꾸준히 우상향하고 있다.

이 믿음이 실제 수익으로 이어진 대표적인 사례가 있다. 2008년 금융 위기 당시, 워런 버핏은 "지금은 미국을 살 때"라고 말했다. 미국이라는 국가의 회복 능력을 신뢰한 사람들은 위기의 한가운데서 미국 주식을 매수했고, 결국 엄청난 부를 거머쥐었다. 마찬가지로 IMF 외환위기 당시, 금 모으기 운동으로 위기를 극복해 낸 대한민국의 저력을 믿은 사람들은 폭락장에서 한국의 대표 기업들을 사서 부자가 될 수 있었다. 그래서 이런 말이 생겼다.

"비관론자는 명성을 얻지만, 낙관론자는 돈을 번다."

이 말은 단순한 격언이 아니다. 자본시장의 역사 속에서 반복적으로 증명된, 거의 진리에 가까운 명언이다.

실제 사례를 하나 더 보자. 대한민국 코스피는 2021년 이후 심각한 내리막길을 걸었다. 설상가상 2024년 말부터 2025년 초에는 사상 초유의 비상계엄 사태 여파로 극심한 폭락을 겪기도 했다. 시장은 "한국 주식은 끝났다."는 비관론으로 가득 찼다. 물론 잠깐이었지만 나 역시 이대로 한국 시장은 망하는 게 아닌가라는 두려움을 갖기도 했다.

그러나 불과 1년 남짓 지난 2026년 2월, 코스피는 6,300포인트를 돌파하며 역사상 최고 기록을 갈아 치우고 있다. 당시 비관론자의 말을 믿고 시장을 떠났다면 단 1원도 벌지 못했겠지만 낙관론을 선택했다면 이야기는 달라진다. 대단한 분석을 할 필요도 없었다. 삼성전자와 현대차밖에 모르는 주식 초심자였어도 충분했다.

• 삼성전자 : 비상계엄 이후 최저가 약 5만 원 → 2026년 2월 신고가

22만 8,000원

- 현대차 : 비상계엄 이후 저점 약 20만 원 → 2026년 2월 신고가 68만 7,000원

불과 1년 남짓한 시간 동안 삼성전자는 약 4배, 현대차는 약 3배 이상 상승한 것이다. 이건 테마주나 중소형주의 이야기가 아니다. 대한민국을 대표하는 초우량 기업들의 상승률이다. 100만 원의 종잣돈만 있어도 매년 급등하며 상대적 박탈감을 안겨 주는 강남 아파트 가격 상승률보다 훨씬 높은 수익률을 경험할 수 있었다.

중장기 투자 고수들의 첫 번째 가치관은 단순하다. 세상은 망하지 않는다는 믿음, 그리고 자본주의와 인간의 회복력을 신뢰하는 낙관주의다. 이 낙관주의가 없다면 중장기 투자는 시작도 하기 전에 끝나 버린다.

역발상 투자 – 공포의 한가운데서 사라

중장기 투자 고수들이 공통적으로 지니는 두 번째 가치관은 역발상 투자다. 많이 들어 봤겠지만 실제로 실천하기는 매우 어렵다. 그러나 중장기 투자에서는 이 역발상 사고가 없으면 큰 수익을 기대하기 어렵다.

역발상 투자를 가장 쉽게 설명하자면 이렇다. 삼성전자를 사고 싶다면 주가가 주당 6만 원에서 7만 원, 8만 원, 9만 원으로 올라가는 상승 사이클 한가운데가 아니라 7만 원에서 6만 원, 5만 원까지 밀린 뒤 다시 6만 원으로 반등을 시도하는 구간, 즉 하락이 충분히 진행된 뒤 바닥을 다지

고 방향을 틀기 시작하는 순간을 노려야 한다는 것이다.

그래서 주식 시장에는 이런 말이 있다. "내가 사면 빠지고, 내가 팔면 오른다." 이 말은 주린이들 사이에서만 나오는 자조가 아니다. 수많은 경험을 쌓은 프로 투자자들조차 고개를 끄덕이는, 주식 시장의 본질을 찌르는 표현이다. 왜 이런 일이 반복될까? 이 현상은 주식 시장이 가진 독특한 특성에서 비롯한다. 이를 설명하기 위해 전설적인 투자 대가들의 말을 잠시 빌려 보자.

"강세장은 비관 속에서 태어나 의심 속에서 자라며, 낙관 속에서 성숙해지고, 행복감과 함께 사라진다." - 존 템플턴

"모두가 두려워할 때 욕심을 내고, 모두가 욕심을 낼 때 두려워해라." - 워런 버핏

"주식 시장은 능멸의 고수다." - 켄 피셔

이 말들의 공통점은 하나다. 주식 시장은 사람들의 직관과 반대로 움직인다는 것이다. 사람들은 보통 인과관계를 즉각적으로 기대한다. 경기가 좋아지면 주가도 바로 오를 것이라 생각하고, 호재가 나오면 주가 역시 곧장 반응할 것이라 믿는다. 상식적으로 보면 매우 자연스러운 사고 흐름이다.

하지만 주식 시장은 다르다. 주식 시장은 현재가 아니라 미래를 미리 반영하는 시장이다. 그래서 우리가 체감하는 현실보다 항상 한 발, 때로는 몇 발 앞서 움직인다. 이 때문에 주식 투자에서 반드시 짚고 넘어가야 할 개념이 바로 '선반영'이다. 이 개념은 주식 입문자들을 무척 혼란스럽

게 만든다.

"분명히 좋은 뉴스가 나와서 샀는데, 왜 주가는 오히려 떨어지는 거지?" 거의 모든 투자자가 한 번쯤은 던져 본 질문이다. 이런 현상은 보통 이렇게 설명된다. 해당 호재는 이미 시장에 충분히 선반영되어 있었고, 뉴스가 공식화되는 순간 미리 매수해 두었던 투자자들이 차익 실현 매물을 쏟아 내며 오히려 매도세가 강해지는 것이다. 이것을 흔히 '재료 소멸'이라고 부른다.

그래서 중장기 투자에서는 이슈나 기대 자체보다도 그 기대가 이미 주가에 얼마나 반영되어 있는지를 따지는 시각이 훨씬 중요하다. 이 지점에서 역발상 투자의 가치가 드러난다. 역발상 투자는 남들과 다른 생각을 하는 투자가 아니다. 남들이 행동하기 전에 움직이고, 남들이 확신을 가질 때 오히려 한 발 물러나는 사고방식이다.

그래서 중장기 투자의 고수들은 이렇게 말한다. "호재가 가득한 시점이 아니라 비관이 가득한 시점이 주가가 오르기 시작하는 순간이다.", "너도 나도 긍정적인 전망을 말할 때는 사는 시점이 아니라 파는 시점이다."

존 템플턴은 한발 더 나아가 이렇게까지 말했다. "최적의 매수 타이밍은 시장에 피가 낭자할 때다." 실제 역사 속에서도 이 역발상은 반복해서 증명되어 왔다. 실제로 우리나라에서도 비슷한 일이 있었다. 1997년 IMF 외환위기 당시, 대한민국 전체가 공포에 휩싸였고 부동산 가격과 주가는 바닥을 모르고 폭락했다. 모두가 현금을 움켜쥐고 도망칠 때 일부 사람들은 헐값이 된 핵심 자산을 조용히 사들였다. 그리고 시간이 흐르자 그 선택은 평생 자산의 기반이 되었다.

분야는 다르지만 이것이 바로 주식 투자 고수들이 말하는 역발상 투자다. 2020년 코로나19 팬데믹이 터졌을 때도 마찬가지였다. 하루 만에 코스피와 코스닥이 8% 넘게 폭락했고, "이번엔 진짜 다르다."는 말이 시장을 뒤덮었다. 그러나 공포의 한복판에서 우량주를 매수한 투자자들은 불과 1~2년 만에 인생에서 보기 힘든 수익률을 경험했다. 당시의 공포는 결과적으로 최고의 매수 기회였던 셈이다.

분야는 다르지만, 행동의 본질은 주식 투자 고수들과 정확히 같다. 공포의 한가운데서 사고, 확신과 낙관이 넘칠 때 파는 것. 물론 말처럼 쉬운 일은 아니다. 그래서 역발상 투자에는 유독 명언이 많고, 그만큼 반복적인 훈련과 배움이 필요하다.

중장기 투자 고수들은 타고난 담력이 있어서 성공한 것이 아니다. 시장과 인간 심리를 끊임없이 관찰하며, 본능과 반대로 행동하는 연습을 해왔을 뿐이다. 바로 이 역발상 사고가 중장기 투자에서 큰 수익을 만드는 핵심 축 중 하나다.

비판주의 - 현재를 냉정하게 점검하라

우리는 종종 쿠팡이나 편의점에서 만 원도 되지 않는 식재료나 생필품을 살 때는 여기저기 가격을 비교하고 후기를 살펴보며 신중하게 고민한다. 그런데 이상하게도 주식 투자를 할 때는 수백만 원, 수천만 원, 때로는 수억 원이 걸린 의사결정임에도 불구하고 단 5분도 고민하지 않은 채 매수 버튼을 눌러 버린다.

이는 매우 비이성적인 행동이다. 작은 소비에는 지나칠 만큼 신중하면서도 인생의 자산 흐름을 좌우할 수 있는 투자 판단에는 유독 가볍게 접근하는 셈이기 때문이다. 이런 의사결정 방식이 반복된다면 결과는 불 보듯 뻔하다. 준비 없는 투자는 결국 실패로 이어질 수밖에 없다.

주식 투자로 성공하기 위해 반드시 갖춰야 할 또 하나의 태도는 비판주의다. 시장은 매일 수많은 뉴스와 소문, 공시, 증권사 리포트, 그리고 지인의 귀띔으로 넘쳐난다. 중장기 투자자는 이 모든 정보를 그대로 받아들이는 사람이 아니라, 기꺼이 한 번 더 의심하고 확인할 줄 아는 사람이어야 한다. 낙관적이어야 한다고 해서 무비판적이어서는 안 된다.

비판적 사고가 가장 절실해지는 순간은 새로운 종목을 발굴할 때다. 이 기업이 정말 투자할 만한 기업인지, 지금 주가가 합리적인 수준인지, 성장 스토리가 말뿐 아니라 숫자로도 뒷받침되는지에 대한 점검을 서두르지 말고 차분하고 꼼꼼하게 해야 한다. 스스로 "내가 너무 의심이 많은 건 아닐까?"라는 생각이 들 정도로 여러 각도에서 확인한 뒤에 비로소 독립적인 투자 결정을 내려야 한다.

대충 분석해 매수한 종목은 악재가 터지거나 주가 변동성이 커지는 국면이 오면 끝까지 버틸 근거를 잃기 쉽다. 왜 이 종목을 샀는지 스스로 설명할 수 없기 때문에 작은 하락에도 쉽게 흔들리고 분위기가 조금만 나빠져도 공포에 휩싸여 잘못된 판단을 내리게 된다. 결국 손실은 실력보다 준비 부족에서 시작된다.

비판주의는 과도한 낙관이 만들어 내는 투기 광풍 속에서도 계좌를 지켜 주는 안전벨트 역할을 한다. 별다른 고민이나 공부 없이 투자한 사람들이 단기간에 큰돈을 버는 것처럼 보이는 장면이 연출되면, 원칙을 지키며 차분히 투자해 오던 사람조차 소외감(FOMO)에 휩쓸려 뇌동매매, 즉 충동적인 매매를 하게 되는 경우가 많다.

그러나 이런 투기 열풍의 끝은 거의 예외 없이 비슷하다. 초반의 수익은 결국 반납되고, 늦게 뛰어든 사람들은 원금 손실까지 떠안게 된다. 시장이 지나치게 들떠 있을수록 "이런 고평가가 과연 계속될 수 있을까?", "지금 이 가격에 들어가는 것이 합리적인 선택일까?"라는 질문을 스스로에게 던질 수 있어야 한다.

고점에서 물린 불나방이 되거나, 투자 인생에서 한 번씩 크게 다치는 이유는 대부분 같다. 시장 전체가 낙관론에 취해 있을 때 비판주의를 잠시 내려놓았기 때문이다. 그 순간 판단의 중심은 사라지고, 선택은 감정에 의해 이뤄진다.

결국 성공적인 중장기 투자는 미래를 믿는 낙관론과 현재를 냉정하게 점검하는 비판주의 사이에서 균형을 잡는 일이다. 한쪽으로 치우치면 투기가 되고, 다른 한쪽으로 치우치면 아무것도 하지 못하는 회의론이 된다. 그 사이에서 중심을 지키는 사람만이 끝까지 살아남는다.

평균 회귀의 원리 - 달도 차면 기울기 마련이다

주식 시장에서 반드시 기억해야 할 원칙 중 하나가 바로 평균 회귀다. "달도 차면 기운다."는 이 단순한 진리를 잊은 채 어떤 추세가 영원히 지속될 것이라는 착각에 빠지는 순간 투자는 처참한 결과로 이어질 가능성이 높아진다.

2023년을 떠올려 보자. 당시 시장의 주인공은 단연 2차전지 섹터였다. 석유 에너지 고갈, 친환경 정책, 전기차 대전환이라는 거대한 서사가 겹치며 2차전지는 구조적 성장을 맞이한 산업으로 부상했다. 투자자들은 "이번엔 다르다."는 말과 함께 묻지마 매수를 이어 갔고, 시장에는 투기 열풍이 휩쓸었다.

그러나 평균 회귀의 원리를 잊지 않았던 고수 투자자들은 오히려 2차전지와 거리를 두기 시작했다. 대신 그들은 사이클상 바닥에 있던 반도체 업종에 주목했다. 결과는 명확했다. 전기차 수요 둔화 우려, 업황 부진 전망, 그리고 역대급 공매도 세력까지 더해지며 2차전지 장세는 2023년 하반기부터 급격한 붕괴 국면에 들어섰다.

놀랍게도 2024년 연말 기준으로 보면, 2023년에 15배 가까이 폭등했던 일부 2차전지 종목들의 주가는 투기 광풍이 시작되기 전인 2023년 초 수준까지 완전히 되돌아갔다. 반면에 당시 대표적인 저평가 업종이었던 반도체 종목들은 2차전지의 몰락과 동시에 강력한 상승을 시작했고, 한때는 AI 버블 논란이 나올 정도로 급등했다가 현재는 다시 제자리를 찾아가는 과정에 있다.

그 이후 전력 인프라 섹터가 시장의 새로운 주인공으로 떠올랐지만 러시아-우크라이나 전쟁, 중동 전쟁 우려로 인한 국제 원자재 가격 급등이 겹치며 이 역시 다시 조정 국면에 접어들었다. 이 흐름이 말해 주는 것은 단순하다. 주식 시장이 선호하는 산업과 종목은 결코 고정되지 않으며, 끊임없이 순환한다는 사실이다.

금리 인하, 경기 호황, 그리고 상승장에 취한 뜨거운 투심이 동시에 맞물리면 사람들은 지금의 호황이 영원히 지속될 것이라는 착각에 빠진다. 이 순간 평균 회귀에 대한 사고는 마비된다. 반대로 금리 인상, 경기 침체, "이제 끝났다."는 비관론이 시장을 지배할 때 역시 마찬가지다. 절망에 빠진 투자자들은 회복 가능성 자체를 부정하며 또 다른 형태의 착각에 빠진다.

그러나 투자 고수들은 다르게 생각한다. 나쁘면 좋아질 일이 남았다고 생각하고, 좋으면 나빠질 일이 남았다고 생각한다. 그들은 언제나 순환을 염두에 두고 포지션을 구축한다. "오르막이 있으면 내리막도 있다.", "이 또한 지나가리라."라는 격언이 투자 세계에서 반복해서 등장하는 이유도 바로 여기에 있다. 평균 회귀의 원리를 믿는 것은 시장의 흥분과 공포에 휘둘리지 않고 순환의 흐름 위에서 냉정하게 판단하려는 노력이다.

중장기 투자자가 되기 위해서는 평균 회귀의 원리를 믿는 동시에 종말론은 단호하게 거부해야 한다. 시장이 극도의 공포에 잠기고, 비관론이 지배하는 시점이야말로 사이클의 끝이 아니라 사이클의 바닥에 가까워지고 있다는 신호일 가능성이 크기 때문이다. 이 시기를 "모든 것이 끝났다."는 절망의 순간으로 볼 것인지, 아니면 바겐세일 가격으로 우량주를 담을 수 있는 기회로 볼 것인지는 평균 회귀를 믿느냐, 믿지 못하느냐에 따라 완전히 갈린다.

실제로 중장기 투자 고수들은 공포의 한복판을 가장 좋은 매수 구간으로 활용해 왔다. 워런 버핏은 1974년 1차 오일쇼크 당시와 2008년 글로벌 금융위기 때를 대표적인 매수 찬스로 삼았고, 존 템플턴 역시 1939년 제2차 세계대전 발발이라는 인류 역사상 최악의 공포 국면을 과감한 투자 기회로 활용했다. 이런 선택은 용기만으로 가능한 일이 아니다. 평균 회귀의 원리에 대한 확신이 없다면, 공포가 가득한 시장과 악재로 둘러싸인 종목 앞에서 매수 버튼을 누르는 것은 사실상 불가능에 가깝다.

문제는 미스터 마켓이 끊임없이 투자자들을 가스라이팅한다는 점이다. 그는 특정한 패턴을 반복해서 보여 주며 우리의 사고를 한 방향으로 몰아간다. "코스닥 지수는 절대 1,000을 넘지 못한다.", "삼성전자는 절대 10만전자가 될 수 없다.", "코스피 지수도 절대 4,000을 가지 못한다.", "한국 시장은 망했다.", "한국 증시는 작전세력들의 놀이터일 뿐이다.", "개미는 결국 설거지만 당한다."와 같은 자기비하적 서사가 그 대표적인 예다.

반대로 상승 국면에서도 같은 일이 벌어진다. "OOO은 이제 테마주가 아니라 구조적 성장주다.", "OOO 기업의 기술은 앞으로도 수십 년간 시장을 영원히 독점할 것이다."라는 식으로 직전의 성공 패턴에 집착하게 만들며 반대 시나리오를 상정하지 못하게 만든다. 하지만 잊지 말자. 공포가 지배할 때나 낙관이 과도할 때나 본질은 같다. 그러니 여론에 휩쓸려 평균 회귀에 대한 감각과 평정심을 잊어서는 안 된다.

결국 평균 회귀의 원리를 믿는다는 것은 시장의 목소리보다 순환의 논리를 신뢰하겠다는 선택이다. 대중이 "끝났다."고 말할 때 "이제 바닥에 가까워지고 있다."고 생각할 수 있는 힘, 모두가 "영원히 간다."고 외칠 때 "이제 조정이 올 차례다."라고 판단할 수 있는 여유, 이 균형감각이야말로 중장기 투자자로서 끝까지 살아남을 수 있는 핵심 자산이다.

평균 회귀 원리

주식은 운칠기삼 – 이길 확률을 높이는 투자를 하라

주식 고수들은 주식 투자를 운칠기삼이라고 말한다. 물론 이 말은 '주식은 어차피 운이니 그냥 베팅하라.'는 의미가 아니다. 이길 확률이 높은 수를 반복해서 두다 보면 결과적으로 이길 가능성도 높아진다는 믿음이다.

고수들은 운의 존재를 인정한다. 주식 투자는 수많은 외부 변수와 통제 불가능한 사건에 끊임없이 노출되는 활동이기 때문이다. 정책 변화, 지정학적 리스크, 금리, 환율, 예기치 못한 사고까지 이 모든 것을 완벽하게 예측할 수 있는 사람은 없다. 따라서 투자 성과에 운이 작용한다는 사실 자체를 부정하지 않는다.

중요한 것은 그다음이다. 운이 작용한다면 조금이라도 성공 확률을 높이는 선택을 반복하는 것이 투자자가 할 수 있는 최선의 전략이다. 즉 주가 상승을 돕는 요소가 주가 하락을 유발할 요소보다 더 많은 종목을 찾아내기 위해 끊임없이 고민하고 점검해야 한다는 뜻이다.

여기서 하나 분명히 짚고 넘어가야 할 점이 있다. 나쁜 요소가 전혀 없는 종목을 찾으려 해서는 안 된다. 그런 종목은 현실에 없다. 우려 요소가 한두 개 있더라도 그것이 치명적인 리스크가 아니라면 충분히 감내 가능한 변수다. 오히려 악재가 있다는 것은 그 악재가 해소되는 순간 주가를 끌어올릴 촉매가 존재한다는 의미이기도 하다.

주식 투자는 본질적으로 미래를 다루는 일이다. 확실함은 존재하지 않는다. 흑백논리로 '된다/안 된다'를 따지는 게임이 아니라 압도적으로 가능성이 높은 선택지를 찾아가는 과정이다. 바둑이나 체스, 장기에는 수천, 수만 가지 경우의 수가 존재한다. 주식도 마찬가지다. 지금 시점에서 모든 결과를 알 수는 없다. 우리가 할 수 있는 것은 확률 계산뿐이다. 분명한 사실 하나는 이길 확률이 높은 수를 계속 두는 사람은 결국 이길 가능성도 높아진다는 것이다.

그렇다면 주식 투자에서 이길 확률이 높은 수란 무엇일까? 대표적인 예가 고배당주와 자사주 매입·소각을 지속적으로 하는 기업이다. 고배당주는 주가가 내려가면 오히려 배당률이 높아진다. 가격이 낮아질수록 더 유리한 조건으로 매수할 기회가 생긴다. 주가가 횡보하거나 하락하면 배당을 받으며 기다릴 수 있고, 주가가 오르면 시세차익까지 기대할 수 있다. 꾸준히 수익을 쌓아 온 중장기 투자 고수들 중에 고배당주 투자자가 많은 것은 결코 우연이 아니다.

자사주 매입과 소각을 지속적으로 하는 기업도 마찬가지다. 주가가 오르면 오른 대로 좋고, 주가가 내리면 낮은 가격에서 발행주식 수를 줄여 주당순이익(EPS)을 개선하는 효과를 기대할 수 있다. 상방과 하방 모두에서 확률이 투자자에게 유리하게 설계된 구조다.

이렇게 선별한 종목들로 포트폴리오를 구성할 때도 확률론적 사고는 계속 적용돼야 한다. 투자 대가들은 공통적으로 한 가지를 인정한다. "내 분석이 전부 맞을 수는 없다." 그래서 분산 투자를 한다. 다만 무작정 나누는 분산이 아니다. 하락 확률은 낮고, 상승 확률은 높다고 판단되는 종목에는 비중을 높이고, 그 외의 종목에는 상대적으로 낮은 비중을 배분한다. 그 후에는 결과를 통제하려 들지 않는다. 할 수 있는 준비를 모두 마친 뒤 진인사대천명의 마음으로 시간을 보내는 것이다.

확률론적 사고를 장착하면 "모든 일이 내 뜻대로 흘러가지 않는다." 는 사실을 자연스럽게 받아들이게 된다. 개별 종목의 변동성에도 과도하게 흔들리지 않게 되고, 감정 소모와 스트레스도 크게 줄어든다. 이 과정을 거치지 못하면 주식 투자는 결국 극심한 스트레스 게임이 되고 만다.

그렇다면 어떤 종목이 실제로 '이길 확률이 높은 수'였는지 확인해 보자. 그 대표적인 예가 바로 현대차와 SK하이닉스다.

현대차는 지난 10년간 일관된 배당 정책과 점진적인 자사주 소각을 통해 주주가치 제고에 힘써 온 기업이다. 2015년 주가가 10만 원 수준일 때부터 고배당 정책을 유지했고, 2019년부터는 자사주 소각도 본격화했다. 특히 2023년과 2024년에는 각각 1조 원이 넘는 배당을 실시하고 3,000억 원 이상 규모의 자사주 소각을 발표하며 주주환원 강도를 한층 높였다.

결과적으로 2022년 공급망 불안으로 잠시 15만 원대까지 밀렸던 주가는 전기차와 하이브리드 수요 증가에 힘입어 2024년 6월에는 29만 5,000원대에 도달하며 2배 수준의 폭등이 나왔다. 연평균 수익률(CAGR)은 약 10% 수준이다. 주가가 단기적으로 흔들릴 수는 있어도 이런 구조를 가진 종목은 결국 우상향할 가능성이 높다.

SK하이닉스도 마찬가지다. 반도체 업황의 급격한 사이클 변동성에도 불구하고 이 기업은 2021년부터 수조 원대 자사주 매입과 소각을 단행해 왔다. HBM과 AI 관련 메모리 수요 확대는 산업 성장 동력으로 작용했고, 자사주 소각으로 주식 수를 줄여 주당가치를 높이는 효과를 냈다. 주가는 2016년 2만 5,000원에서 2024년 24만 8,000원까지 8배 상승했다. 10년간 무려 약 8배 오른 셈이다. 확률론적 사고로 본다면, 이런 종목이 바로 '하

현대차의 2019~25년 차트

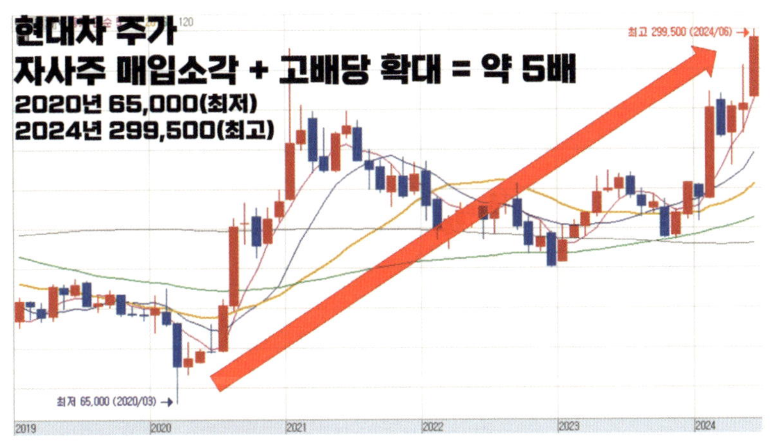

SK하이닉스의 2015~25년 차트

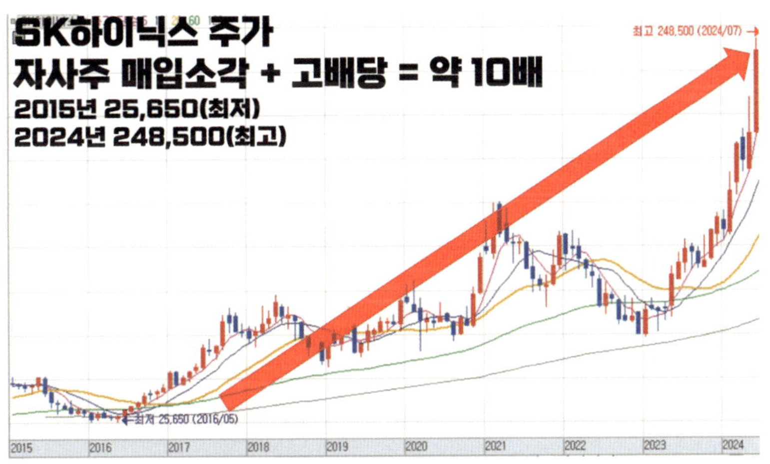

방 리스크는 제한적이고 상방 확률이 높은 수'에 해당한다.

결국 우리가 해야 할 일은 분명하다. 이길 확률이 우리 편인 구조를 가진 종목을 포트폴리오에 편입하고, 단기적인 주가 변동에 흔들리지 않는 것이다.

완벽한 기업은 없다. 모든 분석이 맞을 수도 없다. 그러나 이길 확률이 높은 종목을 선별하고, 그 확률이 높은 선택을 반복하는 전략은 분명히 가능하다. 주식 투자는 본질적으로 불확실성을 다루는 일이다. 그 속에서 살아남고 싶다면 운에 결과를 맡기는 것이 아니라 운을 실력으로 바꾸는 준비가 필요하다.

그 첫걸음이 바로 고배당과 자사주 매입·소각처럼 애초에 확률이 투자자 편에 서 있는 구조를 가진 기업을 선택하는 것이다. 이 구조가 실적 성장성과 맞물릴 때 우리는 비로소 이길 확률을 극대화하는 구간에 들어서게 된다. 이처럼 주식 투자에 확률론적 사고를 장착하면 시장이 출렁거려도 중심을 잃지 않는다. 하루하루의 변동성에 휘둘리지 않고, 끝까지 갈 수 있는 내공 있는 투자자로 성장할 수 있다.

주식은 O, X 중 하나를 맞히는 게임이 아니다. 확률을 내 편으로 만드는 게임이다. 이 사실을 이해하는 순간 투자는 비로소 장기적으로 살아남는 전략이 된다.

2
중장기 투자 핵심 포인트

시장 예측이 아니라 기업 분석이다

가치 투자 개념의 창시자이자 워런 버핏의 스승인 벤저민 그레이엄은 그의 저서 『현명한 투자자』에서 주식 시장을 사람에 빗대어 '미스터 마켓'이라 표현했다. 미스터 마켓은 매일같이 우리를 찾아와 거래를 제안하는데, 그는 마치 조울증 환자처럼 같은 주식에 대해서도 날마다 전혀 다른 가격을 제시한다. 어떤 날은 이유 없이 들떠 터무니없이 비싼 가격을 부르고, 또 어떤 날은 이유 없이 우울해 헐값에 팔려고 든다. 그레이엄은 이 예측 불가능한 감정을 맞히려 애쓰지 말고, 미스터 마켓이 나에게 유리한 가격을 제시할 때만 거래에 응하라고 조언했다.

이 비유를 현실에 대입해 보자. 2020년부터 2026년까지 삼성전자의 주가는 최저 4만 2,300원에서 최고 22만 원 수준까지 여러 차례 오르내리며 큰 변동성을 보였다. 그렇다면 이 기간 동안 삼성전자의 실제 기업가치가 정말 4배 이상 뛰었다가 다시 반 토막 났다고 볼 수 있을까? 결코 그렇지 않다. 이는 기업의 본질이 급변해서가 아니라 미스터 마켓의 감정 기복이 만들어 낸 가격 변동성일 뿐이다.

이 개념을 이해했다면 이제 투자자가 해야 할 일은 분명해진다. 시장 방향을 맞히려 애쓰기보다 그 기업의 적정 가치가 얼마인지 파악하려는 노력이다. 그래야만 미스터 마켓이 제시하는 가격이 나에게 유리한지, 불리한지를 판단할 수 있다. 예를 들어, 내가 판단한 삼성전자의 적정 가치가 8만 원이라면, 미스터 마켓이 5만 원을 제시하더라도 초조해할 필요가 없고, 9만 원을 제시한다고 해서 흥분할 이유도 없다. 가격에 흔들리지 않고 판단의 기준을 유지할 수 있게 되는 것이다.

이 관점에서 보면 코스피나 코스닥 지수 같은 지표에도 지나치게 집착할 필요는 없다. 지수에는 이른바 '평균의 오류'가 존재하기 때문이다. 삼성전자처럼 시가총액이 크고 지수 내 비중이 높은 종목이 오르면 지수는 자연스럽게 상승한다. 하지만 지수가 올랐다고 해서 내가 투자한 종목까지 함께 오르는 것은 아니다. 중요한 것은 지수가 아니라 내가 투자한 개별 기업의 주가와 가치다.

이런 이유로 투자 대가들은 시장 예측보다 기업 분석을 중시한다. 워런 버핏은 "나는 개별 기업만 본다. 그 기업의 가치를 가늠해 보기 위해 노력할 뿐이다."라고 말했고, 피터 린치는 "경제 전망에 14분을 쓴다면 그중 12분은 버리는 시간이다."라며 거시경제 예측의 무용함을 지적했다. 실제로 성공한 투자자들은 거시경제 전문가의 전망을 듣는 데 시간을 쓰지 않는다. 개별 기업을 분석하기에도 시간이 부족하기 때문이다.

찰리 멍거 역시 이를 이렇게 정리했다. "미시경제보다 더 중요한 요소는 없다. 미시경제는 곧 기업이다. 미시경제는 우리가 통제하고 분석할 수 있는 영역이고, 거시경제는 우리가 받아들일 수밖에 없는 변수다."

결국 중장기 투자에서 가장 중요한 질문은 이것이다. "시장이 어디로 갈까?"가 아니라 "이 기업의 가치는 얼마인가?" 이 질문에 답할 수 있을 때 시장의 소음은 줄어들고 투자 판단은 단단해진다.

시간은 내 편이다

주식 투자로 돈을 벌기 위해서는 기꺼이 중장기 투자를 지향해야 한다. 중장기 투자를 해야 한다고 말하는 것이 돈을 일부러 느리게 벌고 싶어서는 아니다. 누구나 가능한 한 빠른 시간 안에 돈을 벌고 싶어 한다. 나 역시 마찬가지다.

하지만 이 문장 안에는 우리가 쉽게 간과하는 중요한 전제가 숨어 있다. 바로 '빨리 돈을 벌고 싶다.'는 욕망과, '돈을 벌고 싶다.'는 목적은 서

중장기 투자 핵심 포인트

1. 조울증 환자 '미스터 마켓'
시장은 이성적이지 않다. 그저 이용 대상일 뿐.
시장은 매일 감정적으로 다른 가격을 부를 뿐, 휘둘릴 필요 없습니다.
오늘 5만원!
내일 15만원!
우울해... 헐값!
미스터 마켓 (Mr. Market)

2. 가격과 가치의 괴리 (삼성전자 예시)
가격 변동에 속지 말고 변치 않는 가치를 보라
가격이 요동친다고 기업의 본질 가치까지 변하는 것은 아니지요.
변동
주가(가격) 변동 (4만~22만)
삼성전자 기업 본질 가치

3. 예측 말고 '분석'에 집중하라
시장 소음에 귀 닫고, 기업의 적정 가치를 파악하라.
시장 예측은 신의 영역. 우리가 할 일은 철저한 기업 분석입니다.
거시경제 / 지수예측
개별 기업 분석

4. 중장기 투자의 핵심 질문
시장 방향이 아닌, 기업의 가치에 투자 성공의 답이 있다
시장이 어디로 갈지가 아니라, 이 기업이 얼마짜리인지가 중요합니다.
이 기업의 가치는 얼마인가?

로 완전히 다른 말이다. 우리는 흔히 이 2가지를 동시에 잡을 수 있을 것처럼 생각하지만 현실에서는 두 마리 토끼를 안정적으로 모두 잡기란 쉽지 않다.

이를 조금 단순하게 가정해 보자. A라는 선택지는 결과가 빨리 나오지만 돈을 벌 수도 있고 잃을 수도 있는 옵션이다. 반면에 B라는 선택지는 빠르게 결과를 기대하긴 어렵지만 돈을 벌 확률이 확실히 높은 옵션이다. 이런 상황이라면 주식 투자자가 선택해야 할 답은 의심의 여지없이 B다.

중장기 투자는 바로 이 선택지 B에 해당한다. 즉 중장기 투자는 이상론이 아니라 주식 시장의 구조적 현실을 감안했을 때 가장 합리적으로 돈을 벌 수 있는 전략이다. 빠른 결과에 집착하기보다 돈을 벌 확률이 높은 길을 선택하는 것, 그것이 중장기 투자를 지향해야 하는 가장 본질적인 이유다.

주식 투자자가 마주하는 현실은 단순하다.

첫째, 주가는 언제 오를지 아무도 알 수 없다.

둘째, 저평가가 해소되는 데에는 반드시 시간이 필요하다.

이 2가지 사실만 받아들여도 중장기 투자의 필요성은 자연스럽게 드러난다. 주식 시장은 우리가 원하는 시점에 맞춰 움직여 주지 않는다. 아무리 좋은 기업을 골랐다고 해도 시장이 그 가치를 알아봐 주는 시점은 예측할 수 없다.

이를 이해하기 위해 협상을 떠올려 보자. 협상에서 유리한 쪽은 언제나 시간적 여유를 가진 쪽이다. 이번 협상이 빨리 끝나야만 하는 쪽은 초조해지고, 결국 불리한 조건도 받아들이게 된다. 반대로 시간이 충분한 쪽은 상대의 태도가 바뀔 때까지 기다릴 수 있고, 협상의 주도권을 쥔다.

주식 투자도 완전히 같다. 짧은 목표 수익 기간을 정해 놓고 투자에 임하면 투자자는 시작부터 불리한 위치에 서게 된다. "나는 한 달 안에 수익을 내야 한다."는 전제를 깔고 있는데, 만약 그 한 달 동안 미스터 마켓이 계속 낮은 가격만 부른다면 답답함과 무력감에 짓눌릴 수밖에 없다. 결국 조급함이 판단을 흐리고, 원칙 없는 매매로 이어진다.

중장기 투자를 전제하지 않으면 미스터 마켓을 상대로 한 협상력은 극도로 약해진다. 반대로 시간을 길게 잡고 투자에 임하면 미스터 마켓의 조울증을 두려워할 필요가 없다. 오히려 그 변덕을 활용해 우량주를 저평가된 가격에 여유 있게 매수할 수 있는 입장이 된다.

중장기 투자를 추구한다는 것은 그 자체로 주식 투자라는 협상을 유리한 위치에서 시작하는 것과 같다. 쫓기는 입장에서 벗어나는 순간, 미스터 마켓에게 휘둘리거나 능멸당할 이유도 사라진다.

뒤에서 설명할 평균 회귀의 원리와 확률론적 사고 역시 중장기 투자라는 토대가 없다면 제대로 작동하지 않는다. 시간이 짧으면 확률은 우연에 가깝고, 시간이 길어질수록 확률은 점점 승률을 높여 주는 방향으로 늘어나게 된다. 중장기 투자는 시간을 내 편으로 만듦으로써 가장 현실적으로 돈을 벌 수 있는 길이다.

중장기 투자에서는 시간이 내 편이다

가성비 투자(우량주 저점 매수)를 하라

고수들은 주식 투자를 할 때 집요할 정도로 '가성비'를 따진다. 그들이 노리는 것은 단순히 싼 주식이 아니라 높은 가치와 성장성을 지닌 기업이 평균 이하의 가격에 거래되는 가성비 순간이다. 즉 퀄리티 대비 가격이 비정상적으로 떨어져 있는 저평가 구간을 찾는 데 집중한다는 얘기이다.

동네 식당을 떠올려 보자. 단골이 많은 가게에는 공통점이 있다. 맛이 좋고, 양도 적당하며, 가격까지 합리적이다. 이 3가지가 동시에 만족될 때 사람들은 반복해서 그 가게를 찾는다. 가성비를 따지는 것은 소비자에게는 너무나 자연스러운 상식이다.

그런데 아이러니하게도 주식 시장에서는 이 상식이 잘 작동하지 않는다. 돈을 잘 벌고 있음에도 저평가된 기업보다는 만년 적자임에도 고평가

동네 가성비 맛집 vs 주식 우량주 저점 매수

된 기업이 더 큰 관심을 받는 장면이 반복된다. 때로는 비싸면 비쌀수록 더 열광하는 현상까지 나타난다.

이런 시장에서 끝까지 가성비를 따지는 집단이 바로 고수들이다. 그들은 사업 전망이 평균 이상인 기업이 시장 과민 반응이나 일시적 악재로 평균 이하의 가격에 거래되는 구간을 집요하게 추적한다. 여기에 더해, 좋은 비즈니스 모델과 높은 성장 잠재력, 안정적인 재무 구조라는 교집합도 함께 살펴본다.

이 과정은 앞서 이야기한 확률론적 사고와 정확히 맞닿아 있다. 기준을 하나만 충족하는 종목보다 여러 기준을 동시에 만족하는 종목일수록 장기적으로 성공 확률이 높아지기 때문이다.

사실 사업 전망이 좋은 기업만 따로 찾는 것, 저평가된 기업만 따로 찾는 것은 그리 어려운 일이 아니다. 하지만 '좋은 기업'이면서 동시에 '싼 가격'에 있는 교집합 종목을 찾아내는 일은 어렵다. 이 간극을 메우는 방법은 하나뿐이다. 비교하고, 검토하고, 또 걸러 내는 과정을 반복하는 수밖에 없다. 그래서 혹자는 중장기 투자 종목 서치를 두고 노가다라고 표현하기도 한다.

아무리 열심히 분석했더라도 교집합에 해당하지 않는다고 판단되면 과감하게 제외시키는 결단 역시 필요하다. 솔직히 말해 이 과정은 매우 힘들다. 사람은 보고 싶은 것만 보고 싶어 하고, 정든 아이디어를 버리는 일은 언제나 고통스럽기 때문이다. 하지만 마침내 그 가성비가 무너진 종목, 즉 기업의 질 대비 가격이 터무니없이 싼 구간을 찾아냈을 때 투자자는 말로 설명하기 어려운 수준의 확신과 보람을 느끼게 된다.

가성비 종목은 자신감 있는 투자 판단의 근거가 되어 주고, 시간이 흐를수록 성과로 귀결될 확률이 매우 높다. 중장기 투자에서 진짜 고수란 남들이 열광할 때 비싸다고 느끼고, 남들이 외면할 때 "이 정두면 충분히 싸다."고 말할 수 있는 사람이다. 가성비 투자는 바로 그 지점에서 출발한다.

3

중장기 투자 고수들의 투자 전략 – 가치 투자

고수들은 가치 투자를 한다

지금부터는 고수들의 투자 전략을 본격적으로 살펴보자. 세상에는 주식 투자로 부자가 된 사람들을 일컫는 표현이 무척 많다. 고수, 대가, 슈퍼 개미 등 이름은 제각각이지만 이들의 투자 전략을 들여다보면 열에 아홉은 같은 지점으로 수렴한다. 바로 가치 투자를 한다는 점이다.

쉽게 말해 가치 투자란 성장 가능성이 있는 우량 기업의 주식이 시장에서 저평가된 상태로 거래될 때 매수하고, 기업의 본래 가치에 근접하거나 목표 수익 구간에 도달했을 때 매도하는 전략이다. 단기적인 가격 변동이 아니라 기업의 본질적 가치에 초점을 맞춘 투자 방식이다.

중장기 투자에서 말하는 가치란 해당 기업이 수명을 다할 때까지 창출할 것으로 기대되는 현금흐름의 총합이라고 볼 수 있다. 조금 더 풀어서 말하면, 기업이 앞으로 벌어들일 수 있는 수익가치와 현재 보유하고 있는 순자산가치의 합이다.

건물 투자 vs 주식 투자

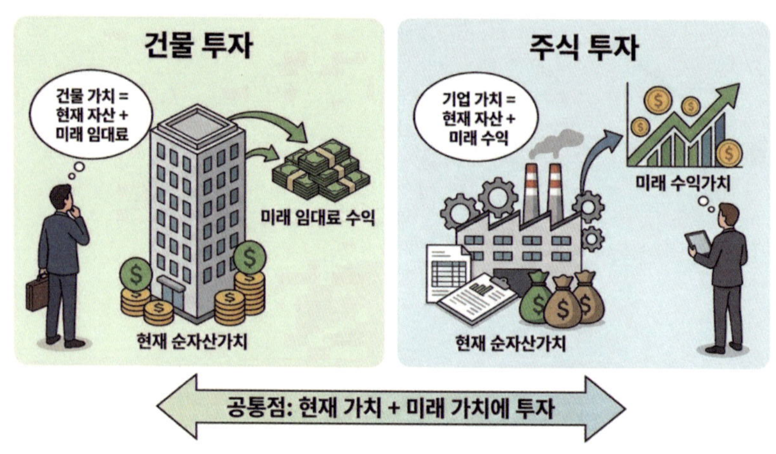

주식 투자를 건물에 비유해 보자. 어떤 건물을 산다고 해서 그 가치를 오직 "지금 당장 처분하면 얼마를 받을 수 있느냐?"로만 판단하지는 않는다. 건물을 보유하는 동안 매달 임차인들로부터 안정적으로 들어오는 임대료라는 현금흐름 수익도 함께 고려해야 비로소 그 건물의 진짜 가치를 판단할 수 있다.

주식도 마찬가지다. 어떤 주식을 산다는 것은 투자자가 현재 주가라는 가격을 지불하고 그 기업이 앞으로 만들어 낼 수익가치와 현재 보유한 자산가치를 함께 사는 행위다. 가치 투자란 이런 관점에서 철저한 분석을 통해 투자 원금의 안정성과 적당한 수익성이 기대되는 자산에 투자하는 것을 말한다. 다시 말해, 적은 가격을 지불하고 높은 가치를 얻을 수 있는 대상에 투자하는 것이다.

이 원칙은 주식에만 국한하지 않는다. 어떤 투자든, 혹은 사업이든 본질은 같다. 가격보다 가치가 높을 때 사는 것이 올바른 투자다. 문제는 대부분의 사람이 투자 대상에 대해 단 5분도 공부하지 않은 채 감정과 분위기에 이끌려 매수 버튼을 누른다는 점이다. 그러나 최소한 투자라고 부르려면 충분한 분석이 선행돼야 한다.

여기서 말하는 분석이란 거창한 것이 아니다. 그 기업이 무엇으로 돈을 벌고 있는지, 그 돈을 앞으로도 벌 수 있을지, 그리고 지금 가격이 그 가치에 비해 비싼지 싼지를 고민해 보는 것이다. 투자 원금의 안정성은 낮은 위험을 뜻하고, 적당한 수익성은 과하지 않은 기대 수익을 의미한다.

가치 투자의 창시자로 불리는 벤저민 그레이엄은 철저한 분석, 투자 원금의 안정성, 적당한 수익성 중 단 하나라도 지켜지지 않으면, 그것은 투자가 아니라 투기라고 말했다. 즉 이 세 요소를 모두 충족해야 비로소 가치 투자라고 부를 수 있다는 뜻이다.

참고로 개념을 더 분명히 해 보자. 로 리스크, 로 리턴의 대표적인 예는 예금이며 하이 리스크, 하이 리턴의 대표적인 예는 비트코인이다. 가치 투자는 이 극단 사이 어딘가에 위치해 있다. 위험은 통제하면서도 시간과 함께 합리적인 수익을 추구하는 전략이다.

리스크는 낮추고 수익 확률은 높이는 중장기 투자 방법

주식 투자 과정에서 리스크는 필연적으로 동반되는 개념이다. 리스크란 '손실로 연결될 가능성'을 의미한다. 여기서 말하는 손실은 주식을 산 이후 주가가 일시적으로 매수가 아래로 내려가 있는 평가손실과는 전혀 다른 개념이다. 진짜 의미의 손실이란 이미 손절을 실행해 회복 가능성이 사라진 영구적인 자본 손실을 뜻한다. 즉 리스크와 손실은 같은 말이 아니다.

리스크는 어디까지나 손실로 이어질 가능성일 뿐 손실이 확정된 상태는 아니다. 그렇기 때문에 리스크는 대응 전략을 어떻게 세우느냐에 따라 충분히 관리하고 통제할 수 있는 영역이다. 주식 투자에서 중요한 것은 리스크를 없애는 것이 아니라 리스크가 실제 손실로 이어지지 않도록 구조적으로 대비하는 일이다.

주식 투자에서 리스크를 효과적으로 낮추는 방법은 결국 2가지로 정리된다.

첫째, 벤저민 그레이엄의 철저한 분석을 바탕으로 저평가된 주식을 싸게 사는 '안전마진 확보 투자'다.

둘째, 워런 버핏이 강조한 미래 예측 가능성이 높고 성장성이 뚜렷한 기업에 투자하는 '하이퀄리티 기업 투자'다.

　이 두 접근법은 서로 대립하는 개념이 아니라 서로를 보완하는 전략이며, 리스크를 낮추고 안정적인 성과를 내려면 반드시 병행할 필요가 있다.

벤저민 그레이엄의 가치 투자

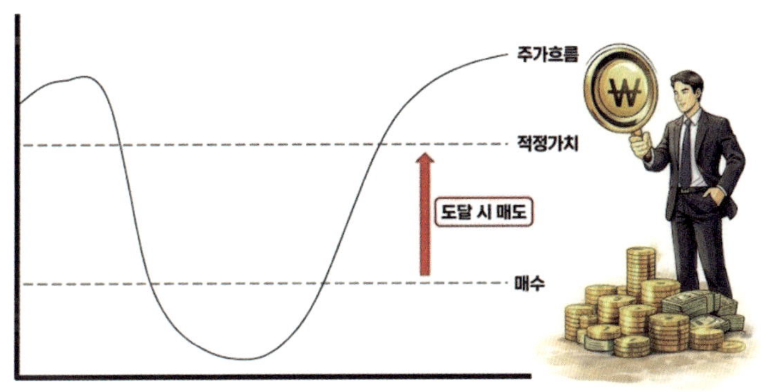

워런 버핏의 가치 투자

안전마진 투자는 비유하자면 100만 원짜리 지폐가 들어 있는 지갑을 10만 원에 사는 것과 같다. 실제로 2022년부터 2025년까지 하나금융지주는 이 전략에 정확히 부합하는 대표적인 사례였다. 당시 하나금융지주는 주가순자산비율(PBR) 0.3~0.4배, 배당수익률 5~7% 수준으로 명백한 저평가 구간에 놓여 있었다. 자본 건전성, 안정적인 이익 구조, 금융업 특유의 방어적 성격까지 감안하면 시장의 할인은 과도했고, 투자자에게는 명확한 기회였다.

주가는 2022년 3만 원대 초반까지 밀리며 바닥을 형성했지만, 2023년 이후 금융 불안 해소와 이익 성장, 연기금투자풀 일반사무관리회사 선정 등의 요인이 겹치며 2025년 6월에는 약 8만 원 수준까지 상승했다. 약 3배에 가까운 주가 상승이며, 여기에 배당까지 더하면 실제 투자 성과는 그 이상이다. 이는 안전마진 확보가 어떻게 실제 수익으로 이어지는지를 보여 주는 교과서적인 사례다.

반면에 미래 전망이 뛰어난 기업에 투자하는 하이퀄리티 전략은 앞으로 모두가 탐내게 될 브랜드를 남들보다 먼저 선점하는 것과 같다. 한화에어로스페이스는 이 전략에 정확히 들어맞는 사례다. 2022년 이후 K-방산의 글로벌 경쟁력이 부각되면서 이 회사는 세계 방산 시장의 핵심 플레이어로 부상했다. 방산 수주 잔고는 2021년 5조 원에서 2024년 6월 30조 원을 돌파하여 무려 6배 이상 증가했다. 폴란드·UAE 대규모 수출, 루마니아 자주포 수주 등 굵직한 계약들이 실적으로 연결되며 성장 스토리는 현실이 되었다.

하나금융지주의 2022~25년 차트

한화에어로스페이스의 2022~25년 차트

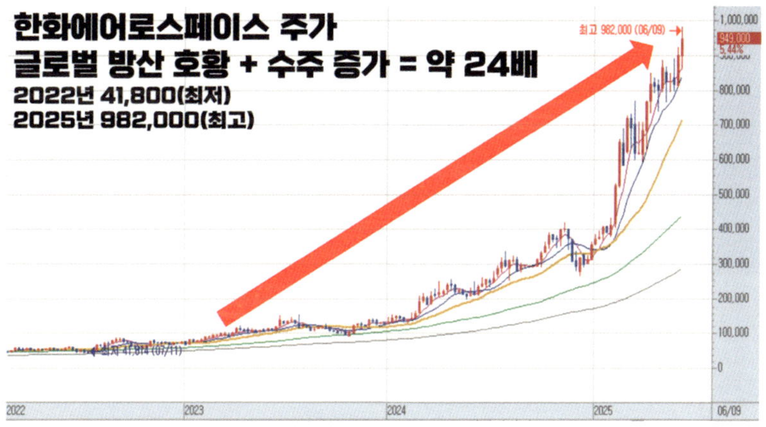

그 결과 주가는 2022년 초 약 5만 원대에서 2025년 6월 현재 약 98만 원 수준까지 상승하며 20배를 훌쩍 넘는 상승률을 기록했다. 이는 단순한 테마 급등이 아니라 산업의 장기 성장성과 기업의 수주 경쟁력이 시장에서 재평가된 결과다.

정리하면, 하나금융지주는 저평가 매수 전략, 즉 안전마진 확보 투자의 전형적인 사례이고, 한화에어로스페이스는 성장 산업을 선제적으로 포착해 미래 가치를 실현한 하이퀄리티 투자 사례이다. 주식 투자에서 리스크를 낮추고 성과를 내기 위해서는 지금 눈앞에 과도하게 할인된 기회를 잡는 것과 동시에 미래의 가치를 미리 읽어 내는 시야를 함께 가져야 한다. 이 2가지 접근을 균형 있게 병행하는 것이야말로 장기적으로 살아남는 투자 전략이다.

중장기 투자의 현실적인 목표수익률

중장기 투자에서 리턴, 즉 수익률을 이야기할 때 가장 먼저 정리해야 할 것은 숫자가 아니라 태도다. "내일 당장 상한가", "한 달 안에 2배", "1년 만에 10배" 같은 목표는 자극적이지만 현실과는 거리가 멀다. 이런 목표를 세우는 순간 투자자는 급등주, 작전주, 테마주 같은 고위험 영역으로 떠밀리게 되고, 그 끝이 수익이 아니라 작전주 설거지 피해와 원금 손실, 깡통 계좌로 이어졌다는 사례는 이미 시장에 차고 넘친다.

그렇다면 현실적인 목표수익률은 얼마로 잡아야 할까? 답은 의외로 단순하다. 지금 우리가 포기하는 무위험 수익률을 기준으로 생각하면 된다. 요즘 은행 예금 이자율은 연 2~3% 수준, 적금은 소액 한도 내에서만 최고 10~15%를 제시한다. 이런 환경을 감안하면 중장기 투자에서의 현실적인 연 목표수익률은 자연스럽게 10~20% 구간으로 수렴한다. 이는 예·적금 대비 충분한 초과수익을 기대할 수 있으면서도, 동시에 무리한 리스크를 강요하지 않는 범위다.

이 수치가 낮아 보인다면 주식 투자를 오래 해 보지 않은 사람일 가능성이 높다. 반대로 이 정도 수익률이 결코 쉽지 않다는 걸 체감한다면 이미 시장의 현실을 어느 정도 경험한 노련한 투자자일 것이다. 벼는 익을수록 고개를 숙이는 법이다.

물론 여기에는 중요한 예외가 하나 있다. 워런 버핏식 하이퀄리티 기업가치 산정 가치 투자를 추종하는 중장기 투자자라면 목표수익률을 특정 한도 내 범위로 제한할 필요는 없다. 기업의 경쟁력, 산업 내 지위, 장기 성장성까지 반영해 내가 산정한 적정 시가총액이 어느 정도까지 성장할지 수치적으로 산출해 내는 데 자신이 있다면, 그에 따라 목표수익률 역시 제약 없이 높게 설정해도 된다.

하지만 이 문장에는 반드시 전제가 따라붙어야 한다. 바로 그 기업의 적정가치를 제대로 산정할 수 있는 리서치 능력이 있다는 전제다. 현실은 어떨까? 대부분의 개인 투자자들은 기업의 모든 요소를 반영한 적정가치를 산정하는 데 큰 어려움을 겪는다. 사실 이 문제는 개인 투자자만의 한계도 아니다.

전문성을 갖췄다고 평가받는 기관 투자자나 여의도의 애널리스트들조차 적정가치 산정에 번번이 실패하기 마련이다. 증권가 리포트 목표주가가 하나같이 전부 빗나가는 것만 봐도 알 수 있다. 기업가치는 미래를 다루는 영역이기 때문이다. 솔직히 말해, 나도 완벽하게 자신 있다고 말할 수는 없다. 오히려 자신이 없다고 하는 편이 맞겠다.

그렇기 때문에 더더욱 초보 투자자들은 중장기 투자를 할 때 현실적인 목표수익률을 미리 설정해 두는 장치가 필요하다. 이 기준선이 없다면 하이퀄리티 투자라는 명분 아래 과도한 낙관과 자기합리화에 빠져 수익률을 수익금으로 확정지어 확보할 수 있는 기회를 놓치고, 천년만년 보유만 하다가 막상 돈이 필요한 순간에는 오히려 손실을 본 채로 나오기 쉽다. 그래서 중장기 투자에는 항상 기준선이 필요하다. 그 기준선이 바로 연 10~20%라는 현실적인 목표수익률 구간이다. 이는 모든 종목에 기계적으로 적용해야 할 상한선이 아니라 투자자가 비현실적인 기대와 욕심에 빠지지 않도록 잡아 주는 출발선이자 안전장치다. 이 기준 위에서 기업의 본질적 가치와 성장성이 명확히 확인되는 경우에 한해 목표수익률을 유연하게 상향 조정하는 것이 바람직하다.

중요한 것은 순서다. 먼저 "얼마를 벌고 싶은가?"가 아니라 "이 기업의 가치가 어디까지 성장할 수 있는가?"다. 이 순서가 뒤바뀌는 순간 투자는 분석이 아니라 소망이 된다. 결국 중장기 투자에서의 리턴이란 몇 퍼센트를 벌었느냐의 문제가 아니다. 현실적인 기준선 위에서 기업의 본질과 성장 가능성을 판단하고 시간을 내 편으로 만들 줄 아는 태도가 만들어 내는 결과다. 시간이 더해질수록 그 수익은 눈에 띄지 않게, 그러나 확실하게 커진다.

중장기 투자는 느린 길이 아니다. 조급함을 버림으로써 가장 안정적으로, 그리고 가장 멀리 갈 수 있는 길이다.

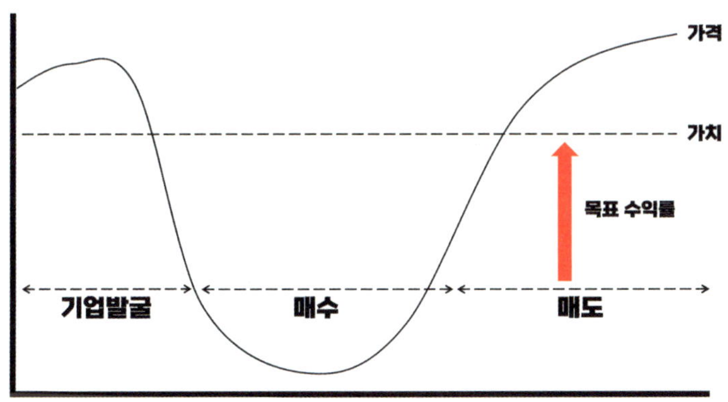

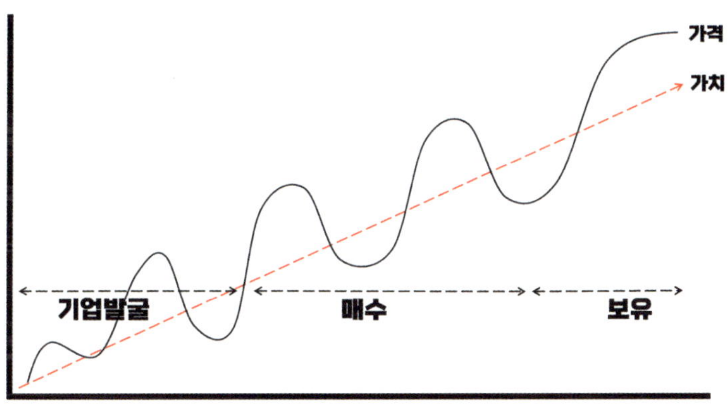

중장기 투자에 대한 오해

다음은 주식 투자자라면 누구나 한 번쯤은 들어 봤을 워런 버핏의 명언이다.

규칙 1. 절대 돈을 잃지 마라.

규칙 2. 절대 규칙 1을 잊지 마라.

이 문장의 핵심은 "얼마를 벌 수 있는가?"보다 "얼마를 잃을 수 있는지 리스크를 먼저 계산하라."는 뜻이다. 즉 기대되는 리턴 추정보다 리스크 분석을 훨씬 더 철저히 하라는 것이다. 바꿔 말하면 하이 리턴을 노리기 전에 먼저 로 리스크를 확보하라는 조언이기도 하다.

리스크 분석을 통해 로 리스크를 확보했다는 것은 곧 안전마진을 확보했다는 의미와 같다. 물론 안전마진을 확보했다고 해서 손실이 완전히 사라지는 것은 아니다. 주식 시장에는 언제나 예측할 수 없는 변수가 존재하기 때문이다. 그러나 중요한 점은 포트폴리오 안에서 안전마진을 갖춘 종목의 비중이 높아질수록 이익의 합계가 손실의 합계를 초과할 확률이 점점 높아진다는 사실이다.

다시 말해, 개별 종목 하나하나의 결과를 맞히는 것이 아니라 전체 포트폴리오 차원에서 이길 확률을 구조적으로 높이는 것이 핵심이다. 안전마진을 확보한 종목들을 선별하고, 그 종목들에 분산 투자하는 전략은 손실 가능성보다 이익 가능성이 더 큰 판 위에서 게임을 하겠다는 선택이다.

이것이 바로 워런 버핏이 말한 "절대 돈을 잃지 마라."는 원칙을 현실에서 구현하는 방법이다. 대박을 노리는 한 방이 아니라 지지 않는 구조를 먼저 만들고 그 위에서 수익을 쌓아 가는 것, 그것이 가치 투자와 중장기 투자의 출발점이다.

중장기 투자 종목 선별 기준과 분석

좋은 기업을 고르는 기술

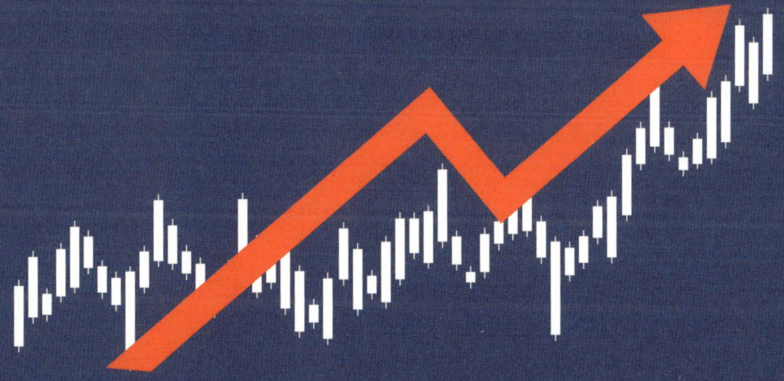

1
비즈니스 모델
선별 기준

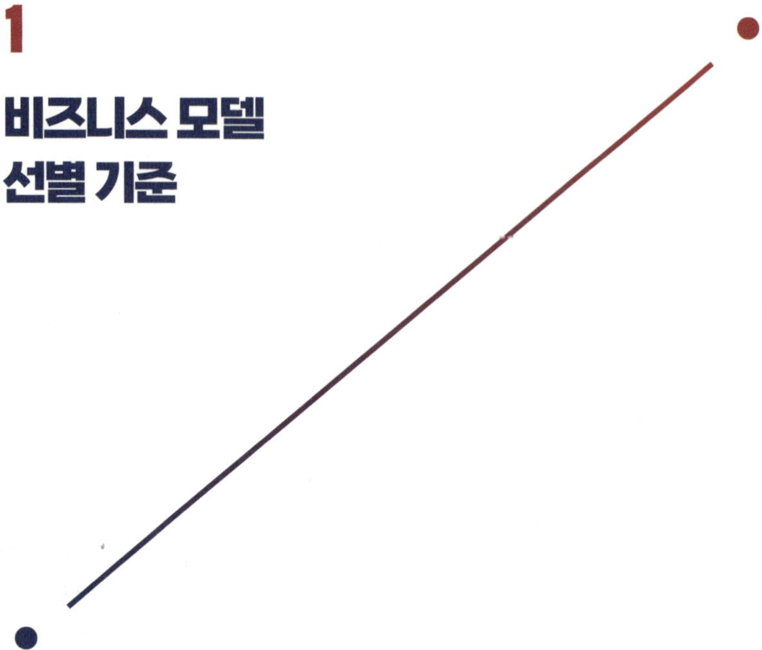

비즈니스 모델은 기업이 어떤 방식으로 이익을 창출하는가를 뜻한다. 중장기 투자에서 가장 먼저 점검해야 할 기준이 바로 이 비즈니스 모델이다. 같은 산업에 속해 있다고 해서 모든 기업이 같은 방식으로 돈을 버는 것은 아니다. 하나의 산업 생태계 안에는 서로 다른 역할과 위치, 그리고 그에 따른 다양한 수익 구조가 공존한다.

이처럼 단기 결과 지향성, 즉흥성, 한 방 심리 같은 속성 때문에 단타는 표면적으로 도박과 유사해 보인다. 그러나 본질은 전혀 다르다.

같은 장사라 하더라도 식당과 슈퍼마켓의 비즈니스 모델은 다르다. 같은 요식업 안에서도 뷔페(애슐리)와 패스트푸드점(맥도날드)은 완전히 다른 구조를 가진다. 화장품 업종 역시 브랜드 기업(아모레퍼시픽, LG생활건강), 위탁제조업체(코스맥스, 한국콜마), 유통업체(올리브영)가 각기 다른 방식으로 사업을 영위한다. 반도체 산업도 마찬가지다. 완성품 회사(삼성전자, SK하이닉스), 장비 회사(한미반도체, HPSP, 원익IPS), 소재 회사(동진쎄미켐, 솔브레인), 유통 회사(유니퀘스트, 미래반도체)는 모두 같은 산업에 속해 있지만, 수익을 발생시키는 방식과 리스크 발생 포인트가 전혀 다르다. 이처럼 산업 생태계 내에서는 경쟁과 협력이 동시에 작동하며, 그 안에서 각 기업은 저마다 다른 비즈니스 모델을 구축한다.

하나의 비즈니스 모델도 뜯어보면 복잡다단한 요소로 구성될 수 있다. 쿠팡의 비즈니스 모델을 살펴보자. 기본 수입은 상품 판매와 판매자로부터 받는 수수료에서 나온다. 여기에 로켓와우 멤버십 구독료와 광고 서비스 수익이 더해진다. 물류센터 운영과 빠른 배송 서비스를 위해 물류비와 배송비, 인건비가 크게 든다. 쇼핑은 계절과 상황에 따라 영향을 받아 연말이나 추석, 설날 같은 시즌에는 매출이 크게 늘어난다. 또한 인기 있는 상품이나 할인 행사가 있으면 사람들이 더 많이 찾기 때문에 특정 기간의 매출이 이런 요소들에 크게 좌우된다.

비즈니스 모델은 웬만해서는 바꾸기 힘들다는 불변의 성격도 있다. 반려견을 입양할 때도 보호자의 거주 환경, 성향 등과 잘 어우러질 수 있는 견종에 대해 숙려하는 것이 첫 번째다. 아무리 사랑으로 키우고 시간

비즈니스 모델의 세계

식당 :
맛있는 음식으로 직접 승부!

슈퍼마켓 :
다양한 상품을 한곳에 모아 판매!

뷔페 (애슐리) :
마음껏 먹고 정액 요금!
무한리필

패스트푸드 (맥도날드) :
빠르고 간편하게, 박리다매!

이 지난다 해도 비숑이 진돗개가 될 일은 없고 진돗개 역시 비숑이 될 수는 없기 때문이다. 의대생들이 전문의가 되고자 할 때 성형외과, 피부과 등 소수 전공에 몰리는 이유도 같은 맥락이다. 소아과, 산부인과, 외과 등과는 비즈니스 모델이 달라 미래의 경제적 성과가 다르다는 사실을 알기 때문이다. 한 번 정하면 결과를 쉽게 바꾸기 어렵다는 점도 기업 비즈니스 모델의 속성과 동일하다.

좋은 비즈니스 모델을 가진 기업은 공통적인 특징을 보인다. 운동을 할 때 아무리 해도 근육이 잘 안 붙는 체질이 있는 반면, 조금만 해도 근육이 잘 붙는 체질이 있는 것처럼 비즈니스 모델도 투입 대비 산출이 높은 구조를 가진 모델이 있다. 같은 양의 자본을 투입했을 때 더 많은 이익을 창출할 수 있다면 주주는 더 빠른 기업가치 상승을 기대할 수 있다. 이 차이는 단기간에는 미미해 보일 수 있지만, 매년 반복될수록 시간이 기업가치의 격차를 만들어 낸다. 사업 자체에는 귀천이 없다. 하지만 영업이익이 기업 유지·운영에 모두 소진되고 주주에게 남는 것이 거의 없는 비즈니스 모델이라면 투자 대상으로서의 매력은 비판적으로 검토돼야 한다.

비즈니스 모델이 우수한 기업들은 다음 요소를 갖출 확률이 높다.

첫째, 반복 구매가 발생하는 제품이나 서비스를 제공한다.

둘째, 소비자 기호 변화나 기술 트렌드에 과도하게 휘둘리지 않는다.

셋째, 고객 기반이 넓고 수요의 저변이 두텁다.

넷째, 경쟁자가 쉽게 모방하기 어려운 무형의 자산을 보유하고 있다.

이러한 요소들이 결합되면 자본집약적이지 않으면서도 재투자 부담

첫째, 반복 구매!
"또 사게 되는 매력!"

둘째, 유행에 흔들리지 않음!
"변치 않는 가치!"
100년 전통
최신 유행

셋째, 넓고 두터운 고객 기반!
"모두가 사랑하는!"

넷째, 모방하기 어려운 무형자산!
"넘볼 수 없는 경쟁력!"
'갑'의 위치
특허/브랜드 파워

이 크지 않고, 현금흐름이 안정적인 구조가 만들어진다. 동시에 높은 진입 장벽이 형성되며, 사업 라이프 사이클이 길어진다. 소비자, 공급자, 경쟁자와의 관계에서도 자연스럽게 '갑'의 위치를 점할 수 있는 힘이 생긴다.

이건 결국 실적의 안정성, 높은 영업이익률과 자기자본이익률(ROE), 그리고 높은 시장점유율 수치 등을 통해 드러난다. 일례로 현대모비스, SK텔레콤, 고려아연, 신세계, KT&G, 유한양행, 에스원, 한섬 이렇게 8개 회사는 2000년 1분기부터 2025년 4분기까지 무려 104분기 연속 흑자를 기록했다. 이는 비즈니스 모델의 우수성이 장기간에 걸친 실적 안정성을 통해 드러난 경우라고 할 수 있다.

ROE는 주주가 맡긴 자본이 기업 활동을 통해 얼마나 불어났는지를 보여 주는 지표다. 자기자본 100억 원으로 1년 동안 10억 원의 순이익을 냈다면 ROE는 10%다. 투자자 입장에서 ROE가 현재 예·적금 금리보다 낮다면 불확실성을 감수하면서까지 주식에 투자할 이유는 없다. 친구가 카페를 차리겠다며 지분 투자를 제안했는데, 제시하는 자기자본이익률이 예금 금리보다 낮다면 선뜻 투자하기 어려운 것과 같은 이치다. ROE는 비교 대상보다 높을수록 의미를 가진다.

장기간 주가가 우상향하며 주주에게 높은 수익을 안겨 준 기업들은 대부분 높은 ROE를 유지해 왔다. 중장기적으로 주가는 결국 지속 가능한 ROE 수준에 수렴한다고 봐도 무방하다. 시가총액 규모가 작은 기업이라도 시장에서 독보적인 포지셔닝을 유지하거나, 명확한 주주친화 정책을 병행한다면 상당 기간 높은 ROE를 유지할 수 있다. 독보적인 아이템을 보유한 경우 역시 마찬가지다.

다만 ROE는 부채비율이 높으면 인위적으로 상승할 수 있다는 점을 반드시 경계해야 한다. ROE가 높다고 해서 무조건 좋은 기업은 아니라는 것이다. 과도한 차입은 작은 충격에도 기업을 무너뜨릴 수 있다. 따라서 부채비율이 낮으면서도 ROE가 높은 기업이야말로 알짜 기업이라 할 수 있다.

2

우수
비즈니스 모델

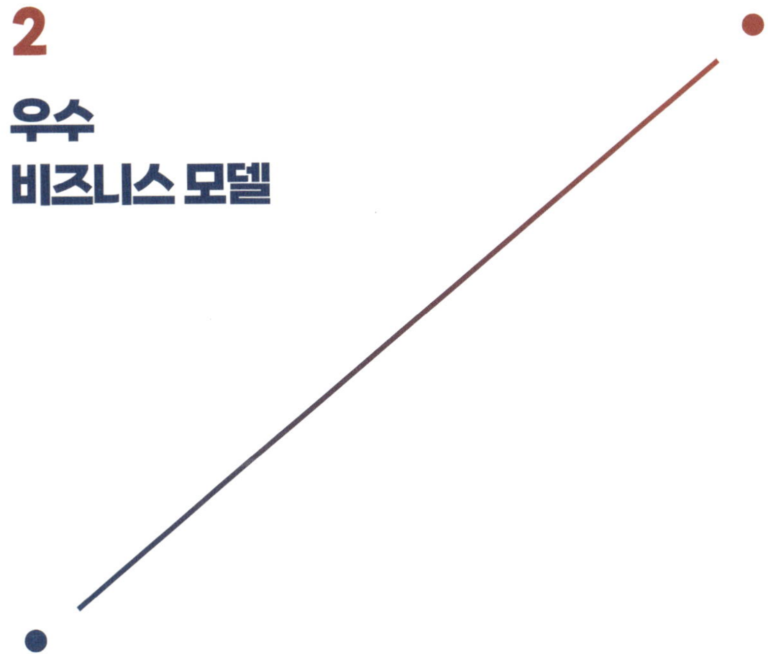

모든 산업은 2가지로 나뉜다. 현재 경쟁이 벌어지고 있는 분야와 앞으로 경쟁이 본격화될 분야다. 특히 높은 ROE를 누리는 성장 산업이라면 경쟁은 필연적으로 발생한다. 선두 기업이 100의 자본으로 20의 산출을 얻고 있다면, 머지않아 "나는 10만 벌어도 충분하다."며 뛰어드는 후발주자들이 등장하기 마련이다. 따라서 중요한 것은 경쟁의 유무가 아니라 '경쟁이 발생했을 때도 그 기업이 여전히 우위를 유지할 수 있는가?'다.

경쟁이 심화되는 환경에서도 기존 고객을 지키고, 마진을 방어하며,

높은 ROE를 유지하려면 경쟁자들은 할 수 없지만 나는 할 수 있는 경쟁 우위, 즉 경제적 해자가 필요하다. 비즈니스 모델 점검에서 핵심은 ROE 가 높은지, 그 ROE가 지속 가능한지, 경쟁우위가 존재하는지, 그리고 그 경쟁우위가 앞으로도 유지될 수 있는지를 함께 살펴보는 데 있다. 엄격 한 기준을 충족하고 오랜 시간 동안 맛과 품질을 유지한 레스토랑만이 미 슐랭 스타를 받듯, 내구성과 지속성은 좋은 기업을 판별하는 가장 중요한 기준이다. 이런 기준에 부합하는 사례는 이미 국내 증시에도 분명히 존재 한다. 경쟁이 치열한 산업임에도 불구하고 높은 ROE를 장기간 유지하거 나 유지할 수 있는 구조를 갖춘 기업들이다.

먼저 국내 대표 효자 산업인 반도체 산업을 보자. 반도체는 전형적인 경기순환 산업으로 분류되나, 산업 내에서 역할과 위치가 명확한 기업은 경쟁이 심화되는 국면에서도 상대적인 우위를 유지한다.

SK하이닉스 : 'AI 메모리 퍼스트 무버'와 골든 얼라이언스

대표적인 사례가 SK하이닉스다. SK하이닉스는 AI 시대의 심장이라 불리는 엔비디아(NVIDIA)와 공고한 파트너십을 구축하며 사실상 HBM 시장의 '표준'을 제시했다. 2026년 현재, 엔비디아의 차세대 AI 플랫폼인 '루빈(Rubin)'에 탑재될 HBM4 시장에서도 압도적인 점유율을 예고하고 있으며, AMD와 마이크로소프트(MS)의 자체 AI 칩(마이아 200)에도 단독 또는 주력 공급사로 참여하고 있다.

특히 파운드리 1위인 TSMC와 손잡고 구축한 '원팀 전략'은 고객사가 원하는 고성능 메모리를 가장 빠르고 안정적으로 공급할 수 있는 강력한 해자가 되었다. 이는 단순한 부품 공급을 넘어 글로벌 AI 연합군 내에서 '대체 불가능한 메모리 파트너'로서의 지위를 굳혔음을 의미하며, 결과적으로 과거의 순환적 패턴에서 벗어나 구조적으로 개선된 ROE를 창출하고 있다.

삼성전자 : '토탈 솔루션' 기반의 압도적 슈퍼 을

또 다른 사례는 삼성전자다. 최근 삼성전자는 메모리와 파운드리, 패키징을 모두 한 번에 해결할 수 있는 '턴키(Turn-key) 전략'을 통해 글로벌 빅테크들이 가장 선호하는 '슈퍼 을'의 위치를 탈환했다. 특히 설계 전문 기업인 브로드컴(Broadcom)과의 긴밀한 협력을 통해 구글의 차세대 AI 가속기(TPU)를 2나노 선단 공정으로 수주하며 파운드리 경쟁력을 입증했다. 또한 AMD의 최신 가속기인 'MI455X' 시리즈에 HBM4를 공급하기로 확정하며 강력한 부활 신호를 알렸다.

삼성전자의 진정한 무서움은 HBM의 핵심 두뇌인 '로직 다이'를 자사의 선단 파운드리 공정(4나노 및 향후 2나노)으로 직접 제조할 수 있는 세계 유일의 기업이라는 점에 있다. 엔비디아나 브로드컴 입장에서는 여러 업체를 거칠 필요 없이 삼성전자 한 곳에서 설계 지원부터 최첨단 제조, 고성능 메모리 탑재까지 끝낼 수 있어 공급망 리스크를 획기적으로 줄일 수 있다. 이러한 '원스톱 솔루션'은 경쟁사가 따라오기 힘든 강력한 진입장벽을 형성하며, 치열한 경쟁 속에서도 높은 마진과 지속 가능한 ROE를 방어할 수 있는 구조를 완성해 나가고 있다.

다음은 전력 인프라 산업이다. 전력 인프라는 겉보기에는 성장성이 낮아 보이지만, 실제로는 진입장벽이 매우 높고 경쟁이 생길수록 기존 강자가 유리해지는 산업이다. 특히 지금은 AI 상용화에 따른 데이터센터 증설과 이로 인한 절대적인 전력 부족 사태, 그리고 세계적인 전력 인프라의 교체 및 증설 수요와 노후 인프라 교체 주기까지 한꺼번에 맞물리며 전례 없는 구조적 호황기를 맞이하고 있다.

효성중공업 : 초고압 기술력과 글로벌 생산 거점의 시너지

이 기준에 부합하는 대표적인 기업이 효성중공업이다. 효성중공업은 초고압 변압기와 전력기기 분야에서 글로벌 경쟁력을 갖춘 기업으로 미국 앨라배마 공장을 포함한 전 세계 생산 거점을 통해 현지 수요와 보호무역주의에 기민하게 대응하고 있다. 특히 기술 난이도가 극도로 높은 765kV급 초고압 변압기 레퍼런스와 재생에너지 확대에 필수적인 스태콤(STATCOM) 기술력은 효성만의 독보적인 강점이다.

전력기기 산업은 인증, 신뢰도, 레퍼런스가 무엇보다 중요해 후발주자가 단기간에 따라오기 어렵다. 이러한 구조 덕분에 경쟁이 발생하더라도 마진이 급격히 훼손되지 않고, ROE 역시 일정 수준 이상을 유지할 수 있는 토대를 갖추고 있다.

HD현대일렉트릭:
압도적 시장 지배력을 바탕으로 한 수익성 극대화

비슷한 맥락에서 HD현대일렉트릭 역시 좋은 사례다. HD현대일렉트릭은 변압기와 차단기 등 핵심 전력기기를 중심으로 북미와 중동 시장에서 수주를 확대해 왔는데, 단순히 물량을 늘리는 것을 넘어 압도적인 시장 지배력을 바탕으로 고마진 프로젝트 위주의 선별 수주를 진행하며 수익성을 극대화하고 있다. 수십 년간 쌓아 온 북미 영업망의 브랜드 파워와 전력 설비 예방 진단 같은 디지털 솔루션 역량은 고객을 묶어 두는 강력한 경쟁우위로 작용한다.

전력 인프라는 단기 유행이 아니라 노후 설비 교체와 전력 수요 증가라는 장기적 필연성 위에 놓여 있다. 이로 인해 산업 전반의 파이가 커지는 가운데, 기존 강자들은 규모의 경제와 고유의 기술 신뢰도를 바탕으로 높은 ROE를 유지하거나 한 단계 끌어올릴 수 있는 위치에 있다.

이들 사례가 시사하는 바는 명확하다. 중요한 것은 산업이 유망한가 아닌가가 아니라 그 산업 안에서 해당 기업이 어떤 비즈니스 모델과 경쟁우위를 갖고 있는가다. 경쟁은 피할 수 없지만, 경쟁 속에서도 ROE를 지

우수 비즈니스 모델의 비밀

커 낼 수 있는 기업은 결국 장기적으로 살아남는다. 중장기 투자에서 비즈니스 모델을 가장 먼저 점검해야 하는 이유가 여기에 있다.

중장기 투자에서 '좋은 종목'을 고르는 핵심 기준

중장기 투자의 종목 선별은 산업 전망보다 비즈니스 모델과 구조를 먼저 본다. 다음 기준을 충족할수록 장기적으로 살아남을 가능성과 수익 확률이 높아진다.

1. 돈을 버는 방식이 명확한 비즈니스 모델인가?

- 기업이 어떤 구조로 이익을 창출하는지 한 문장으로 설명할 수 있어야 한다.
- 같은 산업 내에서도 역할과 위치가 분명한 모델인지 확인한다.
- 매출이 어떻게 발생하고, 비용은 어디서 주로 발생하는지가 투명해야 한다.

2. 투입 대비 산출이 높은 구조인가?

- 같은 자본을 투입했을 때 더 많은 이익을 남길 수 있는지 확인한다.
- 영업이익이 유지·운영 비용으로 소진되지 않고 주주에게 남는 구조인지 점검한다.
- 시간이 지날수록 기업가치 격차가 벌어질 수 있는 체질인지가 중요하다.

3. 실적이 안정적으로 반복되는가?

- 단기 실적보다 장기간 흑자 지속 여부를 중시한다.
- 경기 변동 속에서도 무너지지 않는 이익의 내구성이 있는 기업이
  유리하다.
- 실적의 안정성은 비즈니스 모델의 우수성을 가장 정직하게 보여
  준다.

4. ROE가 높고, 그 ROE가 지속 가능한가?

- ROE는 주주 자본이 얼마나 효율적으로 불어나는지를 보여 주는
  핵심 지표다.
- 예·적금 금리보다 의미 있게 높은 ROE를 장기간 유지하는 기업이
  이상적이다.
- 일시적 호황이 아닌 구조적으로 유지 가능한 ROE인지 따져야 한다.

5. 부채에 의존하지 않은 ROE인가?

- ROE는 부채를 많이 쓰면 인위적으로 높아질 수 있다.
- 따라서 부채비율이 낮은 상태에서 ROE가 높은 기업이 진짜 알짜다.
- 작은 충격에도 흔들리지 않는 재무 구조가 중요하다.

6. 경쟁이 생겨도 버틸 수 있는 경쟁우위가 있는가?

- 경쟁 유무가 아니라 경쟁 이후에도 살아남을 수 있는지가 중요하다.

- 기존 고객을 지키고 마진을 방어할 수 있는 경제적 해자가 필요하다.

- 기술, 규모, 신뢰도, 레퍼런스 등 쉽게 모방할 수 없는 요소가 있는지 점검한다.

7. 반복 구매와 긴 사업 수명을 갖는가?

- 일회성 매출이 아닌 반복 구매가 발생하는 구조인지 확인한다.

- 소비자 기호 변화나 기술 트렌드에 과도하게 휘둘리지 않는 사업이 유리하다.

- 사업 라이프 사이클이 길수록 중장기 투자에 적합하다,

3

좋은 경영자를 판별하는 기준

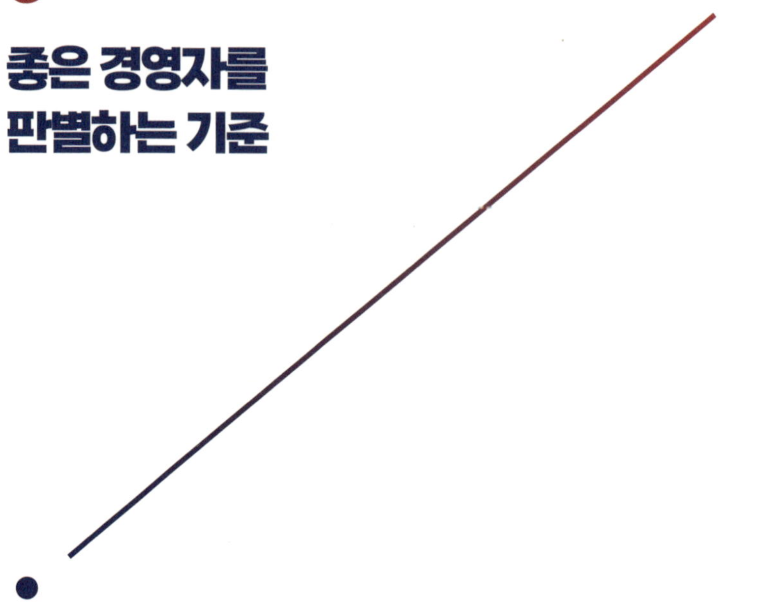

　　좋은 경영자는 기업의 경쟁우위를 창출하고 이를 장기간 유지하며, 매출은 늘리고 비용은 통제하는 사람이다. 이를 단순하게 설명하면 PxQ-C 관리 능력으로 요약할 수 있다. 여기서 P는 제품이나 서비스의 가격(Price), Q는 판매량(Quantity), C는 비용(Cost)을 의미한다. 즉 좋은 경영자는 경쟁력 있는 상품에 적절한 가격을 책정해 매출을 극대화하고, 판매량을 늘리는 동시에 불필요한 비용을 줄이는 데 탁월한 능력을 가진 사람이다. 이 3가지 요소를 균형 있게 관리할 수 있을 때 기업은 경쟁사보다 높은 수익성을 확보하고, 지속적인 성장 동력을 마련할 수 있다.

하지만 좋은 경영자의 역할은 여기서 끝나지 않는다. 자본 배치 전략을 얼마나 효율적으로 구사하는가 역시 기업의 장기 성과를 좌우하는 핵심 요소다. 탁월한 자본 배치 전략은 크게 2가지로 요약할 수 있다.

첫째, 자사주 매입과 소각이다. 기업의 주가가 내재가치보다 낮게 거래될 때 자사주를 매입해 소각하면 발행 주식 수가 줄어들고, 이는 자연스럽게 주당순이익(EPS) 증가로 이어진다. 같은 이익을 내더라도 주주 한 명당 돌아가는 몫이 커지는 구조다. 이는 기업가치를 높이는 동시에 주주에게 직접적인 보상을 제공하는 가장 정직한 방식이다.

둘째, 저평가된 우량 기업에 대한 인수합병(M&A)이다. 시장에서 과소평가된 기업을 합리적인 가격에 인수하면 단번에 이익의 절대 규모를 키울 수 있다. 잘 설계된 M&A는 단순한 외형 확장이 아니라 기존 사업과의 시너지를 통해 기업의 경쟁력을 한 단계 끌어올리는 역할을 한다.

이처럼 경쟁우위를 갖춘 기업은 시간이 지날수록 스노볼 기업으로 성장할 가능성이 크다. 스노볼 기업이란 확보된 경쟁우위를 기반으로 안정적인 현금흐름을 창출하고, 그 현금흐름을 다시 자본 배치에 활용함으로써 경쟁우위를 더욱 강화하는 기업을 말한다. 이 과정이 반복되면 현금흐름은 커지고, 경쟁력은 더 단단해지며 기업가치는 눈덩이를 굴리듯 점점 커진다.

결국 투자자가 찾아야 할 대상은 단기 실적이 좋은 기업이 아니라 스노볼 기업을 만들어 낼 수 있는 경영자다. 탁월한 경영자의 손에서 기업은 장기적으로 성장하고, 주주에게는 기업가치 상승과 주가의 우상향이라는 결실이 돌아간다. 경영자의 역량 하나만으로도 기업은 평범한 회사에서 훌륭한 투자처로 탈바꿈할 수 있다.

이 점을 가장 잘 보여 주는 대표적인 사례가 바로 팀 쿡과 애플이다. 팀 쿡은 2011년 스티브 잡스의 후임으로 애플 CEO에 취임한 이후 단순히 혁신적인 제품을 만드는 데 그치지 않고 지속 가능한 성장 구조를 구축했다. 그는 PxQ-C라는 경영의 본질을 누구보다 철저히 실천한 인물이다.

아이폰, 아이패드, 맥북 등 고마진 제품의 가격과 판매량을 정교하게 관리하며 매출을 극대화했고, 동시에 글로벌 공급망을 효율적으로 재편해 비용 구조를 지속적으로 개선했다. 그 결과 애플은 경쟁사 대비 압도적으로 높은 수익성을 안정적으로 유지할 수 있었다.

자본 배치 전략에서도 팀 쿡의 역량은 분명히 드러난다. 애플은 2012년부터 2025년까지 약 6,000억 달러(약 840조 원)를 자사주 매입과 소각에 투입하며 EPS를 꾸준히 끌어올렸다. 또한 2014년에는 비츠 일렉트로닉스(Beats Electronics)를 인수해 오디오와 스트리밍 서비스 영역으로 사업을 확장하며 애플 생태계를 강화했다. 이렇게 창출된 현금흐름은 다시 R&D와 자본 배치로 재투자되며 경쟁우위를 더욱 공고히 했다.

이러한 선순환 구조 속에서 애플의 주가는 2011년 이후 2025년까지 약 1,000% 이상 상승했고, 시가총액은 3조 달러(약 4,200조 원)를 돌파하며 세계 최대 기업 반열에 올랐다. 앱스토어(App Store), 아이클라우드(iCloud), 애플뮤직(Apple Music)으로 이어지는 애플 생태계는 고객 충성도

최고의 경영자

PxQ-C의 마술사
매출은 극대화! 비용은 최소화!
이것이 기본이지!
P(가격) x Q(판매량)
C(비용)
이익 극대화 균형

탁월한 자본 배치의 전략가
번 돈을 어디에 쓰느냐가 진짜 실력!
주주 환원과 현명한 인수!
주당 가치 (EPS) 급등!
시너지 M&A 성공!
자사주 매입/소각
저평가 우량기업

멈추지 않는 스노우볼 효과
경쟁력이 현금을 낳고,
현금이 다시 경쟁력을 키운다!
이것이 복리의 마법, 스노우볼!
경쟁우위 확보
안정적 현금흐름
재투자
압도적 기업가치

성공의 실증, 팀 쿡과 애플
혁신을 넘어,
지속 가능한 성장의
구조를 만들었습니다.
주가 1000% 상승
시총 3조 달러 돌파!
견고한 생태계 (아이폰, 서비스)
결국 투자자가 찾아야 할 위대한 경영자

를 높였고, 이는 안정적인 현금흐름과 지속적인 매출 성장으로 연결됐다.

팀 쿡은 단순히 혁신적인 제품을 만드는 경영자가 아니라 현금흐름을 만들고, 이를 올바르게 배치해 눈덩이를 굴릴 줄 아는 경영자다. 결국 우리가 주목해야 할 것은 단기 실적이나 유행에 휘둘리는 기업이 아니다. 경쟁우위를 공고히 하고, 현명한 자본 배치를 통해 스노볼을 굴릴 수 있는 경영자를 보유한 기업이야말로 중장기 투자에서 가장 강력한 무기가 된다.

4

적정 주가
산출 방법

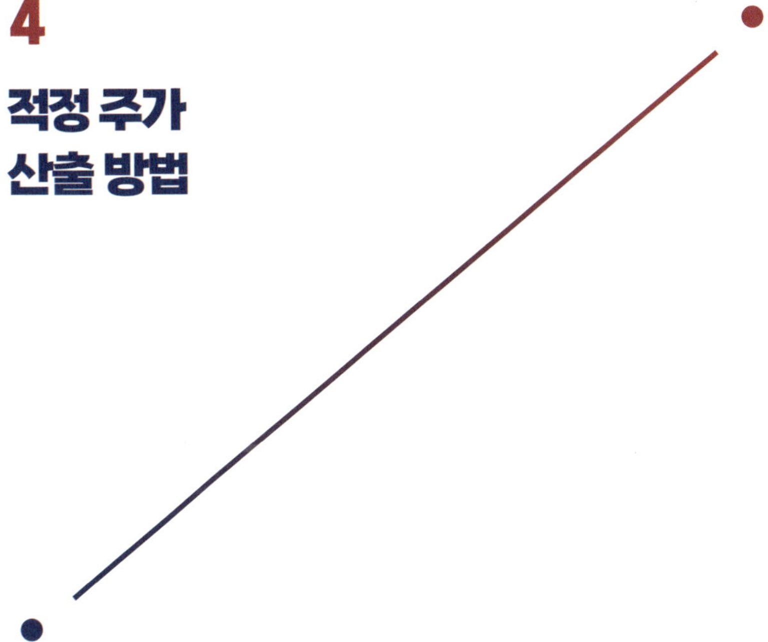

아무리 좋은 기업이라 하더라도, 그 자체로 곧바로 좋은 주식이 되는 것은 아니다. 고수들의 관점에서 좋은 주식이 되기 위해서는 반드시 한 가지 조건이 더 필요하다. 바로 좋은 기업이 저평가된 가격 구간에 위치해 있어야 한다는 점이다.

자동차로 예를 들어 보자. 벤츠는 분명 좋은 자동차다. 하지만 만약 벤츠 한 대의 가격이 10억 원이라면 아무리 성능이 뛰어나고 브랜드 가치가 높다 하더라도 선뜻 구매하려는 사람은 거의 없을 것이다. 이 사례가 말해 주는 핵심은 단순하다. 아무리 뛰어난 상품이라도 가격이 적절하지 않다면 거래 대상이 되기 어렵다는 것이다.

주식도 마찬가지다. 기업의 기술력, 시장 지위, 성장성, 경영진의 역량이 아무리 뛰어나더라도 이미 시장에서 그 가치를 과도하게 반영해 비싼 가격에 거래되고 있다면 그 주식은 더 이상 매력적인 투자 대상이 아니다. 반대로 시장의 오해나 일시적인 악재로 인해 기업의 본질적 가치보다 낮은 가격에서 거래되고 있다면 비로소 투자자는 유리한 위치에 서게 된다.

그래서 고수들은 항상 교집합을 찾는다. 좋은 기업이면서 동시에 좋은 가격에 거래되고 있는 상태, 즉 기업의 내재가치 대비 저평가 구간에 놓인 주식을 집요하게 추적한다. 이 교집합이야말로 중장기 투자에서 가장 강력한 출발점이다.

투자에 성공하고 싶다면 운이나 감에 기대기보다 철저한 분석을 통해 좋은 기업을 저평가된 가격에 매수하는 과정이 선행돼야 한다. 좋은 기업은 시간이 지나면 언젠가 시장에서 재평가받을 가능성이 높다. 하지만 그 과정에서 얼마에 사느냐에 따라 결과는 완전히 달라진다.

결국 좋은 가격은 좋은 기업을 좋은 주식으로 만들어 주는 마지막 퍼즐이다. 다음 단계에서는 내가 관심 있게 보고 있는 기업의 적정 주가는 얼마인지, 그리고 현재 주가가 그 적정 가치 대비 비싼지, 싼지를 가늠할 수 있는 구체적인 방법들을 하나씩 살펴보도록 하자.

기업의 적정 가치를 평가하는 방법은 다양하지만, 그중에서도 가장 널리 쓰이고 직관적인 지표가 바로 PER(Price to Earnings Ratio, 주가수익비율)이다. PER는 기업이 벌어들이는 이익 대비 현재 주가 수준을 보여 주는 지표로서 주가가 고평가되어 있는지, 저평가되어 있는지를 가늠하는 데 매우 유용하다.

개념은 단순하다. PER가 높을수록 시장이 그 기업의 이익에 대해 비싼 값을 지불하고 있다는 것이고, PER가 낮을수록 상대적으로 싼 가격에 거래되고 있다고 해석할 수 있다. PER의 계산식은 다음과 같다.

$$PER = \frac{주가(Price)}{주당\ 순이익(EPS, Earnings\ Per\ Share)}$$

이 공식이 어렵게 느껴진다고 해도 전혀 문제될 것은 없다. 실제로는 증권사 HTS, MTS나 네이버 금융에서 궁금한 종목을 검색하면 다음 화면과 같이 잘 정리된 PER 수치가 나온다. 이를 그대로 확인해 활용하면 된다. 계산 원리를 완벽히 이해하지 못해도 투자 판단에는 전혀 문제가 없다.

저PER 종목이 투자자에게 매력적인 이유는 분명하다. 낮은 리스크와 높은 잠재 수익을 동시에 기대할 수 있기 때문이다. PER는 단순히 숫자 하나로 끝나는 지표가 아니라 그 기업의 비즈니스 모델, 이익 성장률, 시장 트렌드, 과거 PER 수준, 그리고 산업 평균 PER 같은 여러 요소가 복합적으로 반영된 결과다.

특히 경험적으로 가장 중요한 요인은 비즈니스 모델의 질과 이익 성

네이버 증권에서 PER 수치 확인

기업실적분석

더보기▸

주요재무정보	최근 연간 실적				최근 분기 실적					
	2022.12	2023.12	2024.12	2025.12 (E)	2024.09	2024.12	2025.03	2025.06	2025.09	2025.12 (E)
	IFRS 연결	IFRS 연결	IFRS 연결	IFRS 연결	IFRS 연결	IFRS 연결	IFRS 연결	IFRS 연결	IFRS 연결	IFRS 연결
매출액(억원)	3,022,314	2,589,355	3,008,709	3,291,027	790,987	757,883	791,405	745,663	860,617	895,006
영업이익(억원)	433,766	65,670	327,260	401,605	91,834	64,927	66,853	46,761	121,661	167,122
당기순이익(억원)	556,541	154,871	344,514	398,255	101,009	77,544	82,229	51,164	122,257	156,220
영업이익률(%)	14.35	2.54	10.88	12.20	11.61	8.57	8.45	6.27	14.14	18.67
순이익률(%)	18.41	5.98	11.45	12.10	12.77	10.23	10.39	6.86	14.21	17.46
ROE(%)	17.07	4.15	9.03	9.53	8.79	9.03	9.24	7.95	8.37	
부채비율(%)	26.41	25.36	27.93		27.19	27.93	26.99	26.36	26.64	
당좌비율(%)	211.68	189.46	187.80		190.56	187.80	187.68	190.87	204.62	
유보율(%)	38,144.29	39,114.28	41,772.84		41,198.62	41,772.84	42,056.84	42,340.19	43,418.06	
EPS(원)	8,057	2,131	4,950	5,727	1,440	1,115	1,186	733	1,783	2,290
PER(배)	6.86	36.84	10.75	22.44	13.03	10.75	11.20	13.36	17.42	56.13
BPS(원)	50,817	52,002	57,981	63,204	55,376	57,981	59,059	58,135	60,632	63,204
PBR(배)	1.09	1.51	0.92	2.03	1.11	0.92	0.98	1.03	1.38	2.03
주당배당금(원)	1,444	1,444	1,446	1,527	361	363	365	367	370	
시가배당률(%)	2.61	1.84	2.72		0.59	0.68	0.63	0.61	0.44	
배당성향(%)	17.92	67.78	29.18		25.07	32.40	30.48	49.73	20.43	

장률이다. 기업이 안정적으로 이익을 늘려 간다면 시장은 자연스럽게 그 기업에 더 높은 PER를 부여하게 되고, 이는 곧 주가 상승으로 이어진다.

다만, 모든 기업이 영원히 높은 성장률을 유지할 수는 없다. 시간이 지나면 성장 속도는 둔화되고, 이때 시장은 해당 기업을 더 이상 성장주가 아닌 성숙 단계의 기업으로 재분류한다. 그 결과, PER는 점차 낮아지고 주가 역시 조정을 받게 된다. 그래서 고PER 상태에서의 투자는 항상 조심해야 한다. 성장성이 둔화되었음에도 불구하고 과도한 기대가 유지되는 고PER 기업은 결국 적정 PER 수준으로 수렴하며 주가 하락을 겪을 가능성이 높다.

정리하면, PER는 단순하지만 매우 강력한 투자 도구다. 특히 저PER 기업은 시장 기대치가 낮은 상태에서 출발하기 때문에 작은 변화만으로도 큰 재평가가 일어날 여지가 크다. 다만 PER 하나만으로 투자 결정을 내려서는 안 되며, 반드시 비즈니스 모델, 성장성, 산업 평균 PER와 함께 종합적으로 살펴봐야 한다.

CASE | LS ELECTRIC
- 저PER 종목의 8배 상승 사례

LS ELECTRIC은 전력설비와 스마트그리드 솔루션을 주력으로 하는 기업이다. 한동안 시장에서는 뚜렷한 성장주로 주목받지 못하며 저평가 상태에 머물러 있었다. 2020년부터 2022년까지 LS ELECTRIC의 PER는

6~7배 수준에 불과했다. 이는 코스피 평균 PER(약 10~12배)와 비교해도 낮은 편이었고, 글로벌 전력장비 업계 평균 PER(약 15~18배)에 비하면 명백히 저평가된 상태였다.

당시 글로벌 공급망 차질과 원자재 가격 상승으로 전력장비 업체 전반의 주가가 압박을 받았고, LS ELECTRIC 역시 단기적 우려 속에서 시장의 관심 밖에 놓여 있었다. 그러나 기업의 펀더멘털은 흔들리지 않았다. LS ELECTRIC은 스마트그리드, 전기차(EV) 충전 솔루션, 초고압 변압기, 그리고 AI 데이터센터용 전력 솔루션 등 여러 성장 동력을 이미 확보하고 있었다. 특히 북미와 유럽 시장에서의 수주 확대는 중장기 성장 가능성을 뒷받침하는 핵심 요소였다.

상황은 2023년부터 빠르게 달라지기 시작했다. AI 데이터센터 확산과 전기차 인프라 투자 증가로 초고압 변압기 수요가 급증했고, 실적이 가파르게 개선됐다. 2024년에는 부산 공장의 초고압 변압기 생산 능력을 2배로 확대하는 계획을 발표하며 글로벌 시장 공략에 본격적으로 나섰다. 이 과정에서 시장은 LS ELECTRIC을 다시 보기 시작했고, 저PER 상태에 머물던 주가는 재평가 국면에 진입했다. 결과적으로 2022년 4만 원대였던 주가는 2025년 약 32만 원까지 상승하며 무려 8배 이상의 수익을 기록했다.

이 사례는 명확한 메시지를 준다. 강력한 비즈니스 모델과 구조적 성장 트렌드를 가진 기업이라면 저PER 구간은 위험이 아니라 기회가 될 수 있다는 점이다. LS ELECTRIC의 사례는 PER가 단순한 숫자가 아니라 시

장의 오해와 기대 수준을 동시에 읽을 수 있는 강력한 가치 판단 도구임

을 분명히 보여 준다.

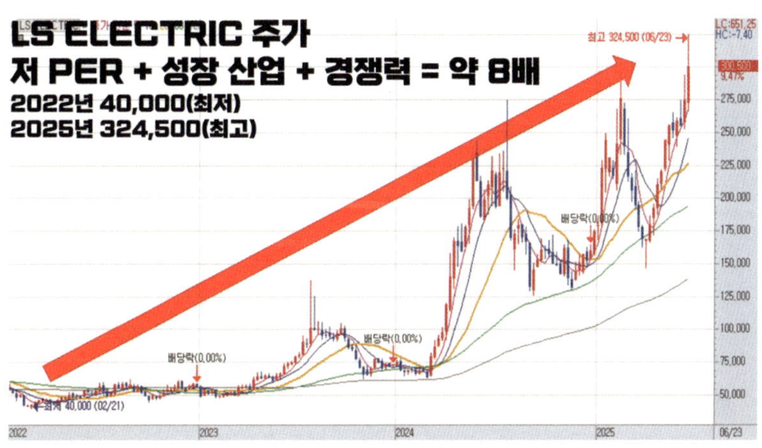

LS ELECTRIC의 2022~25년 차트

5
주가 지지구간과 저항구간 파악하기

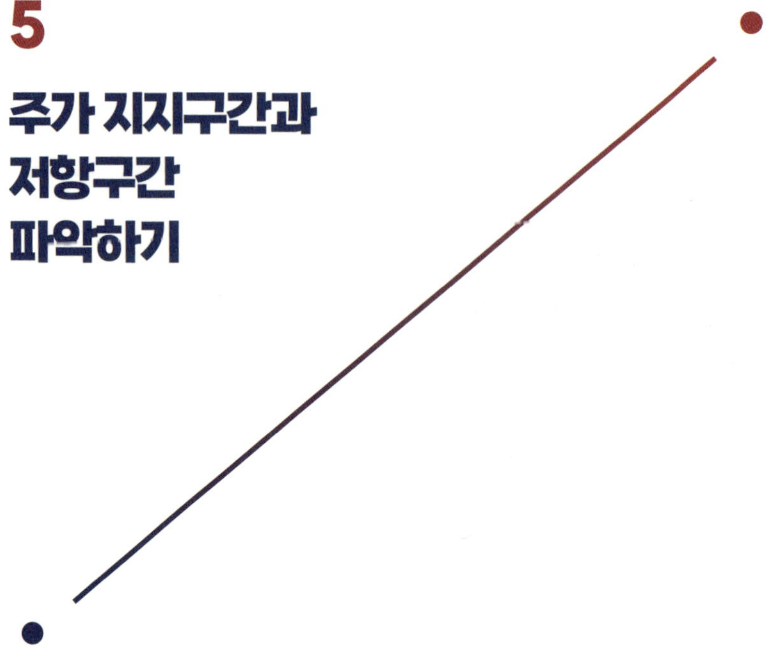

PER(주가수익비율)는 기업가치를 평가할 때 가장 널리 사용되는 지표이지만, 한계 역시 분명하다. PER 계산에 사용되는 순이익은 영업외손익과 같은 일회성 요인의 영향을 받을 수 있어 기업의 지속 가능한 이익 창출 능력을 온전히 반영하지 못할 수 있다. 또한 PER는 기업이 보유한 자산 규모와 재무 안정성을 충분히 고려하지 못한다는 약점도 갖고 있다.

이러한 한계를 보완하기 위해서는 수익가치와 자산가치를 함께 고려하는 접근이 필요하다. 이 방식을 활용하면 주가의 상방 저항선(천장)과

하방 지지선(바닥)을 보다 현실적으로 가늠할 수 있다. 이해를 돕기 위해 대한민국 대표 완성차 기업인 현대차를 예로 들어 설명해 보겠다.

수익가치를 통한 상방 저항선(천장) 계산

수익가치는 연간 순이익 × 적정 PER로 산출한다. 이는 "이 기업이 벌어들이는 이익에 대해 시장이 어느 정도의 가격을 허용할 수 있는가?"를 판단하는 방식이다.

현대차의 최근 연간 순이익을 약 12조 원, 발행주식 수를 약 2억 1,000만 주로 가정해 보자.

보수적 PER(5배)

시가총액 : 12조 원 × 5 = 60조 원

주가 환산 : 60조 원 ÷ 2.1억 주 ≒ 약 28만 원

현재 수준 PER(6배)

시가총액 : 12조 원 × 6 = 72조 원

주가 환산 : 72조 원 ÷ 2.1억 주 ≒ 약 34만 원

낙관적 PER(8배)

시가총액 : 12조 원 × 8 = 96조 원

주가 환산 : 96조 원 ÷ 2.1억 주 ≒ 약 46만 원

이 계산을 통해 보면, 수익가치 기준 현대차의 주가 범위는 대략 28만
~46만 원으로 추정할 수 있다. 이 구간이 PER만으로 추정했을 때 주가의
천장 후보가 된다.

자산가치를 통한 하방 지지선(바닥) 계산

다음은 자산가치다. 자산가치는 기업이 보유한 현금, 부동산, 설비,
투자자산, 자회사 지분 등 실질적인 방어력을 의미한다. 현대차는 완성
차 기업 중에서도 재무 구조가 매우 탄탄한 편에 속한다. 최근 기준 현금
및 현금성 자산만 약 20조 원 이상을 보유하고 있다. 이를 주가로 환산하
면 다음과 같다.

자산가치 기준 시가총액 : 약 20조 원
주가 환산 : 20조 원 ÷ 2.1억 주 ≒ 약 9만 원

이는 극단적인 상황에서도 주가가 장기간 이 수준 이하로 머물 가능성
이 낮다는 의미다. 자산가치는 주가 하락 국면에서 중요한 심리적·재무적
하방 지지선 역할을 한다.

수익가치 + 자산가치를 결합한 적정 주가 범위

이제 수익가치와 자산가치를 결합해 보자. 이 방식은 단순히 "비싸다, 싸다."가 아니라 어디까지 열려 있고, 어디까지 막혀 있는지를 보여 준다.

보수적 평가

60조 원 + 20조 원 = 80조 원

주가 환산 : 80조 원 ÷ 2.1억 주 ≒ 약 38만 원

현재 기준 평가

72조 원 + 20조 원 = 92조 원

주가 환산 : 92조 원 ÷ 2.1억 주 ≒ 약 44만 원

낙관적 평가

96조 원 + 20조 원 = 116조 원

주가 환산 : 116조 원 ÷ 2.1억 주 ≒ 약 55만 원

이를 종합하면, 현대차의 주가가 30만 원 초·중반 이하 구간에 위치해 있다면 하방 리스크 대비 상방 여력이 충분한 저평가 영역으로 해석할 수 있다. 반대로 50만 원 이상 구간에 근접한다면 이미 시장의 기대가 상당 부분 반영된 구간이므로 신규 매수는 신중할 필요가 있다.

PER 하나만으로 적정주가를 판단하는 것은 위험하다. 하지만 수익가

치로 천장을 설정하고, 자산가치로 바닥을 확인한 뒤 주가로 환산하는 과정을 거치면 중장기 투자자는 훨씬 안정적인 판단 기준을 가질 수 있다. 이 방식은 "오를까, 떨어질까?"를 맞히는 접근이 아니라 확률이 내 편인 가격대에서만 행동하게 만드는 구조다. 중장기 투자에서 적정 가치를 계산하는 이유는 바로 여기에 있다.

6
실패하지 않는 종목 선별 꿀팁

PER 5 이하 저평가 종목 찾기

PER는 시장의 기대가 얼마나 주가에 반영되어 있는지를 보여 주는 지표다. 정의는 간단하다. PER는 시가총액을 순이익으로 나눈 값이며, PER가 낮을수록 시장의 기대가 적게 반영된 상태, 즉 저평가 상태일 가능성이 높다고 판단한다.

주식이 저평가되는 이유는 생각보다 단순하다. 대부분 다음과 같은 상황에서 발생한다.

- 시장 전체의 급락

- 인기 업종에 수급이 쏠리며 나타나는 소외

- 특정 기업이나 산업에 대한 오해와 편견

- 기업의 일시적인 실적 부진

- 언론에 오르내릴 정도의 구설수

한마디로 말하면 저평가는 인간의 감정에서 비롯한다. 공포, 탐욕, 질투, 과민반응, 무지, 무관심, 왜곡, 게으름, 조바심. 인간의 본성이 바뀌지 않는 한 저평가 주식은 언제나 존재할 수밖에 없다. 그렇다면 실제로 투자자가 가장 궁금해하는 질문이 남는다. "도대체 PER가 몇이어야 저평가라고 볼 수 있을까?" 이를 가장 쉽게 이해하는 방법은 PER를 거꾸로 뒤집어 생각하는 것이다. PER를 역수로 바꾸면, 대략적인 추정 수익률(Yield)로 해석할 수 있다.

- PER 50 → 약 2%

- PER 10 → 약 10%

- PER 5 → 약 20%

이렇게 생각하면 다른 투자자산과 비교가 가능해진다. 예를 들어, 은행 예금 이자가 연 4%, 건물 임대수익률이 5%라면 PER 10짜리 주식은 연 10% 수익률을 기대할 수 있으니 상대적으로 매력적인 자산이다. 반대로 PER 50짜리 주식은 기대수익률이 2%에 불과하므로 예금보다도 못한 선택이 될 수 있다. 즉 PER가 낮을수록 기대수익률이 높아지고 투자 매력이 커진다.

PER는 상대평가에도 활용할 수 있다. 예를 들어, 시장 전체 PER가 12이고, 해당 산업 평균 PER가 20인데 특정 기업의 PER가 15라면, 시장 전체 기준에서는 비싸 보이지만 산업 내에서는 저평가라고 해석할 수도 있다. 다만 이 방식은 시장이나 특정 산업에 투기 광풍이 불 때는 무력해질 수 있다. 따라서 상대 PER 비교는 어디까지나 보조 지표로 활용해야 한다.

PER는 또 다른 방식으로 해석할 수도 있다. 바로 원금 회수 기간이다. 시가총액 1,000억 원인 회사가 연간 200억 원의 순이익을 낸다면, 이론적으로 회사 전체를 샀을 때 5년이면 원금을 회수할 수 있다. 이것이 바로 PER 5의 의미다. 경험적으로 말하자면, 기업 이익이 유지 또는 증가한다는 전제 하에 PER 5배 이하는 명확한 저평가 구간으로 판단해도 큰 무리는 없었다. 연 20%에 해당하는 수익률은 채권 시장에서도 보기 드물고, 주식 시장 전체 PER가 이 수준까지 내려오는 경우 역시 매우 드물기 때문이다.

여기서 반드시 짚고 넘어가야 할 점이 하나 더 있다. 저PER 종목을 찾는 것만큼이나 고PER 종목을 피하는 것이 중요하다는 사실이다. PER가 지나치게 높다는 것은 시장의 기대가 이미 극단적으로 반영된 상태라는 뜻이다. 이런 상황에서는 미래 전망이 조금만 어긋나도 주가가 처참하게 무너질 수 있다. 현명한 투자자는 어린이날 놀이공원에 가지 않고, 벚꽃 축제 날 여의도에 가지 않는다.

가장 좋은 투자 대상은 역설적으로 복잡한 밸류에이션 계산이 필요 없을 정도로 딱 봐도 지나치게 싼 종목이다. 날씬한 사람을 찾을 때 굳이 체

PER 5 이하 저평가 종목 찾기

중계 숫자를 보지 않아도 한눈에 알 수 있듯, 주식 역시 "이건 싸다."는 느낌이 드는 구간이 존재한다. 주식 시장은 모두가 흥분해서 달려드는 주식에 프리미엄이 붙는다. 일종의 오락세다. 반대로 아무도 쳐다보지 않는 따분한 주식에는 할인이 붙는다. 그리고 투자의 성과는 대부분 이 할인 구간에서 결정된다. 투자의 대가 랄프 웬저는 "주식 시장은 모두가 좋아하는 주식에 프리미엄을 붙이고, 아무도 관심 없는 주식에는 할인을 적용한다. 현명한 투자자는 항상 할인 코너에 있다."라고 말했다.

저PER + 반등 시작한 ROE

앞서 저PER 종목을 통해 저평가 종목을 찾는 방법을 살펴봤다. 다만 반드시 명심해야 할 점이 있다. 저PER 스크리닝은 저평가 우량주 발굴의 출발점일 뿐 결론이 아니라는 사실이다.

시장의 기대가 낮다는 이유만으로 주가가 싸게 형성된 것인지, 아니면 기업의 체력이 실제로 무너졌기 때문에 합당한 평가를 받고 있는 것인지는 반드시 추가 분석을 통해 구분해야 한다.

실제로 저PER 종목 대부분은 매수로 이어지지 않는다. 저PER에는 저PER일 만한 이유가 있는 경우가 훨씬 많기 때문이다. 더 중요한 사실은, 저PER가 저저PER로 내려갈 수 있다는 현실이다. 싼 주식은 더 싸질 수 있다. 그렇다면 저PER 종목 중에서도 단순한 '싸구려 주식'이 아니라 앞으로 대반등을 시작할 저평가 우량주는 어떻게 구별해야 할까?

반등하는 저평가 우량주

그냥 싼 게 비지떡일 수도...
단순 저PER (함정?)
ROE 반등 저PER (기회!)

느림 (지상)
지상에선 느린 거북이, 물 만나면 빠르다!
반등 시작!
ROE
빠름 (물속)

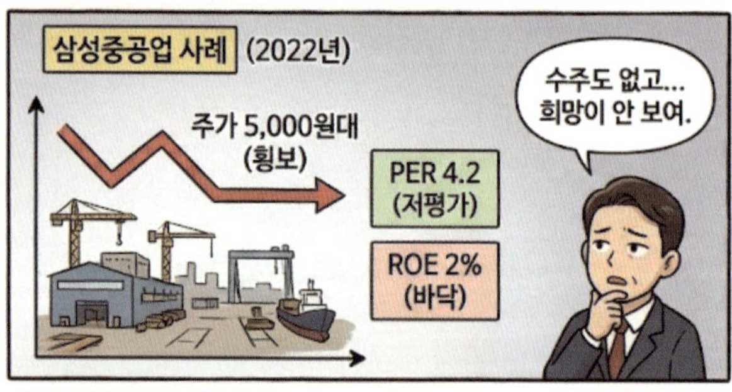

삼성중공업 사례 (2022년)
주가 5,000원대 (횡보)
PER 4.2 (저평가)
ROE 2% (바닥)
수주도 없고... 희망이 안 보여.

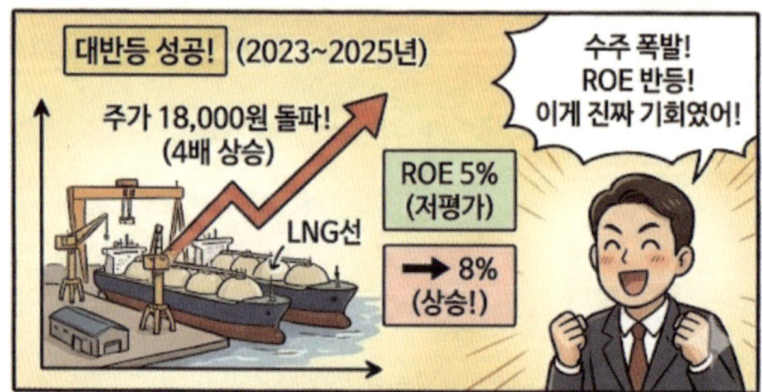

대반등 성공! (2023~2025년)
주가 18,000원 돌파! (4배 상승)
LNG선
ROE 5% (저평가)
→ 8% (상승!)
수주 폭발! ROE 반등! 이게 진짜 기회였어!

가장 명확한 힌트는 ROE(자기자본이익률)의 추세 변화다. 구체적으로 말해, PER 5 이하의 저평가 상태에서 ROE가 바닥을 찍고 반등하기 시작하는 종목이다.

지상에서는 느리던 거북이도 물에 들어가면 빠르게 움직일 수 있듯, 저PER 주식 역시 ROE의 방향이 바닥에서 위로 돌아서는 순간 생각보다 훨씬 빠르게 주가가 재평가되기 시작한다. 이 조건을 충족하며 실제로 대반등에 성공한 대표적 사례가 바로 삼성중공업이다.

2022년 당시 삼성중공업은 조선업 전반의 수주 부진과 높은 고정비 부담으로 실적 침체에 빠져 있었다. PER는 약 4.2배 수준으로 코스피 평균(약 12배)의 절반 이하였고, ROE는 2% 안팎에 머물며 산업 평균 대비 크게 낮은 상태였다. 시장은 삼성중공업의 수익성 회복 가능성을 낮게 평가했고, 주가는 5,000원대 초반에서 장기간 정체돼 있었다.

그러나 2023년을 기점으로 흐름이 바뀌기 시작했다. 글로벌 조선업이 회복 국면에 진입하며 선박 발주량이 본격적으로 증가했고, 특히 LNG선과 암모니아 운반선 같은 고부가가치 선박 수요가 급증했다. 삼성중공업은 기술력과 생산 역량을 바탕으로 이 수요를 선점했고, 수주잔고가 빠르게 늘어나며 실적 개선의 신호가 나타나기 시작했다. 그 결과 ROE는 2023년 약 5% 수준으로 반등했고, 2024년에는 8% 안팎까지 상승한 것으로 추정된다. 이는 산업 평균 ROE를 웃도는 수치로 수익 구조가 본격적으로 정상화 단계에 진입했음을 보여 주는 지표였다.

ROE의 반등은 곧바로 주가에 반영됐다. 2022년 5,000원대 초반에 머물던 주가는 2023년 9,000원대로 올라섰고, 2024년에는 1만 2,000원을 돌파했으며, 2025년에는 결국 1만 8,000원대까지 상승했다. 약 4년 만에 주가가 4배 이상 오른 셈이다. 이 사례가 말해 주는 핵심은 분명하다. 중요한 것은 PER가 낮다는 사실 그 자체가 아니라 낮아진 기대가 실적 회복이라는 신호로 전환되는 시점이다. 즉 저PER 구간에서 ROE가 바닥을 다지고 다시 올라서기 시작하는 흐름을 포착할 수 있다면 시장은 아직 눈치채지 못한 상태에서 투자자는 한 발 앞서 수익의 출발선에 설 수 있다.

삼성중공업은 저평가 구간에서의 ROE 반등이 어떻게 주가 재평가로 이어지는지를 보여 주는 전형적인 사례다. 저PER라는 조건 위에 ROE 추세 변화라는 확증이 더해질 때 저평가 우량주는 비로소 '기회'가 된다.

삼성중공업의 2022~25년 차트

고배당주

좋은 주식을 발굴할 때 개인 투자자가 가장 쉽게 활용할 수 있는 지표 중 하나가 바로 배당수익률이다. 공식으로 표현하면 다음과 같다.

$$\text{배당수익률} = \frac{\text{주당 배당금}}{\text{주가}} \times 100$$

예를 들어, 배당수익률이 8%라면 주가 1만 원인 주식을 보유할 경우 매년 주당 800원을 배당으로 받는다는 것이다. 즉 투자금의 8%를 매년 현금으로 회수한다는 의미다.

이 지표가 중요한 이유는 명확하다. 우리가 어떤 주식에 투자하든 1년 뒤 주가가 오를지 내릴지는 누구도 확언할 수 없다. 하지만 배당은 비교적 높은 확률로 예측이 가능하다. 주가가 일시적으로 하락하더라도 배당수익률 8%라면 매년 8%의 현금 수익을 확보할 수 있기 때문이다.

만약 배당수익률이 은행 예금이나 채권 이자율보다 높다면 그 자체로 투자 가치는 충분히 검토할 만하다. 더 나아가 배당을 꾸준히 지급하는 기업이라면 안정적인 현금흐름을 갖춘 기업일 가능성이 높고, 경영진이 주주 환원을 중요하게 생각하는 주주친화적 기업일 확률도 커진다. 즉 배당수익률이라는 하나의 지표만으로도 다음 요소들을 동시에 가늠해 볼 수 있다.

- 현금흐름의 안정성
- 기업의 재무 여력

- 주주환원 의지

- 주가 저평가 가능성

시간과 전문성이 제한된 개인 투자자에게 배당수익률은 매우 효율적인 필터다.

기준이 실제로 어떻게 작동하는지는 KB금융지주 사례를 통해 분명히 확인할 수 있다. KB금융은 은행·보험·증권 등 다양한 금융 사업을 영위하는 국내 대표 금융지주사다. 2022년 당시 KB금융의 주가는 약 4만 3,000원 수준에 머물러 있었지만, 이후 꾸준한 우상향 흐름을 보이며 2025년 기준 11만 4,000원까지 상승했다. 약 3배에 가까운 주가 상승으로 고배당주가 반드시 느린 주식이라는 통념을 깨는 사례였다. 배당 측면에서도 KB금융의 매력은 분명했다. 2024년 기준 주당 배당금은 3,060원, 이를 기준으로 한 배당수익률은 약 4.5% 수준이었다. 이는 웬만한 정기예금 금리를 상회하는 수치로 주가 변동과 무관하게 현금 수익을 기대할 수 있는 구조였다.

여기에 더해 KB금융은 꾸준히 자사주 매입과 소각을 병행해 왔다. 이는 유통 주식 수를 줄여 주당 가치를 높이는 방식으로, 장기 보유자에게는 배당 이상의 추가 수익 효과를 제공한다. 이러한 주주환원 정책은 시장 신뢰도를 높였고, 자연스럽게 ROE(자기자본이익률) 개선으로 이어졌다. 실제로 2024년 ROE는 10%를 상회하며, 과거 6~8% 수준에서 한 단계 올라선 수익성을 보여 줬다.

이 흐름은 정부의 금융 밸류업 정책과도 맞물렸다. 금융지주사에 대한 주주환원 압박, 구조 개선 유도 정책이 더해지며 외국인과 기관 자금이 동시에 유입됐고, KB금융은 주가·배당·수익성의 삼각 상승 구조를 완성하게 됐다.

결국 KB금융은 단순한 고배당주가 아니다. 고배당을 출발점으로 삼아 주주환원 정책과 ROE 개선을 통해 시장의 재평가를 이끌어 낸 종합형 우량 고배당주 사례다. 이 사례가 보여 주는 메시지는 분명하다. 배당수익률은 단순히 '배당 많이 주는 주식'을 고르는 지표가 아니다. 하방을 지켜주는 안전장치이자 장기적으로는 주가 재평가의 출발점이 될 수 있는 강력한 무기다.

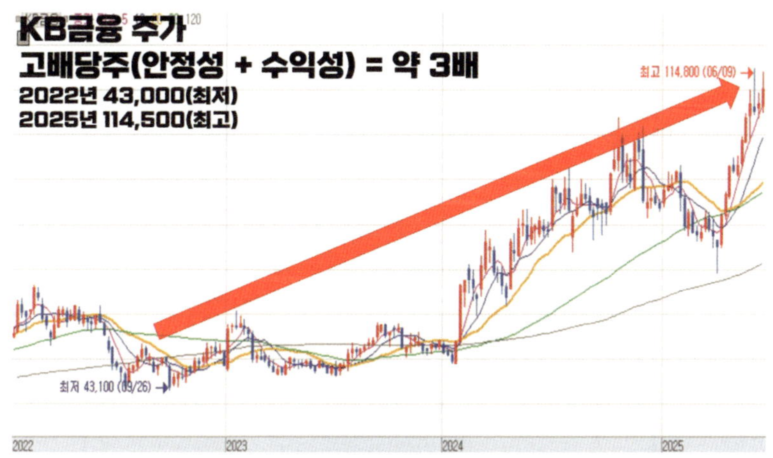
KB금융의 2022~25년 차트

확실한 현금 흐름, 배당수익률!
배당수익률 (8%)
주가 변동해도 매년 현금 받는다!
주가 변동해도 매년 현금 받는다!
배당금
배당수익률 = 주당 배당금 ÷ 주가 × 100

예금 금리 뛰어넘는 매력
고배당주 (8%)
예금 4%
은행 이자보다 높다!

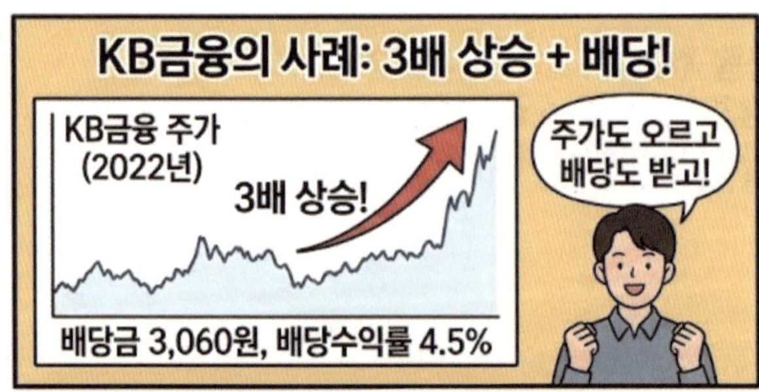
KB금융의 사례: 3배 상승 + 배당!
KB금융 주가 (2022년)
3배 상승!
주가도 오르고 배당도 받고!
배당금 3,060원, 배당수익률 4.5%

밸류업 정책의 날개를 달다!
자사주 소각 (주주환원)
KB금융
정부 밸류업 정책 (호재)
ROE 상승 (수익성 개선)
외국인/기관 매수세
고배당을 넘어 종합 우량주로 재평가!

실패 확률을 낮추는 중장기 투자 종목 선별 체크리스트

다음 항목은 앞서 언급한 저PER, 반등 시작한 ROE, 고배당주 등 중장기적으로 실패하지 않을 확률을 높일 수 있는 종목들을 찾을 수 있는 조건 리스트다. 모든 항목을 완벽히 충족할 필요는 없지만 많이 겹칠수록 성공 확률은 기하급수적으로 높아진다.

저PER 구간에 위치해 있는가?

☐ PER 5 이하에 근접하거나 최소한 시장 평균 대비 현저히 낮은 수준인가?

☐ PER를 역으로 환산했을 때 추정 수익률이 예·적금, 채권 수익률을 충분히 상회하는가?

☐ 일시적 악재, 업황 침체, 수급 소외 등으로 과도한 할인 상태에 놓여 있지는 않은가?

☐ '싸 보이는 이유'가 구조적 붕괴가 아닌 일시적 오해나 공포에 기인한 것은 아닌가?

→ 저PER는 출발선이지 결론이 아니다.

ROE가 바닥을 찍고 반등하는 흐름인가?

☐ ROE가 장기간 하락 추세가 아니라 바닥 형성 후 반등을 시작했는가?

☐ 적자→흑자 전환, 혹은 수익성 회복의 명확한 근거가 존재하는가?

☐ ROE 반등이 일회성이 아닌 수주, 실적, 업황 개선과 연결돼 있는가?

☐ ROE 개선 속도가 부채 증가에 따른 착시가 아닌 실질 수익성 개선인가?

→ 저PER + ROE 반등이 겹치는 순간 주가는 가장 빠르게 반응한다.

배당수익률이 충분히 높은가?

☐ 배당수익률이 예금, 채권 금리를 상회하는 수준인가?

☐ 배당이 일회성이 아니라 지속 가능하고 반복 가능한 구조인가?

☐ 배당성향이 무리하지 않고 현금흐름 범위 내에서 지급되고 있는가?

☐ 자사주 매입, 소각 등 추가적인 주주환원 정책이 병행되고 있는가?

→ 배당은 주가가 움직이지 않아도 버틸 수 있게 해 주는 시간의 완충장치다.

저평가 + 안정성 + 반등 트리거가 함께 존재하는가?

☐ 단순히 싼 주식이 아니라 회복의 방향성이 분명한가?

☐ 업황, 정책, 수주, 실적 중 하나 이상의 반등 트리거가 확인되는가?

☐ "왜 이 기업이 다시 평가받을 수 있는지?"를 한 문장으로 설명할 수 있는가?

→ 싸기만 한 주식은 함정일 수 있지만 싸면서 좋아질 이유가 있으면 기회다.

최종 점검 질문(스스로에게 던져 볼 것)

☐ 이 종목은 지금 안 사도 남들이 관심 가질 종목인가, 아니면 아무
도 안 보는 종목인가?

☐ 주가가 당분간 오르지 않아도 배당, 현금흐름으로 버틸 수 있는가?

☐ 악재가 더 나와도 이미 상당 부분 주가에 반영됐다고 볼 수 있는가?

☐ 이 종목이 실패한다면 그 이유는 구조적인 붕괴인가, 단기 변수인가?

저PER로 안전마진을 확보하고, ROE 반등으로 방향성을 확인하며, 고
배당으로 시간을 내 편으로 만들 것. 이 3가지가 동시에 겹치는 종목은 빠
르진 않아도 끝까지 살아남을 확률이 가장 높은 주식이다.

CHAPTER 5

실전 중장기 투자 체득하기

아이디어를 돈으로 바꾸는 과정

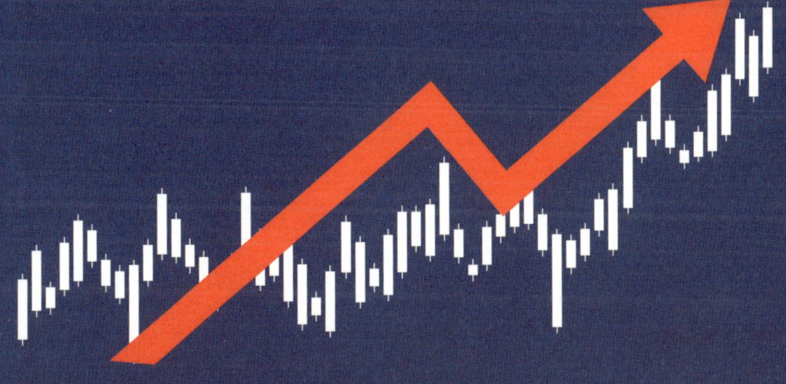

1

종목을
발굴하는 방법

가치 투자에 적합한 좋은 종목 선별 기준을 마련했다면, 이제 그 기준에 부합하는 종목을 실제로 찾아내는 방법을 배울 차례다. 종목 발굴은 마치 연예 기획사의 스카우트 매니저가 장차 스타가 될 원석을 캐스팅하는 과정과 유사하다. 스카우트 매니저들은 이미 화려한 스포트라이트를 받으며 잘나가고 있는 톱스타가 아니라 아직 대중의 눈에 띄지 않았지만 잠재력을 지닌 인재를 찾는다. 길거리에서 가능성 있는 연습생을 발견하거나, 실력은 충분하지만 운이 따르지 않아 주목받지 못한 인물을 눈여겨본다.

만약 남들이 알아보기 전에 원석을 먼저 알아본다면 어떻게 될까? 스타가 되기 전에 낮은 조건으로 계약할 수 있다. 한때 잘나갔지만 슬럼프를 겪고 있는 연예인이 다시 실력을 회복하기 시작했다면 재도약의 순간에 함께할 수 있다. 실력 대비 저평가된 아티스트를 합리적인 조건으로 영입할 수 있다면 그 가치는 시간이 지나며 자연스럽게 올라간다.

주식 투자도 다르지 않다. 지금 당장은 시장의 관심에서 멀어져 있지만 앞으로 빛을 볼 가능성이 있는 기업을 먼저 알아보는 것이야말로 투자자의 진짜 안목이다. 이미 모두가 좋다고 말하는 종목을 따라 사는 것은 투자라기보다 추종에 가깝다. 반면에 남들보다 한 발 앞서 저평가 우량주를 찾아내는 일은 시간이 지날수록 확률이 내 편으로 기울어지는 선택이다.

다만 반드시 짚고 넘어가야 할 점이 있다. 아무리 좋은 종목이라 하더라도 스스로 분석해 발굴한 종목이 아니라면 하락장이 찾아왔을 때 끝까지 보유하기 어렵다는 사실이다. 누군가 추천해 준 종목, 고수나 전문가가 좋다고 말한 종목은 상승할 때는 편하지만 조정이 시작되는 순간 불안이 커진다. 왜 이 종목을 샀는지 스스로 납득하지 못하기 때문이다. 확신 없는 보유는 작은 하락에도 공포를 키우고 결국 가장 나쁜 타이밍에 손을 놓게 만든다.

그래서 종목 발굴은 단순히 '무엇을 살 것인가?'를 정하는 과정이 아니다. 하락을 견딜 수 있는 근거를 스스로에게 만들어 주는 과정이다. 내가 직접 찾고, 내가 직접 납득한 종목만이 시장의 변덕 앞에서도 흔들리지

종목 발굴

연예 기획사 스카우트(투자자)
당신은...
미래의 스타?!
원석 같은 연습생(저평가 기업)
남들이 모르는 원석 발굴!

슬럼프 겪는 연예인(기업)
다시...
날아오를 수
있을까?
슬럼프를 딛고 재도약하는 순간 포착!

실력 대비 저평가...
훌륭한 계약이야!
저평가 계약
낮은 가격에 가치 있는 기업 영입!

스스로 발굴한 종목
내가 찾은 보석이니까...
믿고 버틴다!
스스로 발굴해야 하락장도 견딘다!

않는다. 지금부터 살펴볼 종목 발굴 방법들은 단기적인 테마 추격이 아니라 이런 확신을 쌓아 가기 위한 실전적인 도구들이다. 그 도구들을 하나씩 살펴보며 실제로 시장에서 저평가된 원석을 어떻게 찾아낼 수 있는지 구체적으로 알아보겠다.

2

투자 아이디어를
찾는 방법

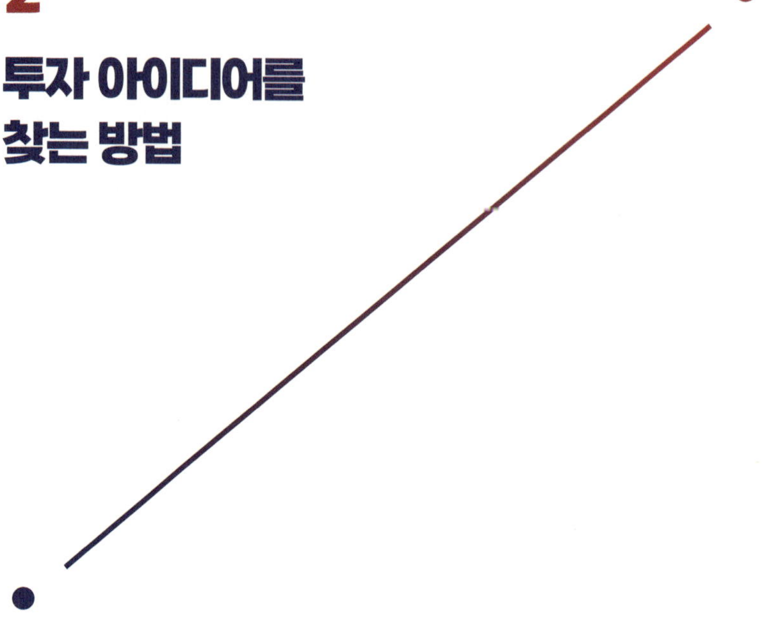

종목 발굴은 결국 투자 아이디어를 찾는 일에서 시작한다. 투자 아이디어를 떠올리는 과정은 작가가 이야기의 소재를 발견하거나, 작곡가가 악상을 떠올리는 과정과 유사하다. 갑자기 하늘에서 뚝 떨어지는 영감이라기보다는 평소 꾸준히 관찰하고 기록하며 쌓아 온 재료들이 어느 순간 연결되면서 만들어지는 경우가 대부분이다.

주식 투자 역시 마찬가지다. 특별한 비법이 따로 있는 것이 아니라 반복적으로 활용할 수 있는 몇 가지 도구를 얼마나 성실하게 들여다보느냐의 문제다. 개인 투자자가 현실적으로 활용할 수 있는 대표적인 투자 아이디어의 출처는 다음과 같다.

공시

공시는 제도적으로 모든 투자자가 동일한 조건에서 확인할 수 있는 정보다. 실적, 내부자 매매동향, 자기주식 취득, 자산 양수도, 증자, 대규모 수주 계약, 지분 변동 등 기업에 발생한 중요한 변화들이 담겨 있다.

한국의 전자공시시스템(DART)은 내용의 충실도와 접근성 측면에서 세계적으로도 수준이 높은 편이다. 활용법만 익힌다면 개인 투자자에게 매우 강력한 무기가 된다.

가장 기본은 정기적으로 발표되는 재무제표다. 감사보고서, 사업보고서, 분기보고서를 통해 실적의 흐름을 확인하는 것만으로도 상당수의 투자 아이디어를 얻을 수 있다. "최고의 테마는 실적"이라는 말처럼 실적이 꾸준히 개선되고 있는 기업은 언제든 시장의 관심 대상이 될 수 있다.

투자 아이디어로 바로 연결하기 쉬운 공시 중 하나는 내부자 매매동향이다. 회사의 상황을 가장 잘 아는 경영진이나 대주주가 자신의 돈으로 주식을 매수했다는 사실은 그 자체로 저평가에 대한 강력한 신호일 가능성이 높다. 자기주식 취득 역시 비슷한 의미를 가진다. 여기에 소각까지 병행된다면 더욱 긍정적이다.

특히 개인 재산이나 연봉 대비 유의미한 규모의 내부자 매수, 또는 시가총액 대비 비중이 큰 자사주 매입은 투자 아이디어로서 무게가 실린다. 타법인 주식 양수, 대규모 자산 취득이나 인수합병 공시 역시 마찬가지다.

　실제 사례를 보자. 코로나19 팬데믹이 한창이던 2020년 3월 26일, 현대차 정의선 회장이 자사주 13만 9,000주를 매수했다는 공시가 발표됐다. 평균 매수 단가는 약 6만 8,000원대로 당시 주가의 거의 최저점 구간이었다. 이후 이틀 동안 총 58만 1,333주를 추가로 매수했는데, 금액으로는 약 406억 원에 달했다. 대주주라 하더라도 개인 차원에서는 결코 가볍지 않은 규모였다. 이는 회사에 대한 강한 자신감과 주가 저점 신호로 해석할 수 있는 행동이었다. 이후 주가는 장기적인 상승 흐름에 진입했다.

현대차의 2020년 1월 ～ 2021년 3월 차트

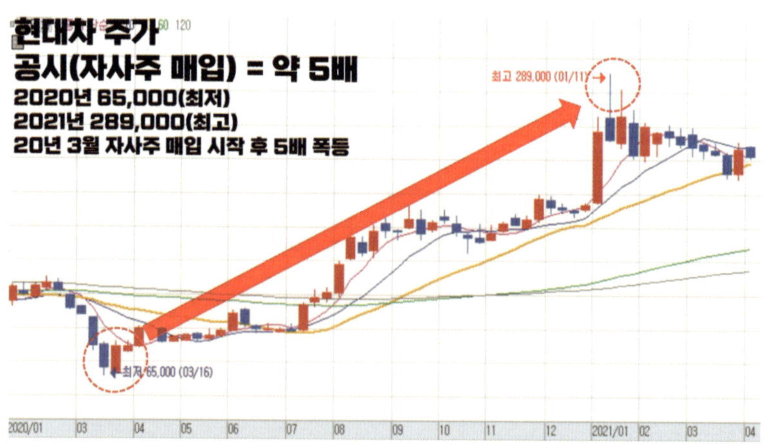

각종 보고서

요즘은 증권사 애널리스트들이 작성한 보고서가 매일같이 쏟아진다. 종목 보고서를 꾸준히 읽다 보면, 개별 기업의 상황뿐 아니라 산업과 경기의 흐름까지 자연스럽게 파악할 수 있다는 장점이 있다. 거시경제 지표 몇 개만으로 전체 흐름을 읽기 어렵다면 보고서를 통한 간접 접근도 충분히 유효한 방법이다.

다만 반드시 명심해야 할 점이 있다. 증권사 리포트를 그대로 믿어서는 안 된다는 것이다. 실제로 특정 연도의 통계를 보면, 매수 의견 비중이 80%를 넘고 매도 의견은 거의 존재하지 않는 경우가 많다. 이는 기업 고객을 상대해야 하는 증권사의 수익 구조와 영업 관행에서 비롯한 현실이다.

이 사실을 잘 알고 있는 슈퍼개미들은 리포트를 다음과 같은 방식으로 활용한다.

- 미래가 기대되는 종목 → 아직 투자 시점이 아닐 수도 있다.
- 성장을 시작한 종목 → 아직 갈 길이 멀 수 있다.
- 중립 의견 → 사실상 매도 신호로 해석한다.
- 제시된 내용이 사실(데이터)인지, 의견(전망)인지 구분한다.
- 여러 증권사의 목표주가와 전망을 비교한다.
- 이전까지 리포트가 거의 없던 종목이 새롭게 다뤄졌다면 관심 신호로 본다.

결론적으로 증권사 리포트는 맹신의 대상이 아니라 행간을 읽고 투자

타이밍을 가늠하는 참고 자료로 활용해야 한다.

스크리닝(Screening)

스크리닝은 숫자를 활용해 투자 아이디어를 찾는 방법이다. 매출 성장률, 영업이익 성장률, ROE, PER, PBR, 시가배당률 등 다양한 지표를 기준으로 내가 원하는 조건을 충족하는 종목을 한 번에 걸러낸다. 대부분의 증권사 트레이딩 시스템에는 스크리닝 기능이 기본으로 탑재되어 있으며, 계좌만 있다면 무료로 사용할 수 있다. 시간과 체력이 부족한 개인 투자자일수록 스크리닝은 반드시 익혀야 할 도구다.

정기간행물, 인적 네트워크, 기업탐방, SNS 등

이 외에도 정기간행물, 인적 네트워크, 기업 탐방, 실제 제품이나 서비스의 구매 경험, SNS를 통한 정보 수집 등 다양한 경로에서 투자 아이디어를 얻을 수 있다. 중요한 것은 출처의 화려함이 아니라 그 정보가 기업의 실적과 가치로 연결될 수 있는지 여부다. 투자 아이디어는 하나의 방법에서만 나오지 않는다. 여러 경로를 통해 축적된 단서들이 연결될 때 비로소 '남들보다 한 발 빠른 종목 발굴'이 가능해진다.

3
촉매
이해하기

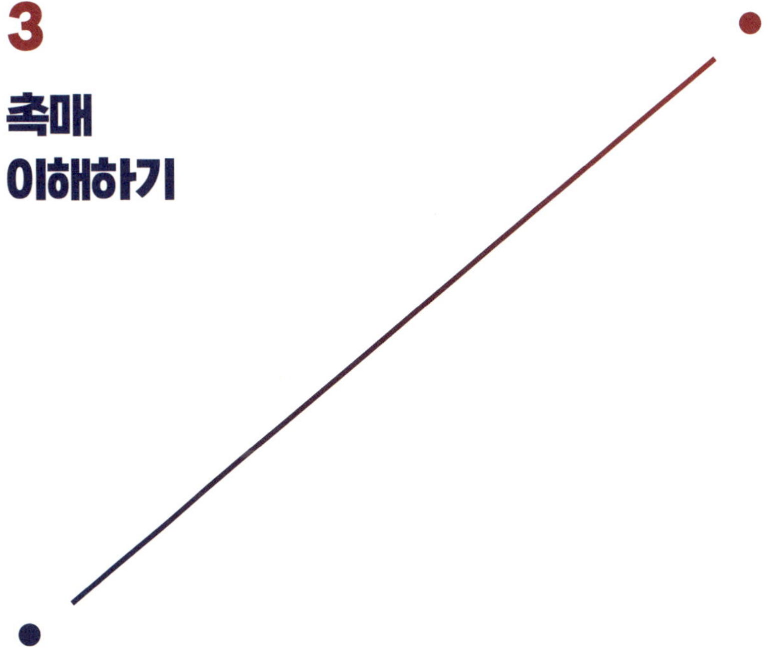

주식 가격은 결국 기업의 가치를 반영한다. 그래서 투자의 기본은 언제나 좋은 기업을 좋은 가격에 사는 것이다. 하지만 여기서 한 가지를 더 고민해야 한다. 그 기업의 가치가 언제 시장에 인식되느냐, 다시 말해 언제 주가가 움직이기 시작하느냐다. 아무리 훌륭한 기업이라 하더라도 그 가치가 시장에 드러나지 않으면 주가는 오랫동안 정체될 수 있다. 이때 주가 상승의 시간을 앞당기거나 잠자고 있던 가치를 시장 위로 끌어올리는 역할을 하는 개념이 흔히 말하는 '촉매'다.

촉매라는 말은 원래 화학에서 반응 속도를 빠르게 만드는 요소를 뜻한다. 주식 투자에서의 촉매 역시 비슷하다. 기업 안에 이미 존재하던 가치가 어떤 계기를 통해 시장에 인식되면서 주가 상승이 본격적으로 시작되도록 만드는 요인이다. 겨울 동안 얼어붙어 있던 땅이 봄기운을 만나 녹아내리듯 오랫동안 움직이지 않던 주가가 방향을 갖게 되는 순간이라고 이해하면 된다.

이 개념은 종종 모멘텀과 혼동되지만 둘은 분명히 다르다. 모멘텀은 이미 주가가 오르고 있는 상태에서 상승 속도를 더 키워 주는 힘이다. 반면에 촉매는 아직 충분히 주목받지 못한 종목의 가치를 처음으로 드러내는 출발 신호에 가깝다. 그래서 촉매는 당장 나타나지 않아도 기업의 본질이 훼손되지는 않지만 모멘텀이 사라진 종목은 주가가 쉽게 꺾이기 마련이다. 가치 투자와 중장기 투자에서 촉매가 중요한 이유는 바로 이 '재평가의 시점'을 가늠하게 해 주기 때문이다.

촉매의 2가지 유형

내적 촉매, 기업 내부에서 시작되는 변화

촉매는 크게 기업 내부에서 발생하는 변화와 기업을 둘러싼 외부 환경의 변화로 나눌 수 있다. 먼저 내적 촉매는 기업 내부의 중요한 변화가 주가 상승의 계기가 되는 경우다. 기업 인수·합병, 흑자 사업 확대와 적자 사업 정리, 유휴자산의 개발이나 매각, CEO 교체에 따른 경영 전략 변화, 배당금 인상이나 자사주 매입·소각 같은 주주환원 정책이 여기에 해당한다. 내적 촉매는 기업의 실적과 의사결정에 직접 연결되기 때문에 공시와 재무 흐름을 꾸준히 추적하는 투자자일수록 남들보다 먼저 포착할 수 있다.

내적 촉매 사례 : 레인보우로보틱스
– 삼성전자의 인수합병이라는 메가톤급 촉매

이러한 내적 촉매가 얼마나 강력하게 작용할 수 있는지를 보여 주는 대표적인 사례가 레인보우로보틱스다. 레인보우로보틱스는 KAIST 연구진이 2011년 설립한 로봇 전문 기업으로 국내 최초의 이족보행 휴머노이드 로봇 '휴보'를 개발한 회사다. 기술력만 놓고 보면 이미 오래전부터 업계에서 인정받아 왔지만, 상장 이후 한동안 시장의 평가는 제한적이었다. 로봇 산업의 상용화 시점이 불확실했고, 기술이 언제 수익으로 연결될지에 대한 의문이 컸기 때문이다.

이 흐름을 완전히 바꾼 계기가 삼성전자의 지분 투자였다. 2023년 1월 삼성전자는 레인보우로보틱스 지분 14.7%를 약 868억 원에 매입하며 2대

주주가 되었고, 이후 추가 지분 매입과 콜옵션 계약을 체결했다. 2024년 말에는 콜옵션을 행사해 지분율을 35%까지 끌어올리며 최대 주주로 올라섰고, 레인보우로보틱스는 삼성전자 자회사로 편입됐다.

이 과정에서 주가는 시장의 인식 변화를 그대로 반영했다. 초기 투자 소식 이후 두 달 만에 주가는 10만 원을 돌파했고, 2023년에는 24만 원까지 상승했다. 2025년 초 자회사 편입이 확정되자 주가는 42만 9,000원까지 치솟으며 사상 최고가를 기록했다. 삼성의 AI·글로벌 네트워크와 레인보우로보틱스의 로봇 기술이 결합될 수 있다는 기대가 기업의 잠재 가치를 단번에 시장 위로 끌어올린 전형적인 내적 촉매 사례다.

내적 촉매에 의한 흑자 전환 사례 : 테슬라

여러 촉매 가운데서도 가장 확실하고 논쟁의 여지가 적은 것은 실적이다. 특히 흑자 전환은 기업의 생존 가능성과 비즈니스 모델의 유효성을 동시에 증명하는 강력한 내적 촉매다. 테슬라는 이를 가장 극적으로 보여 준 기업이다.

테슬라는 상장 이후 오랜 기간 적자를 이어 가며 높은 기술력과 비전을 갖췄음에도 시장의 의심을 받아 왔다. 그러나 2019년 말 상하이 기가 팩토리 가동과 모델 3 판매 호조로 수익 구조가 빠르게 개선되기 시작했고, 2020년 3분기 연속 흑자 전환에 성공했다. 이 순간 시장의 평가 기준은 완전히 달라졌다. 적자를 감수하며 성장하던 기업에서 실제로 돈을 벌 수 있는 기업으로 인식이 바뀐 것이다. 이후 테슬라 주가는 수년간 가파른 상승 흐름을 이어 갔고, 흑자 전환은 단순한 실적 이벤트를 넘어 기업 위상 자체를 바꾸는 계기로 작용했다.

테슬라의 2019년 5월 ~ 2020년 8월 차트

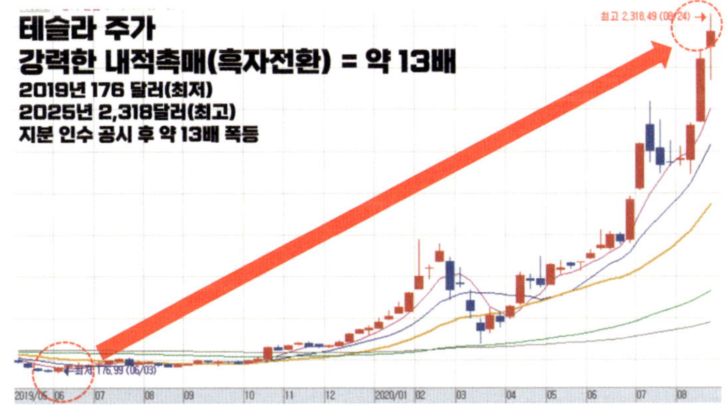

외적 촉매, 환경이 바뀌며 재평가되는 순간

외적 촉매는 기업 자체의 변화가 아니라 산업, 정책, 거시 환경의 변화로 인해 기업의 가치가 재평가되는 경우를 말한다. 산업 성장 국면 진입, 정부 정책이나 규제 완화, 환율과 금리 변화 등이 여기에 해당한다. 외적 촉매는 기업이 통제할 수는 없지만 투자자는 미리 읽어 낼 수 있다. 그래서 산업 전반에 대한 이해가 중요하다.

대표적인 국내 사례로는 두산에너빌리티를 들 수 있다. 두산에너빌리티의 기업 체질이나 기술력이 단기간에 급변한 것은 아니었다. 변화의 출발점은 기업 내부가 아니라 외부 환경이었다. 국내 에너지 정책이 탈원전 기조에서 원전 재가동과 수출 중심으로 전환되었고, 동시에 글로벌 에너지 위기와 탄소 중립 흐름 속에서 원전과 SMR(소형모듈원자로)의 필요성이 다시 부각되기 시작했다.

이 정책·산업 환경 변화는 두산에너빌리티가 보유하고 있던 원전 주기기 제작 역량과 글로벌 레퍼런스를 다시 시장 위로 끌어올리는 외적 촉매로 작용했다. 그 결과 과거 구조조정과 유동성 위기로 저평가되어 있던 기업가치가 정책 방향 전환과 함께 빠르게 재평가되기 시작했다.

또 다른 사례는 LS ELECTRIC이다. 전력기기 산업은 오랫동안 성장이 제한적인 산업으로 인식돼 왔다. 그러나 AI 데이터센터 확산, 전기차 보급, 신재생에너지 확대라는 거대한 흐름 속에서 글로벌 전력망 교체 수요가 급증하면서 산업 환경 자체가 바뀌었다. 이 변화는 개별 기업의 노력이라기보다 산업 구조 전반의 전환에서 비롯한 외적 촉매였다. 그 과정에

가치와 촉매의 마법

잠든 가치, 그리고 촉매
아무리 훌륭한 기업도 가치가 드러나지 않으면 주가는 움직이지 않아!
촉매
주가의 시간을 앞당기는 열쇠!

내적 촉매: 기업 스스로 변화하다
CEO 교체, M&A, 주주환원
삼성전자의 투자! 강력한 내적 촉매가 작용했다!
SAMSUNG
레인보우로보틱스 X 삼성전자

가장 강력한 촉매: 흑자전환
적자 탈출! 테슬라, 흑자전환으로 시장의 인식을 바꾸다!
기가팩토리
기업의 생존과 비전을 동시에 증명!

외적 촉매: 환경이 가치를 비추다
탈원전 폐기, 전력망 슈퍼사이클! 외부 환경이 기업 가치를 재조명한다!
정책/산업 변화
산업과 정책의 변화를 읽어내는 안목!

서 초고압 변압기와 전력 솔루션 역량을 보유한 LS ELECTRIC은 시장의 재평가 대상이 되었고, 전력 인프라 슈퍼사이클이라는 외부 환경 변화가 기업가치 상승으로 직결되는 흐름을 보여 주었다.

촉매를 바라보는 올바른 자세

촉매가 있다고 해서 반드시 주가가 오르는 것은 아니다. 이미 시장에 선반영되었을 수도 있고, 기대만큼의 영향을 주지 못할 수도 있다. 다만 여러 촉매가 동시에 겹칠수록 성공 확률은 높아진다. 또한 과거의 촉매가 현재에도 유효하다는 보장은 없다. 환경은 언제든 바뀔 수 있다.

무엇보다 중요한 점은 촉매에만 집착하면 위험해진다는 사실이다. 촉매가 발현되면 주가는 단기적으로 큰 움직임을 보일 수 있지만, 기업의 본질 가치가 뒷받침되지 않으면 결국 테마주로 끝나기 쉽다. 펀더멘털 없는 촉매는 사상누각이다.

결국 중장기 투자에서 촉매는 목적이 아니라 수단이다. 탄탄한 기업 가치를 먼저 확인한 뒤 그 가치가 시장에 드러날 가능성을 높여 주는 계기로서 촉매를 활용해야 한다. 이 순서를 지키는 투자자는 언제나 남들보다 한 발 앞서 기회를 발견하게 된다.

촉매에 대해 반드시 기억해야 할 것들

촉매는 분명 주가 상승을 앞당기는 중요한 요인이지만, 촉매가 등장했다고 해서 주가가 반드시 오르는 것은 아니다. 촉매의 영향력이 기대보다 약할 수도 있고, 이미 시장에 선반영되어 주가가 움직이지 않을 수도 있다. 그래서 촉매는 '보증수표'가 아니라 확률을 높여 주는 요소로 이해해야 한다.

이런 관점에서 보면 촉매는 여러 개가 겹칠수록 유리하다. 단일 이벤트에 모든 기대를 거는 것보다 실적 개선, 산업 환경 변화, 주주환원 정책 같은 촉매가 동시에 작동하는 종목일수록 성공 확률은 높아진다. 촉매 역시 다다익선이다. 또 하나 반드시 명심해야 할 점은 과거의 촉매가 현재에도 유효하다는 보장은 없다는 사실이다. 한때 강력했던 촉매도 시장 환경이 바뀌면 힘을 잃는다. 금리, 정책, 산업 사이클이 변하면 같은 재료라도 시장의 반응은 전혀 달라질 수 있다. 촉매는 항상 '현재형'으로 점검해야 한다.

무엇보다 가장 확실한 촉매는 언제나 실적이다. 숫자로 증명되지 않는 촉매는 언제든 기대감으로 끝날 수 있다. 반면에 매출 증가, 이익 개선, ROE 상승처럼 실적으로 확인되는 변화는 시장의 평가 기준 자체를 바꾼다. 결국 주가는 숫자를 따라간다. 실적이 뒷받침되는 촉매만이 진짜 촉매다.

마지막으로 경계해야 할 것은 촉매에만 집착하는 태도다. 촉매가 발현되며 주가가 급등하면 짜릿한 쾌감이 뒤따르지만 촉매만 쫓다 보면 본

촉매 투자 핵심 가이드

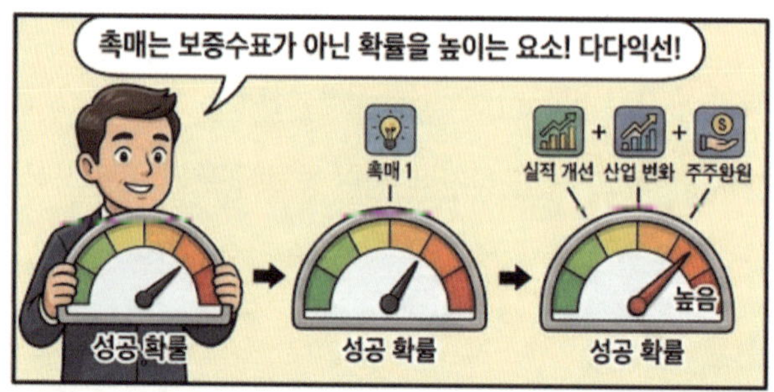

촉매는 보증수표가 아닌 확률을 높이는 요소! 다다익선!
촉매 1
실적 개선 + 산업 변화 + 주주환원
성공 확률
성공 확률
높음
성공 확률

과거의 영광은 잊어라! 가장 확실한 촉매는 숫자로 증명되는 실적!
과거 촉매
현재 실적
(매출, 이익, ROE)

펀더멘탈 없는 촉매는 사상누각!
가치 위에 선 촉매만이 진짜다.
촉매
(기대감)
촉매
기업 가치
(펀더멘탈)

순서가 중요하다! 가치 분석이 먼저,
촉매는 그 가치를 드러내는 타이밍!
기업 가치 분석
기업 가치 분석
촉매 타이밍

질가치가 없는 테마주에 빠지기 쉽다. 기업의 펀더멘털이 없는 촉매는 오래가지 못한다. 그런 촉매 위에 쌓은 기대는 결국 사상누각이 된다.

촉매는 기업의 숨겨진 가치를 시장에 드러내는 계기다. 내적 촉매와 외적 촉매를 구분해 바라보고, 그 변화가 실적으로 이어지는지를 끝까지 확인해야 한다. 하지만 촉매는 어디까지나 보조 수단일 뿐 투자의 출발점은 언제나 기업가치 분석이다. 가치가 먼저 있고, 촉매는 그 가치를 드러내는 타이밍일 뿐이다. 이 순서를 지키는 투자자만이 촉매를 기회로 만들 수 있다. 그런 투자자는 언제나 남들보다 한 발 앞서 저평가된 기회를 발견한다.

4

능력의
범위 안에서
투자하라

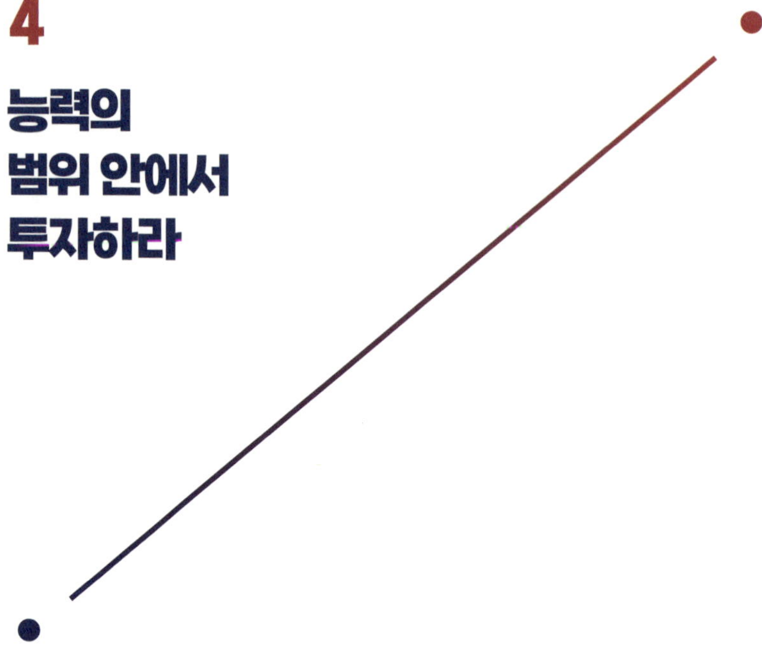

주식 투자에서 가장 중요한 원칙은 내가 잘 아는 기업에 투자하는 것이다. 전설적인 투자자 워런 버핏은 이를 '능력의 범위(Circle of Competence)'라는 개념으로 설명했다. 그는 "자신이 제대로 이해하는 분야의 범위가 곧 자신의 능력의 범위"라고 말하며, "능력의 범위가 크든 작든 중요한 것은 그 범위 안에서만 의사결정을 내리는 것"이라고 강조했다. 즉 주식 투자를 할 때 모든 회사를 다 알 필요는 없다. 오히려 내가 이해할 수 있는 기업과 산업에만 집중하는 것이 성공 확률을 높이는 길이다.

약세장에서 능력의 범위가 더 중요해지는 이유

주식 시장이 좋을 때, 즉 강세장에서는 웬만한 주식이 다 오른다. 이 시기에는 어떤 종목을 사더라도 수익이 나는 경우가 많아 실력과 운의 구분이 흐려진다. 하지만 시장이 나빠지는 순간 상황은 완전히 달라진다. 약세장에서는 사소한 악재 하나에도 주가가 크게 흔들린다. 이때가 바로 내가 정말 그 회사를 이해하고 있었는지 시험대에 오르는 순간이다.

내가 잘 모르는 회사에 투자했다면 부정적인 뉴스 한두 개만 나와도 불안해져 바닥에서 손절하기 쉽다. 반면에 내가 사업 구조와 경쟁력을 충분히 이해하고 있는 회사라면 악재를 접하더라도 "이건 일시적인 문제다." 혹은 "이건 구조적인 리스크다."를 구분하며 침착하게 대응할 수 있다. 즉 능력의 범위 안에서 투자하면 약세장에서 불필요한 손절을 피할 수 있다. 이 차이는 시간이 갈수록 투자 성과에 결정적인 격차를 만든다.

내 능력의 범위 찾기 – 능력의 범위를 점검하는 3가지 기준

사실 초보 투자자라도 이미 자연스럽게 기업이나 산업 몇 개는 잘 알고 있다. 예를 들어, 다음과 경우라면 관련 정보를 더 빠르게 이해할 수 있고 다른 사람보다 깊이 있는 판단을 내릴 수 있다.

- 특정 기업의 제품을 오랫동안 사용해 온 경우(애플, 삼성전자 등)
- 평소 관심을 가지고 꾸준히 지켜본 산업이 있는 경우(게임, 자동차, 반도체 등)

- 직업적으로 해당 산업에 몸담고 있는 경우(의료 종사자는 제약·바이오, IT 종사자는 반도체·소프트웨어)

반대로 "남들이 좋다니까"라는 이유로 투자하는 것은 매우 위험하다. 이미 많이 오른 종목을 지인의 추천이나 'OO주식 신고가 랠리', '가즈아', 'OO 테마 광풍' 같은 분위기에 휩쓸려 뒤늦게 고점에서 매수하는 경우가 대표적이다. 위험한 시장에서 그나마 안전하게 투자하려면 내가 잘 아는 분야를 중심으로 종목을 발굴하는 습관이 필요하다. 그렇다면 내가 정말 잘 아는 기업인지 판단하는 기준은 무엇일까? 다음 3가지 질문으로 확인할 수 있다.

첫째, 악재가 터졌을 때 그 영향을 빠르게 판단할 수 있는가?

부정적인 뉴스가 나왔을 때 그 이슈가 단기적인 해프닝인지, 아니면 기업의 경쟁력을 훼손하는 구조적 문제인지 구분할 수 있다면 그 기업은 이미 내 능력의 범위 안에 들어와 있는 것이다.

둘째, 그 산업에서 가장 잘하는 기업이 어디인지 말할 수 있는가?

예를 들어, 반도체 산업이라면 삼성전자는 메모리에서 어떤 강점을 갖고 있는지, SK하이닉스는 어떤 영역에서 경쟁력을 가지는지 설명할 수 있어야 한다. 업계 내 주요 기업들의 위치와 차별점을 말할 수 있다면 그 산업은 최소한 이해 가능한 영역에 들어와 있다.

셋째, 누군가에게 쉽게 설명할 수 있는가?

"이 회사는 이런 제품을 만들고, 이런 이유로 돈을 벌며, 이 시장에서 이런 위치에 있다."라고 간결하게 설명할 수 있어야 한다. 설명이 막힌다

조선일보 · B5면 1단 · 2025.04.16. · 네이버뉴스

폭등 뒤엔 폭락... 조기 대선 앞두고 정치 테마주 극성

12% **폭락**했다. 대상홀딩스는 작년 4·10 총선을 전후해 한동훈 전 국민의
힘 대표의 고교 동창인 배우 이정재씨와 대상홀딩스 임세령 부회장이 연
인이라는 이유로 '한동훈 **테마주**'로 묶이기도 했다. **정치**인 **테마주** 끝은 ...

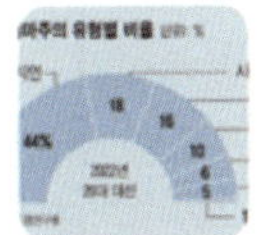

2주 만에 10배 뛴 정치 **테마주**, '풍문' 의존한 투자는 대부분...　　비즈니스포스트 · 2025.04.16.

NSP통신 · 2025.05.14.

정치테마주 72% 폭락...금감원·거래소 '무관용 조사' 착수

금감원 관계자는 "일부 투자자들은 **정치테마주** 투자를 통해 단기간에 고
수익을 낼 수 있을 것이라 생각하는 경향이 있지만 **정치테마주** 중 2/3 이
상(72%)이 고점 대비 30% 이상 **폭락**했다"며 "매매차익 분석 결과 해당 ...

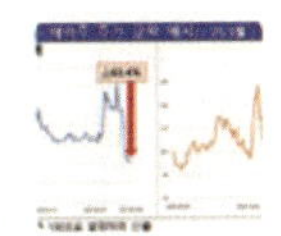

"셋 중 둘은 30% 이상 폭락"...금감원·거래소, 정치테...　　뉴시스 PiCK · 2025.05.14. · 네이버뉴스

뉴시스 PiCK · 3주 전 · 네이버뉴스

폭락한 정치테마주...개미들만 피눈물[기자수첩]

대선이 지나간 자리, **정치테마주**들은 고점 대비 반토막 났다. 한국 주식시
장의 민낯이 드러나는 시간이었다. 대표적인 **정치테마주**인 상지건설은 지
난주 연일 하락했다. 전 사외이사가 20대 대선 때 이재명 캠프에서 활동...

면 아직 온전히 이해하지 못했다는 신호일 가능성이 높다.

능력의 범위는 확장될 수 있다

처음부터 많은 기업과 산업을 다 이해해야 할 필요는 없다. 중요한 점
은, 능력의 범위는 공부를 통해 얼마든지 넓어질 수 있다는 사실이다. 처
음에는 단 한 종목을 깊이 공부하는 것만으로도 충분하다. 그 기업을 이
해하다 보면 자연스럽게 고객사, 경쟁사, 협력사로 관심이 확장되고 결국
해당 산업 전반에 대한 이해로 이어진다.

워런 버핏의 '능력의 범위' 투자법

예를 들어, IT 기업을 공부하다가 반도체로 관심이 옮겨 가고, 다시 반도체 장비나 소재 기업으로 시야가 넓어지는 식이다. 이렇게 조금씩 아는 영역을 확장해 나가는 과정이 중요하다. 또한 인생의 단계에 따라 관심 분야는 자연스럽게 바뀐다. 20대에는 게임이나 소비재에 관심이 많다가, 40대 이후에는 은행·보험처럼 실적이 안정적인 기업이 눈에 들어오기 마련이다. 관심이 생기고, 공부가 쌓이면 그것이 곧 새로운 능력의 범위가 된다.

결국 중장기 투자의 핵심 질문은 단 하나다. "본래 가치 대비 헐값에 거래되고 있는 회사는 어디에 있는가?" 이 질문에 답하기 위해서는 내가 이해할 수 있는 기업, 내가 분석할 수 있는 기업을 중심으로 투자해야 한다. 그 과정에서 공부를 통해 능력의 범위를 조금씩 넓혀 가야 한다. 그렇게 쌓인 이해는 시장이 흔들릴 때도 투자자의 중심을 잡아 주고, 장기적으로 안정적인 수익을 만들어 준다. 능력의 범위 안에서 사고하고, 능력의 범위를 꾸준히 확장해 나가는 것. 그것이 실패 확률을 낮추는 가장 현실적인 투자 전략이다.

5 종목을 분석하는 방법

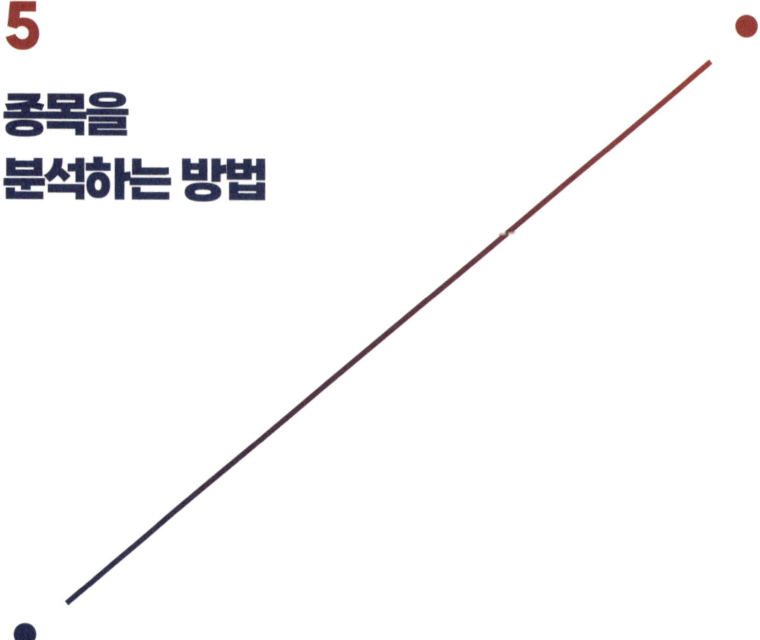

주식 투자를 할 때 특정 기업이 투자할 만한 가치가 있는지 확인하는 과정이 종목 분석이다. 처음에는 단순한 투자 아이디어에서 출발하지만 분석을 진행하면 기대보다 훨씬 뛰어난 기업을 발견할 수도 있고, 반대로 생각보다 별로라는 결론에 도달할 수도 있다. 그래서 종목 분석은 "내가 보고 있는 이 기업이 정말로 내 돈을 맡길 만큼 괜찮은가?"를 검증하는 절차라고 보면 된다.

이 과정은 유망한 선수를 스카우트하는 것과 유사하다. 선수의 과거 경기 기록을 살펴보고, 현재 경기력을 평가한 뒤 앞으로의 성장 가능성을 예측하는 것처럼 종목 분석도 기업의 과거·현재·미래를 종합적으로 검토하는 작업이다. 그리고 이걸 제대로 해내려면 '기업이 쓰는 언어'를 어느 정도 이해해야 한다. 의사들이 응급실에서 환자의 상태를 짧은 시간 안에 판단하고 치료법을 논의할 수 있는 것은 의료 용어라는 공통 언어가 있기 때문이다. 기업 분석도 마찬가지다. 기업이 쓰는 경영의 언어, 즉 회계 용어를 기본적으로 이해해야 서로 다른 기업을 비교할 수 있고, 같은 기업의 변화를 추적할 수 있다.

다만 너무 부담을 가질 필요는 없다. 해외여행을 갈 때도 현지 언어를 완벽하게 할 필요는 없고, 핵심 표현 몇 개만 알아도 의사소통이 되는 것처럼 회계 지식도 재무제표를 '읽고 비교할 수 있는 정도'면 충분하다. 이 책에서는 재무제표를 학문적으로 깊게 파고들기보다 개인 투자자가 실제로 활용할 수 있도록 종목 분석을 '공통 점검 사항'과 '개별 점검 사항' 중심으로 정리해 보겠다.

공통 점검 사항 : 기업의 기본 정보부터 확인하라

사람을 처음 만날 때 "무슨 일 하세요?"라고 묻듯 기업을 분석할 때도 "이 회사는 무엇으로 돈을 버는가?"를 가장 먼저 확인해야 한다. 종목 분석은 결국 기업을 이해하는 과정이고, 기업을 이해하려면 먼저 사업을 이해해야 한다.

첫째, 이 회사는 어떤 사업을 하는가를 확인한다.

비즈니스 모델 분석이다. 이 기업이 어느 산업에 속해 있는지, 산업 생태계 안에서 어떤 포지셔닝에 있는지부터 파악해야 한다. 어떤 제품이나 서비스를 제공하는지, 그 제품이 왜 필요한지, 그리고 주요 고객(수요자)과 공급자, 경쟁자는 누구인지까지 이어서 본다. 기업이 속한 산업의 성격 자체도 중요하다. 산업이 성숙기인지 성장기인지, 규제 산업인지 기술 산업인지에 따라 기업의 성장 가능성이 크게 달라지기 때문이다.

둘째, 이 회사의 과거는 어땠는가를 살펴본다.

언제 창립되었고, 어떤 과정을 거쳐 현재의 모습이 되었는지, 제품 확장과 시장 확장은 어떻게 진행되었는지를 확인한다. 여기서 단순히 기업 연혁을 외우라는 얘기가 아니다. 과거의 위기에서 어떻게 버텼는지, 성장 국면에서 어떤 전략을 사용했는지를 보면 그 기업의 '체질'이 드러난다. 주가 차트를 함께 보면서 과거 상승과 하락이 어떤 이유로 발생했는지 연결해 보는 것도 도움이 된다. 차트가 미래를 예언하진 않지만, "시장이 어떤 사건에 어떻게 반응했는지"를 복기하는 데는 유용하기 때문이다.

셋째, 이 회사의 현재는 어떤가를 점검한다.

지금 무엇을 생산하고 있고, 각 제품의 생산능력(케파)은 어느 정도인지, 재무 상태는 안정적인지(부채비율, 현금흐름 등)를 본다. 그리고 과거부터 이어진 매출, 영업이익, 영업이익률, ROE(자기자본이익률)의 추이를 확인한다. 이런 데이터를 표나 그래프로 정리해 놓으면 회사의 성장성과 지속 가능성이 한눈에 들어온다. 특히 경쟁사와 비교했을 때 산업 평균

보다 영업이익률과 ROE가 높다면 최소한 경쟁력을 갖춘 기업일 가능성이 커진다.

넷째, 이 회사의 지배구조는 어떤가를 확인한다.

최대 주주는 누구이고 지분율은 얼마나 되는지, 주요 주주는 누구이며 자회사·관계사는 어떻게 구성되어 있는지, 경영진(CEO)은 어떤 성향이고 과거 어떤 의사결정을 해 왔는지까지 이어서 본다. 같은 사업을 해도 '누가 운영하느냐?'에 따라 성과가 달라지는 경우가 정말 많다. 결국 기업은 숫자만으로 움직이는 게 아니라 사람과 의사결정으로 움직이기 때문이다.

기업 분석 정보는 어디서 얻을까?

기업에 대한 정보는 생각보다 쉽게 찾을 수 있다. 개인 투자자가 활용할 만한 정보 출처는 전자공시시스템(DART), 기업 홈페이지, 뉴스, 증권사 리서치 보고서, 유튜브, SNS, 기업 탐방 등이다.

전자공시시스템(DART)에서 사업보고서·감사보고서·분기보고서를 통해 가장 기본이 되는 사실관계를 확인할 수 있고, 기업 홈페이지에서는 제품과 서비스, 사업 구조에 대한 정리된 정보를 얻을 수 있다. 뉴스는 최근 이슈와 시장의 반응을 확인하는 데 좋고, 증권사 리서치 보고서는 산업과 기업을 빠르게 이해하는 '지도' 역할을 한다. 유튜브나 SNS는 다양한 해석을 접할 수 있다는 장점이 있지만, 해석은 언제나 가설일 뿐이니 사실과 분리해 받아들이는 습관이 필요하다. 가능하다면 기업 IR 담당자나 업계 관계자 인터뷰를 통해 현장의 맥락을 얻는 것도 도움이 된다.

기업을 깊이 분석하면 결국 남들에게 쉽게 설명할 수 있는 수준에 도달한다. 반대로 특정 기업을 설명하려고 할 때 막히는 부분이 많다면 아직 분석이 충분하지 않다는 의미다. "내가 이해한 만큼만 투자할 수 있다."는 말이 괜히 나온 게 아니다.

이해하기 전에는 투자하지 마라. 투자 대가 하워드 막스는 "많은 사람이 이해하기 전에 투자한다."고 말했다. 하지만 주식에서 성공하려면 반대로 해야 한다. 기업을 충분히 이해한 뒤, 그 이해가 믿음으로 바뀌었을 때 투자해야 한다. 종목 분석은 결국 "내가 이 기업을 이해했는가?"를 검증하는 과정이고, 그 과정을 거치지 않으면 투자는 감이 된다. 기억해야 할 한 문장은 이것이다. 투자는 분석을 바탕으로 하는 것이지, 감으로 하는 것이 아니다.

6 투자 아이디어를 검증하는 방법

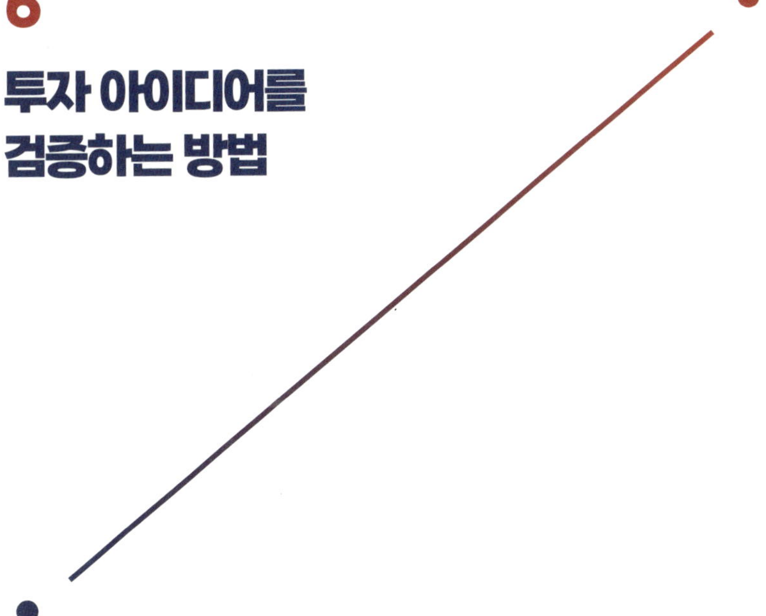

요즘 트로트 경연 프로그램이나 아이돌 오디션 프로그램이 유난히 많다. 이 프로그램들의 공통점은 아직 무명에 가까운 참가자들에게 성장 스토리와 서사를 입혀, 시청자가 자연스럽게 감정 이입을 하도록 만든다는 점이다. 힘든 환경을 이겨 냈다거나, 눈물겨운 사연을 가진 참가자가 무대에 오르면 어느새 우리는 실력 이상으로 그 사람을 응원하게 된다. 그렇게 우승한 아이돌이나 트로트 가수는 단숨에 전 국민적 인기를 얻는다.

하지만 시간이 조금 지나면 전혀 다른 장면이 펼쳐지기도 한다. 알고 보니 학교폭력, 음주운전, 채무 문제, 각종 전과나 과거 논란이 드러나며, 빛을 보자마자 방송에서 사라지는 경우다. 이럴 때 남는 건 감정적인 실망감 정도다. 팬으로서는 아쉽겠지만 금전적인 피해로 이어지지는 않는다.

그런데 종목 투자에서 이런 '가짜 아이돌 종목'에 잘못 투자하면 이야기가 완전히 달라진다. 그럴듯한 성장 스토리, 화려한 내러티브, 언론과 유튜브가 만들어 낸 기대감만 믿고 투자했다가는 나중에 기업의 실체가 드러나는 순간 피 같은 내 돈이 사라질 수 있다. 적게는 수십만 원, 수백만 원이지만 규모가 커지면 수천만 원, 수억 원까지도 한순간에 날아간다. 감정적 실망으로 끝나지 않고 현실적인 손실로 이어지는 것이다.

그래서 투자 아이디어가 떠올랐을 때 가장 중요한 단계가 바로 '개별 검증'이다. "뭔가 좋아 보인다."는 느낌만으로는 절대 충분하지 않다. 그 기업이 정말로 돈을 벌 수 있는 구조인지, 그 스토리가 숫자로 이어질 수 있는지, 그리고 혹시 가짜 아이돌처럼 포장된 종목은 아닌지를 냉정하게 확인해야 한다. 종목 분석의 승부처는 바로 여기다. 화려한 무대 뒤를 들여다보는 작업, 즉 개별 점검을 거치지 않으면 투자자는 언제든지 시장이 만들어 낸 환상에 속아 넘어갈 수 있다.

이제부터 살펴볼 개별 점검은 투자 아이디어를 '진짜 스타 후보'와 '잠깐 반짝하고 사라질 가짜 아이돌'로 구분해 내기 위한 필수 과정이다. 이 단계를 건너뛰는 순간 투자는 분석이 아니라 도박에 가까워진다.

투자를 하다 보면 누구나 한 번쯤 "이 종목, 뭔가 좋아 보이는데?"라는 생각을 하게 된다. 뉴스에서는 신사업을 한다고 하고, 리포트에서는 전망이 밝다고 하며, 유튜브에서는 '차세대 대장주'라는 표현이 붙는다. 이 단계까지는 그저 '투자 아이디어'일 뿐이다. 문제는 이 아이디어가 실제로 투자할 만큼의 가치가 있는지 검증하지 않은 채 행동으로 옮길 때 발생한다. 기대감과 확신은 전혀 다른 영역이다.

개별 점검이 필요한 이유는 명확하다. 기업을 들여다보기 시작하면 장점은 끝없이 쏟아진다. 신사업, 정책 수혜, 실적 개선, 업황 회복 등 좋은 이야기만 모아 놓으면 어떤 기업이든 매력적으로 보인다. 하지만 주가는 수많은 이유로 오르지 않는다. 주가를 움직이는 결정적인 요인은 단 하나다. 그래서 개별 점검의 핵심은 많은 장점 중에서 '주가를 움직일 단 하나의 중심축'을 찾아내는 것이다.

투자 아이디어를 한 줄로 설명할 수 있는가?

좋은 투자 아이디어는 길게 설명할 필요가 없다. 오히려 간단해야 한다. "이 회사는 어떤 사업을 하고 있고, 그 사업의 어떤 경쟁력 때문에 앞으로 어떤 실적 변화가 기대된다."와 같은 내용이 한두 문장으로 정리되지 않는다면 아직 그 기업을 제대로 이해하지 못한 상태라고 볼 수 있다. 설명이 길어진다는 것은 스스로 확신이 없다는 신호다. 남에게 쉽게 설명할 수 없는 기업은 시장이 흔들릴 때 나도 쉽게 흔들린다. 반대로 한 줄 요약이 명확한 기업은 주가가 흔들려도 왜 보유하고 있는지 스스로 납득할 수 있다. 이 차이가 장기 투자 성과를 가른다.

위기 국면에서 이 회사는 어떻게 버텼는가?

기업의 진짜 체력은 호황기가 아니라 위기 때 드러난다. 개별 점검에서 반드시 확인해야 할 질문은 이것이다. "이 회사는 불황에서도 살아남았는가?" IMF 외환위기, 2008년 금융위기, 코로나19 팬데믹 같은 위기 국면에서 매출과 이익이 어떻게 변했는지를 살펴보자. 실적이 일시적으로 흔들렸더라도 빠르게 회복했다면 그 기업은 구조적으로 살아남을 힘을 갖추고 있다고 볼 수 있다.

이건 단순한 숫자 문제가 아니다. 위기 상황에서 비용을 어떻게 통제했는지, 현금흐름을 어떻게 관리했는지, 사업 구조가 얼마나 견고한지를 보여 주는 생존력의 문제다. 위기에도 무너지지 않았던 기업은 다음 위기에서도 버틸 확률이 높다.

말만 신사업인가, 실제로 움직이고 있는가?

기업이 신사업을 이야기하는 것은 어렵지 않다. 중요한 것은 실제로 실행하고 있는지다. 이때 실전에서 유용한 방법이 바로 채용 공고 확인이다. 기업이 진짜로 새로운 사업을 키우고 있다면 그에 필요한 인력을 반드시 뽑는다. 채용 사이트에서 해당 기업을 검색해 보면 어느 부문에서 사람을 채용하고 있는지가 드러난다. 이건 단순한 계획인지, 이미 돈과 시간을 투입하고 있는 실행 단계인지를 구분해 주는 중요한 단서다. 개별 점검에서는 이런 작은 정황 증거들이 쌓여 하나의 확신을 만든다.

이 회사는 고부가가치 구조인가?

매출이 크다고 좋은 기업은 아니다. 중요한 건 얼마나 남기는가다. 매출총이익률이 높은 기업은 외부 환경 변화에도 흔들림이 적다. 원가 부담이 커지거나 경쟁이 심해져도 수익성을 방어할 여지가 있기 때문이다. 또 이익잉여금이 꾸준히 쌓이고, 자본금 대비 이익 규모가 큰 기업은 돈을 잘 굴리는 구조일 가능성이 높다. 이런 기업은 시간이 지날수록 내부 체력이 쌓이고 선택지가 늘어난다. 반대로 매출은 늘어나는데 이익이 남지 않는 기업은 언제든지 환경 변화에 취약해질 수 있다.

확신이 없다면 과감히 포기하라

개별 점검을 아무리 해도 확신이 서지 않는 기업이 있다. 이럴 때 가장 현명한 선택은 투자하지 않는 것이다. 이해되지 않는 종목을 억지로 사는 것보다 정말 납득이 가는 종목 한두 개를 깊이 이해하고 투자하는 편이 훨씬 효율적이다. 이 역시 '능력의 범위'를 지키는 행동이다. 진짜 투자자는 시장을 보지 않고 현실을 본다. 시장은 언제나 감정적으로 움직

가짜 아이돌 종목 검증

화려한 무대 뒤의 실체
성장 스토리
아이돌 종목
화려함에 속지 마라!
개별 검증이 필수!
실체
학교폭력, 채무, 전과

한 줄 요약: 명확한 확신
이 회사는 [사업]을 하고, [경쟁력]으로 [실적 변화] 기대!
한 줄로 설명 못하면, 아직 모르는 것! 확신은 간결함에서 온다.

위기 속 생존력 테스트
위기 생존
회사
약한 기업
불황, 금융위기, 팬데믹
진짜 체력은 위기 때 드러난다! 버틴 자가 강자!

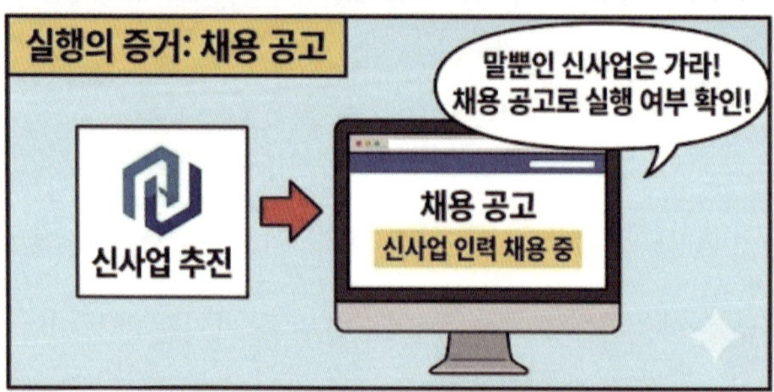

실행의 증거: 채용 공고
신사업 추진
채용 공고
신사업 인력 채용 중
말뿐인 신사업은 가라! 채용 공고로 실행 여부 확인!

이지만 현실은 숫자와 데이터로 남는다. 개별 점검은 바로 이 현실을 확인하는 과정이다.

필립 피서는 "시장 이미지와 현실 사이의 차이를 구별할 줄 아는 투자자가 돈을 번다."고 말했다. 워런 버핏 역시 "우리가 맞을지는 주식 시장이 정하고, 우리가 옳았는지는 분석이 결정한다."고 했다.

서두를 필요는 없다. 하나하나 차근차근 검증해 나가자. 가짜 아이돌에 현혹되지 않는 투자자, 즉 개별 점검을 생활화한 투자자만이 결국 흔들리지 않고 끝까지 살아남는다.

7 분기 실적을 분석하는 방법

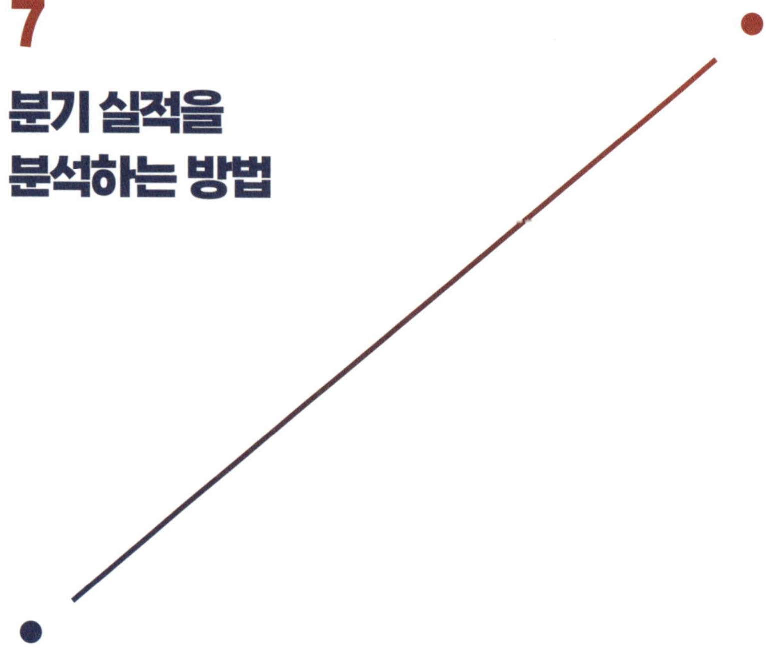

기업은 학생이 시험 성적표를 받듯이 1년에 네 번 분기 실적이라는 성과표를 받는다. 분기 실적은 분기 종료 후 약 한 달 반 정도가 지나면 전자공시를 통해 공개된다. 예를 들어, 1분기 실적은 보통 5월 중순 전후에 발표된다. 이 분기 실적은 내가 세운 투자 아이디어가 맞는 방향으로 흘러가고 있는지 점검하는 데 중요한 자료이자, 때로는 새로운 투자 종목을 발굴하는 단서가 되기도 한다.

다만 분기 실적을 대하는 태도에는 분명한 기준이 필요하다. 실적이 발표됐다고 해서 즉시 매매 결정을 내릴 필요는 없다. 3개월이라는 기간은 기업의 본질적인 성과를 판단하기에는 다소 짧기 때문이다. 그래서 분기 실적은 '결론을 내리는 도구'가 아니라 '확인하는 도구'라는 관점에서 접근하는 것이 바람직하다.

분기 실적을 분석할 때는 몇 가지 핵심 포인트만 잡아도 충분하다. 복잡한 계산이나 세부 항목에 집착할 필요는 없다. 중요한 것은 숫자 하나하나보다 흐름이다. 다음 사항들을 짚어 봐야 한다.

첫째, 매출과 이익이 실제로 늘고 있는가?

전년 동기 대비(YoY), 전분기 대비(QoQ) 매출과 영업이익, 순이익이 어떤 방향으로 움직이고 있는지를 살펴본다. 단순히 증가했는지 감소했는지를 보는 데서 그치지 않고, 기업의 성장 방향이 유지되고 있는지를 판단하는 데 초점을 맞춰야 한다. 이건 모든 투자자가 가장 먼저 확인해야 할 기본 중의 기본이다.

둘째, 실적 변화의 이유가 무엇인가?

숫자 자체보다 더 중요한 것은 왜 그런 결과가 나왔느냐다. 매출이나 이익이 늘었다면 어떤 사업에서 개선이 있었는지, 반대로 줄었다면 그 원인이 무엇인지 공시자료, 증권사 리포트, 뉴스, IR 자료 등을 통해 확인해야 한다. 특히 이익이 크게 줄어든 경우에는 반드시 짚고 넘어가야 한다. 그 원인이 일시적인 비용 증가인지, 아니면 사업 구조 자체에 문제가 생긴 것인지는 투자 판단에 결정적인 차이를 만든다.

셋째, 기존 사업과 신사업을 구분해서 바라보는가?

기존 사업은 여전히 수요가 견고한지, 경쟁이 과도하게 심해지고 있지는 않은지, 이익이 안정적으로 창출되고 있는지를 살펴본다. 반면에 신사업은 아직 이익을 내지 못하더라도 매출이 늘고 있는지, 적자 폭이 줄어들고 있는지를 우선 확인하는 게 중요하다. 신사업은 자리 잡기까지 시산이 걸리는 만큼 매출 증가가 먼저고 이익은 그다음 문제다. 이 과정에서 설비 투자(CAPEX) 규모도 함께 확인하면 사업이 말이 아니라 실제로 진행되고 있는지 판단하는 데 도움이 된다.

넷째, 실적에 영향을 준 호재나 악재가 일시적인가, 구조적인가?

일시적인 호재는 주가를 단기적으로 끌어올릴 수 있지만 지속성은 낮은 경우가 많다. 이런 상황에서는 무작정 추격 매수하기보다 한 발 물러서서 지켜보는 것이 낫다. 반대로 일시적인 악재로 실적이 흔들렸다면 기업의 본질이 훼손되지 않았는지 확인한 뒤 오히려 저가 매수 기회로 활용할 수도 있다.

반면에 구조적인 호재는 기업의 장기 성장 가능성을 높여 주는 요소로 중장기 투자 판단의 근거가 된다. 하지만 구조적인 악재라면 이야기가 다르다. 이 경우는 투자 아이디어 자체가 무너진 것이므로 손실이 나더라도 과감한 정리가 필요하다.

이렇게 분기 실적을 차분하게 점검하면 투자 판단에 훨씬 명확한 기준을 세울 수 있다. 중요한 건 실적에 과민반응하지 않는 태도다. 과거에는 투자자들이 실적을 대수롭지 않게 넘기는 경우가 많았다. 하지만 요즘은 오히려 반대다. 3개월짜리 실적 하나를 두고 "어닝 쇼크다.", "어닝 서프라

분기 실적 분석

3개월은 짧다! 흥분 말고
투자 아이디어 '점검' 도구로!
1분기 성적표
결론
결론이 아닌
확인의 과정

숫자보다 중요한 건 '이유'!
변화의 원인을 파헤쳐라!
매출/이익 증가
(YoY, QoQ)
?
공시
리포트
뉴스
흐름과
원인 분석이 핵심

사업별 구분과 악재의
성격(일시적/구조적)을 파악해야 해.
일시적 악재
(기회?)
신사업
(매출 성장 우선)
구조적 악재
(매도!)
기존 사업
(안정성)
구조적 악재
(매도!)

과민반응 NO!
숫자에 휘둘리지 말고
기업의 본질을 보자.
어닝쇼크!
급락!
장기적 성장
방향 & 스토리
단기 소음 너머
장기 가치에 집중

이즈다."라며 지나치게 흥분하는 모습이 자주 보인다. 하지만 실적 숫자 하나만 보고 급하게 매매하는 건 위험한 행동이다.

실적을 활용하는 가장 좋은 방법은 숫자의 크기에 집착하는 것이 아니라 그 흐름과 연결고리를 읽는 것이다. 실적 발표 이후 주가가 크게 움직일 때도 마찬가지다. 무작정 따라가기보다는 시장이 과민반응하는 것은 아닌지 한 번 더 생각해 볼 필요가 있다. 일시적인 악재로 주가가 급락했지만 기업의 경쟁력과 성장 방향이 그대로라면 그 하락은 오히려 기회가 될 수 있다.

결국 분기 실적은 단기 매매 신호가 아니라 기업의 건강 상태를 점검하는 도구다. 숫자에 휘둘리지 않고 기업의 전체적인 스토리와 장기적인 방향을 함께 바라볼 수 있는 투자자가 끝까지 살아남는다. 분기 실적을 '판단의 재료'가 아니라 '점검의 기준'으로 활용할 수 있을 때 투자는 훨씬 안정적인 게임이 된다.

8
주주정책 확인하기

　"주가는 왜 오를까?"라는 질문을 던지면 많은 사람이 이렇게 답한다. "매수세가 강하면 오른다." 틀린 말은 아니다. 하지만 그것만으로 주가 상승을 설명하기에는 부족하다. 주가의 표면만 본 답변이기 때문이다.

　조금 더 깊이 들여다보면 주가는 단순한 수요와 공급의 결과라기보다 기업가치에 대한 시장의 재평가 과정에 가깝다. 워런 버핏은 주가를 이렇게 설명했다. "주식 시장은 단기적으로는 투표기계이지만, 장기적으로는 저울이다." 결국 시간이 지나면 기업의 본질적인 가치가 주가에 반영된다는 뜻이다. 즉 기업의 가치가 높아져야 투자자들이 관심을 갖고 주식을 매수하고, 그 결과 주가가 오르는 선순환이 만들어진다. 그렇다면 질문은 또 이어진다. "기업의 가치를 실제로 높이고, 주가 상승을 촉진하는 핵심 요인은 무엇인가?" 그 답 중 하나가 바로 주주정책이다.

수주정책이란 기업이 사업을 통해 벌어들인 이익을 어떤 방식으로 주주에게 돌려주는지를 정한 원칙이다. 사실 주식 시장이라는 시스템은 아주 단순한 믿음 위에 서 있다. 기업이 사업을 잘해 이익을 내면 그 성과가 결국 주주에게 돌아올 것이라는 믿음이다. 로또를 사는 사람도 '당첨되면 돈을 받을 수 있다.'는 믿음이 있기 때문에 로또를 산다. 주식도 마찬가지다. 기업이 이익을 내도 그 이익이 주주에게 돌아오지 않는다면 그 기업의 주식을 굳이 보유할 이유는 줄어든다. 이 믿음을 가장 직접적으로 구현하는 방식이 바로 배당과 자사주 매입·소각이다.

배당은 기업이 벌어들인 이익을 현금으로 주주에게 나눠 주는 가장 직관적인 방법이다. 이론적으로 배당성향이 100%라면 기업이 번 이익 전부를 주주에게 돌려주는 셈이다. 실제로 배당을 많이 주는 기업은 사모펀드가 지배하는 회사이거나, 대기업의 안정적인 자회사인 경우가 많다. 높은 배당성향은 기업이 현금흐름에 자신이 있다는 신호로 해석되며, 시장에서 더 높은 평가를 받는 요인이 되기도 한다.

다만 모든 기업이 높은 배당을 유지할 수 있는 것은 아니다. 배당을 많이 줄수록 기업 내부에 남겨 둘 이익은 줄어들고, 이는 장기적인 성장을 위한 재투자 여력을 제한할 수 있다. 또한 배당정책은 경영진의 성향에 따라 언제든 바뀔 수 있기 때문에 과거 배당금만 보고 미래를 단정하는 것도 위험하다.

배당과 함께 또 하나의 강력한 주주환원 수단이 바로 자사주 매입과 소각이다. 기업이 자기 주식을 시장에서 사들여 소각하면 전체 발행주식 수가 줄어든다. 그 결과 같은 이익을 내더라도 남아 있는 주식 한 주당 돌아가는 이익, 즉 주당순이익(EPS)이 자연스럽게 증가한다. 이는 장기적으로 주가에 긍정적인 영향을 미친다.

더 중요한 점은 자사주 매입·소각이 갖는 상징성이다. 기업이 직접 자기 주식을 사들인다는 것은 경영진이 현재 주가를 내재가치 대비 싸다고 판단하고 있다는 뜻이기도 하다. 시장에서는 이를 "회사가 스스로 자기 가치를 가장 잘 알고 있다."는 강력한 신호로 받아들인다. 장기 투자자 입장에서는 지분 희석 없이 기업의 성장을 함께 공유할 수 있는 구조가 만들어지는 셈이다.

정리해 보자. 주주정책이 잘 갖춰진 기업이란 배당이든 자사주 매입이든 어떤 방식이든 주주에게 실질적인 보상을 돌려주려는 의지가 분명한 회사다. 이런 기업은 시간이 지날수록 시장의 신뢰를 얻고 그 신뢰는 프리미엄으로 이어진다. 그래서 주가 상승의 진짜 비밀은 화려한 뉴스나 단기 이벤트가 아니라 오히려 조용히 지속되는 주주정책 안에 숨어 있을지도 모른다. 좋은 주주정책은 단순히 이익을 나누는 차원을 넘어 기업과 투자자 사이의 신뢰를 쌓고 장기적인 가치 성장을 가능하게 한다. 결국 주가는 그 신뢰가 쌓인 결과물이다.

주가는 결국
기업 가치의 반영이지.
사자!
사자!
단기 투표기
장기 저울
(기업 가치)

주주정책
이익을 주주에게
돌려주는 원칙!
기업
이익
창출
배당
(현금)
자사주
매입/소각

현금흐름
자신감!
EPS 증가
우리 주식
저평가!
배당: 확실한 현금 보상
자사주 소각: 주당 가치 상승 신호

장기적인
가치 성장
신뢰
좋은 주주정책이 신뢰를 쌓고,
신뢰가 주가를 만든다!

9

좋은 기업을
찾는 방법

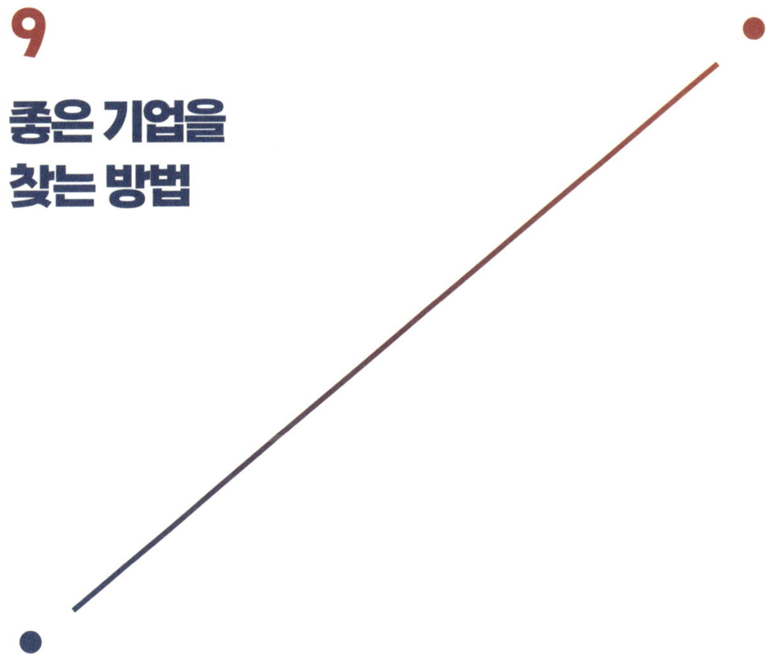

기업의 가치를 키우는 경영자가 있는 반면, 주주가치를 훼손하는 나쁜 경영자도 분명 존재한다. 그중에서도 가장 심각한 유형은 기업가치를 직접적으로 파괴하는 경영자다. 이들은 주력 사업과 무관한 분야에 무분별하게 투자해 기업의 자원을 낭비하거나, 터무니없이 높은 가격으로 기업을 인수해 부채를 늘리고 재무 구조를 악화시킨다. 심지어 회사에 주어진 사업 기회를 사적으로 이용해 개인적 이익을 챙기는 경우도 있다. 이런 행동이 반복되면 기업의 체력은 급격히 약해지고, 그 피해는 고스란히 주주들에게 전가된다.

또 다른 문제는 기업이 분명히 수익을 내고 있음에도 그 이익을 주주들에게 정당하게 돌려주지 않는 경영자다. 아무리 사업 성과가 좋아도 주주에게 이익이 귀속되지 않는다면, 상장기업 경영자로서의 역할을 제대로 수행하고 있다고 보기 어렵다. 이런 기업은 흔히 밸류 트랩(Value Trap)에 빠진다. 겉으로는 주가가 싸 보이지만 기업의 본질적인 가치는 정체돼 있고 투자자의 자본만 묶이게 되는 구조다. 결국 주주가치를 우선순위에 두지 않는 경영자는 기업과 투자자 모두에게 해를 끼치는 존재다.

나쁜 경영자의 대표적인 특징

- 비관련 사업 다각화 : 주력 사업과 무관한 영역에 무분별하게 투자해 자원을 낭비한다.
- 고가 인수합병 : 과도한 가격으로 기업을 인수해 부채를 늘리고 재무 구조를 훼손한다.
- 사업 기회 편취 : 회사의 성장 기회를 사적으로 이용해 개인적 이익을 챙긴다.
- 주주 환원 무시 : 기업이 이익을 내도 이를 주주에게 정당하게 분배하지 않아 밸류 트랩을 만든다.

그렇다면 나쁜 경영자를 피하고, 좋은 경영자가 이끄는 기업을 어떻게 골라낼 수 있을까? 의외로 기준은 단순하다. 기업이 번 돈을 주주에게 제대로 돌려주는지를 보면 된다. 수익을 내는 것만으로는 부족하다. 그 돈이 회사 안에만 쌓이고 주주에게 돌아오지 않는다면 주식을 보유할 이유는 크게 줄어든다. 반대로 기업이 이익을 적극적으로 주주에게 환원한다면 그 자체만으로도 장기 투자에 적합한 조건을 갖췄다고 볼 수 있다.

대표적인 방식이 배당이다. 배당을 꾸준히 지급하는 기업은 안정적인 현금흐름과 재무 건전성을 갖추고 있을 가능성이 높다. 여기에 자사주 매입과 소각까지 병행한다면 효과는 더욱 분명해진다. 자사주 매입은 시장에서 해당 기업 주식을 직접 사들이는 행위로 주식에 대한 수요를 늘리는 효과가 있다. 매입한 주식을 소각하면 발행 주식 수가 줄어들어 주당순이익(EPS)이 자연스럽게 증가한다. 이는 장기적으로 주가 상승으로 이어지는 선순환 구조를 만든다.

이처럼 기업의 이익을 주주와 나누려는 의지가 분명한 경영진이 이끄는 기업은 시장에서도 신뢰를 얻기 쉽다. 투자자 입장에서는 이런 기업을 중심으로 포트폴리오를 구성하는 것이 훨씬 안정적이다. 반대로 아무리 많은 이익을 내더라도 그 이익이 주주에게 돌아오지 않는 기업이라면 투자 대상에서 제외하는 것이 합리적이다. 특히 오너가 회사 자금을 사적으로 유용하거나, 무리한 인수합병으로 재무 구조를 훼손하는 기업은 장기적으로 주주가치를 갉아먹는 구조에 놓여 있다고 봐야 한다.

결국 주주정책은 단순한 제도가 아니다. 기업이 주주를 어떻게 대하는지를 보여 주는 가장 솔직한 신호다. 주주를 존중하는 정책을 꾸준히 실천하는 기업은 시간이 지날수록 시장에서 높은 평가를 받고, 주가 역시

경영자의 두 얼굴과 주주가치

안정적인 우상향 흐름을 보이는 경우가 많다.

좋은 주주정책의 핵심 체크리스트

☐ 배당 정책 : 기업이 이익을 배당으로 주주에게 꾸준히 분배하는가?

☐ 자사주 매입·소각 : 주식 가치를 높이기 위한 자사주 매입과 소각
이 실제로 이뤄지는가?

☐ 이익 공유 구조 : 경영진이 기업의 성과를 주주와 투명하게 공유
하는 구조인가?

☐ 투자 제외 기준 : 주주가치를 훼손하거나 이익을 사적으로 사용
하는 경영진, 혹은 이익을 주주에게 돌려주지 않는 기업은 과감히
배제해야 한다.

이 기준만 지켜도 최소한 피해야 할 기업은 상당 부분 걸러낼 수 있
다. 그리고 투자에서 '큰 손실을 피하는 것'은 이미 절반 이상의 성공이다.

CHAPTER 6

가장 안전한 중장기 투자 전략

오래 살아남는 투자자의 설계도

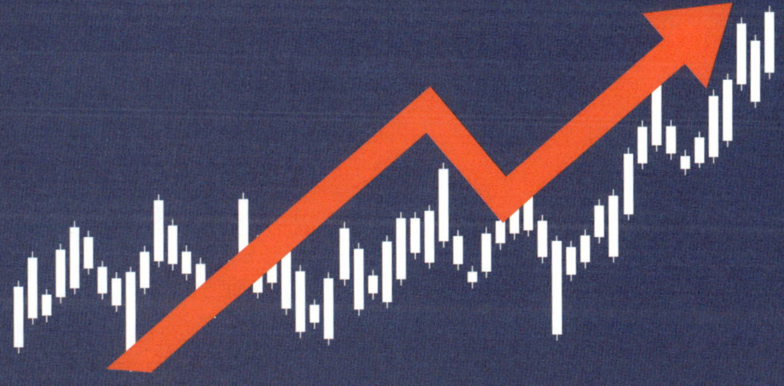

1

중장기 투자의
4원칙

투자와 관련된 격언을 보면 서로 충돌하는 말이 무척 많다. "떨어지는 칼날을 잡지 마라."라는 말이 있는가 하면, 한편에서는 "남들이 두려워할 때 욕심을 부려라."라고 말한다. "소문에 사서 뉴스에 팔라."는 조언도 있고, "1년을 보유할 주식이 아니라면 10분도 들고 있지 마라."라는 말도 있다. 이렇게 상반된 말들 속에서 어떤 전략을 따라야 할지 혼란스러울 수밖에 없다.

　사실 정답은 없다. 투자에는 절대적인 공식이 없고, 각자의 성향과 경험에 따라 자신만의 원칙을 세우는 것이 중요하다. 이제부터 소개하는 내용 역시 나의 경험을 바탕으로 정리한 원칙일 뿐이다. 독자 역시 이를 참고해 스스로에게 맞는 투자법을 만들어 가길 바란다.

투자에서 중요한 4가지 원칙

매도보다 매수가 중요하다

투자의 출발점은 언제나 매수다. 싸고 좋은 주식을 사는 것이 수익의 원천이며, 주식은 사는 순간 이미 수익률의 상당 부분이 결정된다. 수익률은 단순히 (매도가 − 매수가) ÷ 매수가로 계산되는데, 이 공식이 말해 주는 핵심은 명확하다. 매수가가 낮을수록 수익률은 높아질 가능성이 커진다는 것이다.

그래서 매수할 때는 반드시 스스로에게 질문해야 한다. "지금 이 주가는 기업의 본질적인 가치보다 싼가?", "이 기업은 앞으로 성장할 가능성이 있는가?" 무엇보다 "이 주식을 최소 1년에서 3년 이상 보유할 자신이 있는가?"를 말이다.

이 질문에 명확히 답하지 못한다면 매수를 한 번 더 고민해 보는 것이 맞다. 비싼 가격에 샀다가 후회하지 않으려면 매도보다 매수에 훨씬 더 많은 시간을 써야 한다.

주식 투자는 눈치가 아니라 인내심 싸움이다

주가가 떨어질 때 사람은 본능적으로 공포를 느낀다. 하지만 큰손 투자자들은 주가 하락을 위기가 아니라 기회로 본다. 물론 아무 종목이나 떨어진다고 해서 사라는 이야기는 아니다. 확신이 있는 종목이라면 주가가 내릴 때 오히려 추가 매수를 고민할 수 있어야 하고, 장기적인 수익을 내려면 '고진감래'의 시간을 버텨야 한다.

다만 여기에는 분명한 전제가 있다. 주가가 내릴 때 기업에 근본적인 문제가 생긴 것은 아닌지 반드시 확인해야 한다. 또 지금의 하락이 단순한 조정인지, 구조적인 악화인지를 구분해야 한다. 이유 없는 맹목적인 물타기는 독이 된다. 주식 시장은 때로 투자자의 멘탈을 시험하듯 강한 펀치를 날린다. 그럴 때 링 위에서 버틸 수 있는 힘은 감이 아니라 충분한 공부에서 나온 확신이다.

지수를 신경 쓰지 않고 개별 종목에 집중한다

많은 투자자가 코스피나 코스닥 지수를 보며 매매 타이밍을 잡으려 한다. 하지만 나는 지수보다 개별 종목에 집중하라고 말한다. 지수가 내려가도 개별 기업이 저평가 상태라면 그것은 기회가 될 수 있고, 지수를 기준으로 매매를 하면 의사결정이 오히려 모호해지기 때문이다.

무엇보다 중요한 점은 내가 보유한 종목의 주가가 반드시 지수와 같은 방향으로만 움직이지는 않는다는 사실이다. 결국 투자 판단의 중심은 "지금 이 기업이 싼가? 비싼가?"여야 한다. 지수는 참고 자료일 뿐 판단의 기준이 되어서는 안 된다.

바닥에서 사고, 고점에서 팔려는 욕심을 버린다

최저점에서 사고 최고점에서 팔겠다는 목표는 현실적으로 거의 불가능하다. 내가 저점이라고 생각한 가격에서 주가는 더 떨어질 수 있고, 고점이라고 판단해 팔아도 주가는 더 오를 수 있다. 그래서 필요한 전략이 바로 분할 매매다. 바닥이라고 생각되는 구간에서 여러 번 나누어 매수하고, 주가가 상승할 때도 한 번에 팔지 않고 나누어 매도하는 방식이다. 바닥과 천장 가격에 집착하다 보면 결국 아무 행동도 하지 못하고 기회를 놓치게 된다. 완벽한 가격이 아니라 합리적인 구간에서 행동하는 것이 무척 중요하다.

이 모든 원칙을 한 문장으로 정리하면 이렇게 표현할 수 있다. "주가가 내려갈 때 주식이 없는 사람은 주가가 올라갈 때도 없다." 공포에 눌려 매수를 미루면 결국 반등의 순간에도 시장 밖에 서 있게 된다. 그래서 "남들이 두려워할 때 욕심을 부려라."는 말은 단순한 용기가 아니라 준비된 투자자에게만 허락된 태도라고 볼 수 있다.

투자 고수의 4가지 절대 원칙

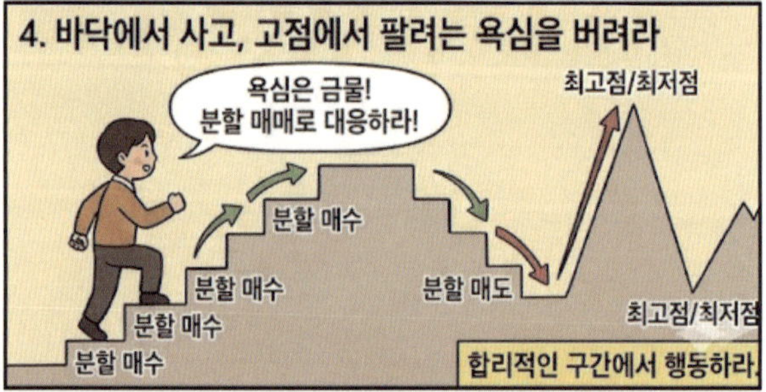

2

분산 투자 포트폴리오

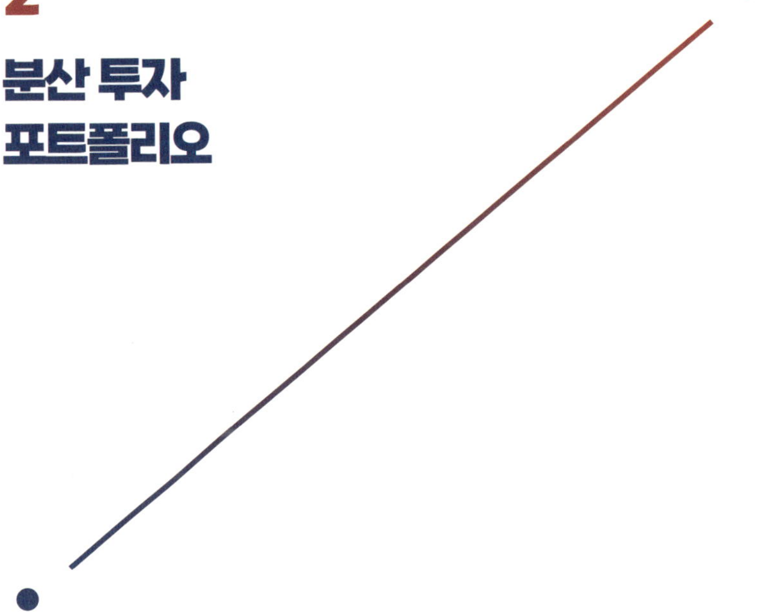

주식 투자에서 성공하려면 가장 먼저 인정해야 할 사실이 있다. 미래는 예측할 수 없다는 것이다. 아무리 철저하게 분석하더라도 틀릴 수 있고, 그 가능성은 언제나 존재한다. 그래서 투자의 출발점은 정답을 맞히는 것이 아니라 틀려도 버틸 수 있는 구조를 만드는 것이어야 한다. 저가 매수를 통해 안전마진을 확보하고, 분산 투자를 병행해야 하는 이유가 여기에 있다. "지혜로운 토끼는 굴을 3개 파 놓는다."는 교토삼굴의 교훈은 투자에서도 그대로 적용된다. 하나의 시나리오에 모든 것을 거는 순간 리스크는 감당할 수 없는 수준으로 커진다.

주식 투자에서 한 종목에 몰빵하는 행위는 분석에 대한 자신감이 아니라 예측에 대한 과신에 가깝다. 역사적으로도 몰빵의 위험성을 보여 주는 사례는 차고 넘친다. 『삼국지』의 적벽대전에서 조조는 모든 배를 한 줄로 묶는 '연환계'를 선택했다. 동남풍이 불지 않을 것이라 확신했기 때문이다. 하지만 바람은 예측과 다르게 불었고, 그 확신은 대패로 이어졌다. 투자도 다르지 않다. 내가 아무리 철저히 분석한 종목이라 해도 시장은 늘 예상 밖의 방향으로 움직일 수 있다. "나는 틀리지 않는다."는 생각을 버리지 못하면 시장에서 오래 살아남기 어렵다.

분산 투자의 기본 전제

분산 투자는 수익을 포기하는 전략이 아니다. 기회를 놓치지 않기 위한 전략에 가깝다. 모든 종목이 동시에 오르지 않고, 어떤 종목이 먼저 움직일지도 알 수 없다. 그렇기 때문에 여러 종목을 보유해야 하고, 한 종목이 부진하더라도 다른 종목의 상승으로 포트폴리오 전체를 방어할 수 있는 구조를 만들어야 한다. 핵심은 종목 수가 아니라 균형이다. 개인 투자자에게는 보통 5~10개 정도가 적당하다. 이보다 많으면 관리가 어려워지고, 이보다 적으면 리스크가 과도해진다. 무엇보다 중요한 기준은 각 종목을 충분히 설명할 수 있을 만큼만 보유하는 것이다.

포트폴리오는 팀이다

포트폴리오를 구성하는 과정은 축구팀을 꾸리는 것과 매우 닮아 있다. 공격수만 잔뜩 모아 놓아도 안 되고, 수비수만 가득해도 승리하기 어렵다. 역할이 분명한 선수들이 균형을 이룰 때 팀은 강해진다.

투자에서도 마찬가지다. 성장 가능성이 높은 종목은 공격수 역할을 맡는다. 주가가 빠르게 오를 수 있지만 변동성도 크다. 안정적인 사업 모델을 가진 가치주는 미드필더다. 포트폴리오의 중심을 잡아 주며 균형을 만든다. 저평가주나 고배당주는 수비수 역할을 한다. 큰 하락을 막아 주고 시장이 흔들릴 때 버팀목이 된다. 마지막으로 현금은 골키퍼다. 시장이 급락할 때 추가 매수를 가능하게 하는 가장 강력한 안전장치다.

공격만으로는 이길 수 없고, 수비만으로도 승리할 수 없다. 고수 투자자일수록 수익을 내는 방법보다 잃지 않는 구조를 먼저 만든다. 그래서 포트폴리오에는 언제나 수비수가 필요하다.

축구로 배우는 주식 포트폴리오

포트폴리오 분산 투자

몰빵의 위험: 예측은 틀릴 수 있다
예측이 빗나갔다! 전 재산이 불탄다!
연환계(몰빵)의 최후
예측 과신은 금물!

지혜로운 토끼의 전략: 교토삼굴
안전마진 확보! 위험을 분산한다!
2호굴 (가치주)
3호굴 (현금/배당주)
한 굴이 막혀도 다른 굴이 있다!

포트폴리오는 '팀'이다
공격수 (성장주)
미드필더 (가치주/안정)
골키퍼 (현금)
수비수 (저평가/배당)
역할이 분명한 선수들의 균형!

핵심은 균형과 조합!
성장, 안정, 방어의 황금 조합!
꾸준한 수익
시장에서 오래 살아남는 힘!
5~10개 종목 균형 유지

- 공격수(성장주) : 기업가치가 빠르게 상승할 가능성이 있는 종목. 다만 가격이 높을 수도 있음.

- 미드필더(균형 있는 기업) : 비즈니스 모델이 뛰어나고, 안정적인 성장을 이어 갈 수 있는 기업.

- 수비수(저평가주, 배당주) : 절대적인 저평가 상태이거나 배당이 높은 종목. 주가 급락 위험이 적음.

- 골키퍼(현금 보유) : 시장이 불안정할 때 추가 매수를 위해 여유자금을 보유하는 전략.

3
균형 잡힌 분산 투자 포트폴리오 예시

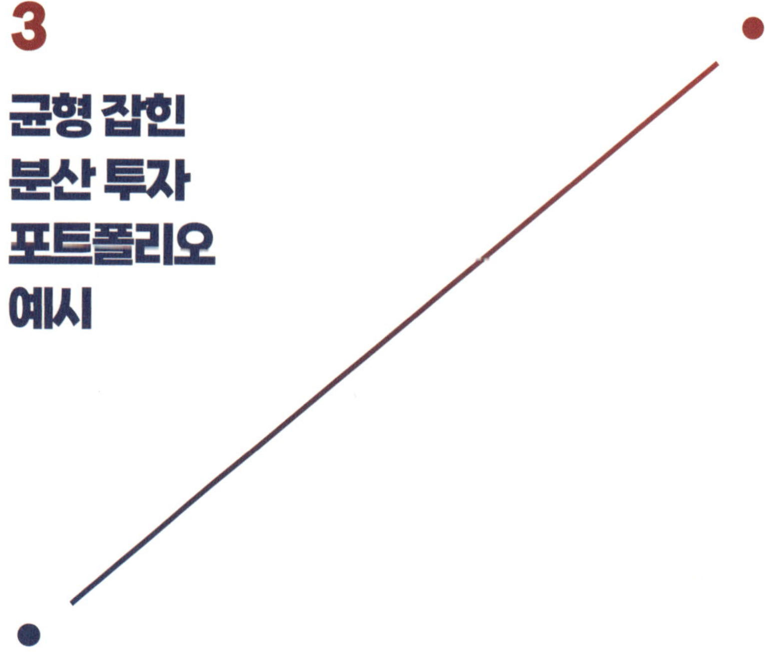

포트폴리오를 구성할 때 가장 흔히 하는 실수는 한쪽으로 치우치는 것이다. 공격수만 가득한 팀은 화려해 보이지만 작은 변수에도 무너지고, 수비수만 많은 팀은 안정적이지만 승부를 내기 어렵다. 투자도 마찬가지다. 성장 가능성만 보고 공격적인 종목만 담아도 위험하고, 방어만 생각해 수비적인 종목으로만 채워도 수익이 제한된다.

그래서 포트폴리오에는 반드시 성장성과 방어력이 함께 존재해야 한다. 흔히 말하듯 공격은 득점을 부르지만 수비는 승리를 부른다. 실제로

포트폴리오의 황금 균형

공격수만 가득한 팀은
화려하지만
작은 변수에도 와르르!
성장주 몰빵의 위험

수비수만 많은 팀은
안정적이지만
승부를 내기 어렵다!
0:0
수익이 제한된
방어적 투자

공격과 수비의 조화!
성장성 + 방어력 = 승리!
성장주, 가치주,
확보 균형
성장주, 가치주, 배당주
균형 배치

투자의 핵심은 포트폴리오 전체 관리!
안전마진 확보된 분산투자!
장기적인 성과를
결정하는 진짜 길
안전마진

고수 투자자일수록 눈에 띄는 성장주보다 보이지 않게 포트폴리오를 지켜 주는 수비수를 탄탄하게 배치하는 데 더 신경을 쓴다.

포트폴리오, 이렇게 구성하면 된다

분산 투자를 성공적으로 하기 위해서는 단순히 종목 수를 늘리는 것이 아니라 성장성, 안정성, 방어력, 유동성 등을 고려한 균형 잡힌 포트폴리오 구성이 필요하다. 다음은 2021년부터 2025년까지의 시장 흐름을 반영하여 구성한 대표적인 포트폴리오 예시다. 실제로 이 시기에 고수익을 기록했던 종목들로 구성되어 있으며, 각 종목은 서로 다른 업종과 테마를 대표한다.

균형 잡힌 포트폴리오 구성

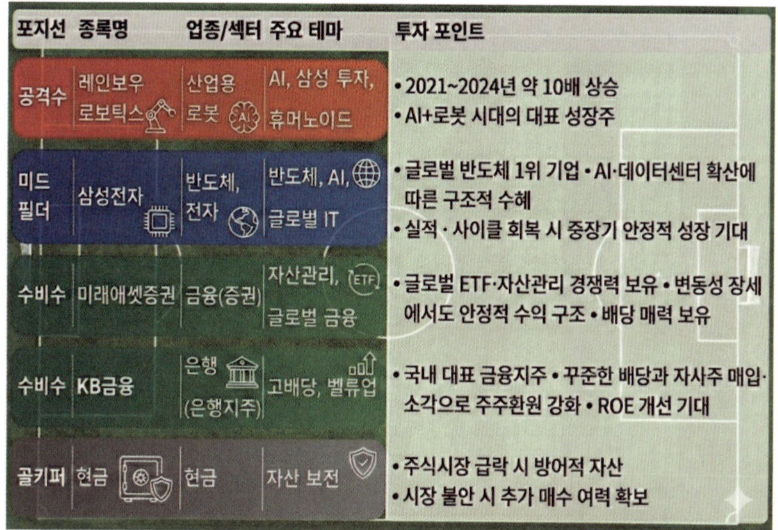

이 포트폴리오의 핵심은 단순히 종목 수를 늘린 데 있는 것이 아니라 각기 다른 테마와 역할을 가진 종목을 조화롭게 배치했다는 점에 있다.

레인보우로보틱스는 AI 로봇과 산업자동화라는 거대한 흐름을 대표하는 성장주로서 포트폴리오에서 공격적인 수익을 노리는 공격수 역할을 맡는다. 삼성전자는 글로벌 반도체와 IT 산업의 중심에 서 있는 기업으로 경기와 사이클의 영향을 받긴 하지만 장기적으로는 기술 경쟁력과 시장 지배력을 바탕으로 안정적인 성장을 기대할 수 있는 미드필더 포지션에 해당한다.

미래에셋증권과 KB금융은 포트폴리오의 수비를 책임지는 종목들이다. 미래에셋증권은 글로벌 자산관리와 ETF 경쟁력을 기반으로 변동성 장세에서도 비교적 안정적인 수익 구조를 갖추고 있으며, KB금융은 국내 대표 금융지주로서 꾸준한 배당과 자사주 매입·소각을 통해 주주환원을 강화해 온 전형적인 방어형 종목이다. 이 두 종목은 경기 침체 국면에서도 포트폴리오 전체의 흔들림을 줄여 주는 역할을 한다.

마지막으로 현금은 예상치 못한 시장 급락이나 변동성 확대 국면에서 대응력을 높여 주는 골키퍼로 위기 속에서 새로운 기회를 잡기 위한 유동성 자산이다.

결국 좋은 종목을 고르는 것만큼이나 중요한 것은 그 종목들을 어떻게 조합하고 어떤 역할로 배치하느냐다. 한 종목의 성과에 모든 것을 거는 대신 전체 포트폴리오를 하나의 팀처럼 설계하고 관리해야 한다. 그것이 바로 주식 시장에서 오래 살아남는 힘이며, 시간이 지날수록 꾸준한 수익으로 이어지는 가장 현실적인 투자 전략이다.

2021~25년 주식 포트폴리오

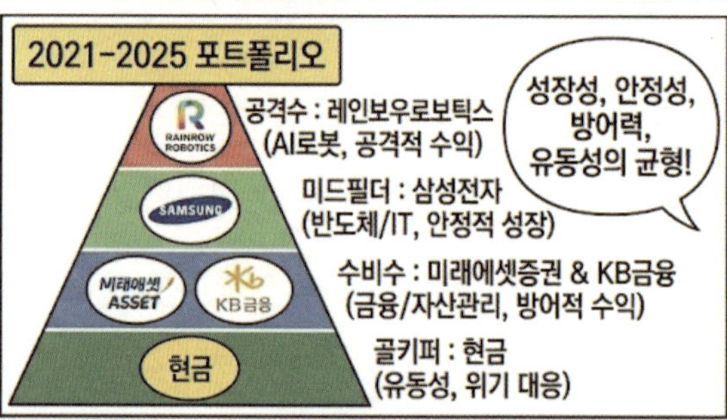

4
포트폴리오
관리 방법

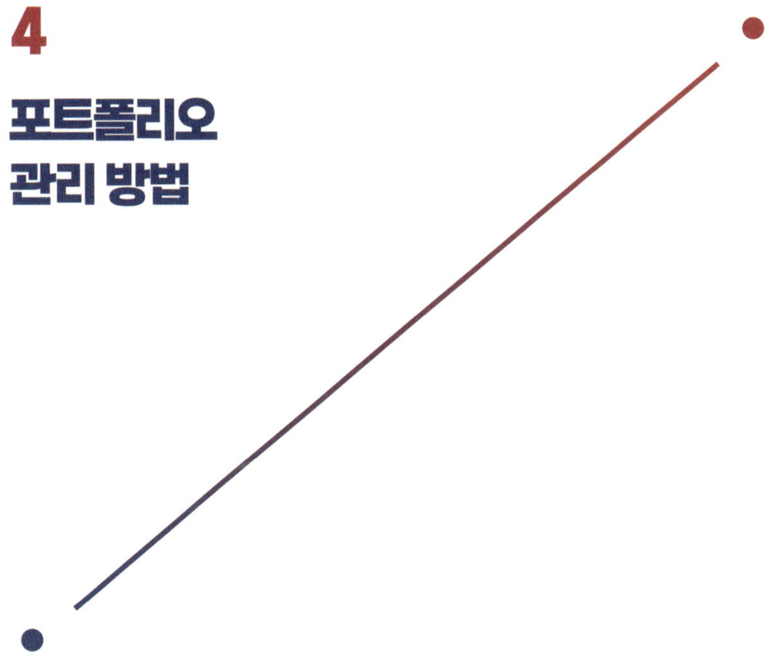

투자에서 포트폴리오를 구성하는 것은 마치 축구 감독이 선발 명단을 짜는 일과 비슷하다. 하지만 감독의 역할이 거기서 끝나지 않듯, 투자자의 일도 단순히 종목을 고르는 데서 끝나지 않는다. 경기가 진행되는 동안 감독이 전술을 조정하고 교체 카드를 꺼내 들듯, 투자자도 시장의 흐름과 기업의 변화에 따라 포트폴리오를 관리하고 최적화해야 한다.

이 과정에서 우리가 활용할 수 있는 전략은 크게 3가지다. 떨어질 때 더 사는 '물타기', 오를 때 더 사는 '불타기', 덜 좋은 종목을 팔고 더 좋은 종목으로 옮겨 가는 '갈아타기'다.

물타기는 기업의 본질적 가치에는 이상이 없는데 주가만 하락한 경우 추가 매수를 통해 평균 단가를 낮추는 전략이다. 시장 전반의 악재로 인해 기업 주가가 하락했지만 해당 기업의 실적이나 성장 전망이 여전히 탄탄하다면 물타기는 수익률을 높일 수 있는 기회가 된다. 단, 기업 자체에 문제가 생긴 상황이라면 손실을 키울 뿐이다. "아직도 이 기업은 좋은가?"라는 질문에 자신 있게 "그렇다."고 말할 수 있을 때만 유효한 전략이다.

불타기는 기업의 가치가 기대 이상으로 성장하고 있음을 확신할 때 가격이 올랐더라도 추가 매수하는 전략이다. 주가가 오른다고 그 추세를 따라 무분별하게 추가 매수하는 것은 위험한 행동이지만, 분석 결과 그 기업의 내재가치가 더 올랐다고 판단할 경우에 추가 매수하는 것은 합리적인 행동이다. 불타기는 감이 아니라 분석을 바탕으로 해야 한다. 기업의 가치가 예상보다 더 빨리 성장하고 있거나, 앞으로도 더 성장할 가능성이 높을 경우 진행한다. 단순히 "주가가 오르니까 더 사야겠다."가 아니라 "이 기업이 더 가치 있는 기업이 되었는가?"를 먼저 확인해야 한다.

갈아타기는 현재 보유한 종목보다 더 매력적인 종목이 있을 때 기존 종목을 매도하고 새로운 종목을 편입하는 전략이다. 무작정 버티는 것보다 더 좋은 선택이 될 수 있다. 단, 신중한 비교가 필요하다. 갈아타기가 유효한 경우는 현재 종목보다 더 성장 가능성이 높은 종목이 발견되었다거나, 보유 종목이 기대했던 성장 동력을 잃었다거나, 포트폴리오의 균형을 맞추기 위해 조정이 필요한 경우다. 하지만 갈아타기가 실패하는 경우도 있다. 비교 분석 없이 섣불리 종목을 바꾸면 '꽃을 뽑고 잡초에 물을 주는 실수'를 할 수도 있다. 갈아타기는 단순한 가격 비교가 아니라 '기업의 미래 성장성'에 대한 비교가 핵심이다.

포트폴리오 관리를 잘하기 위해서는 단순히 종목을 사고파는 것을 넘어서 '지속적인 팔로업(추적 조사)'이 핵심이다. 이는 마치 축구팀 감독이 경기 내내 선수들의 체력과 컨디션을 수시로 점검하며 전략을 조정하는 것과 같다. 투자자도 마찬가지로 포트폴리오에 편입한 기업들의 실적이나 산업 내 위치, 전략 변화 등을 끊임없이 확인하고 점검해야 한다.

팔로업 과정에서는 3가지를 중점적으로 살펴보면 된다.

첫째, 기업의 실적과 전망이 처음 투자할 때 예상했던 흐름과 일치하고 있는지를 확인해야 한다.

둘째, 시간이 지나도 해당 기업의 경쟁력, 즉 내재가치가 유지되고 있는지 점검해야 한다.

셋째, 기업이 새로운 성장 동력을 확보하고 있는지도 살펴봐야 한다. 새로운 시장 진출이나 신제품, 기술 확보 등이 그 예가 될 수 있다.

이러한 지속적인 점검을 통해 투자자는 중요한 판단을 내릴 수 있게 된다. 예를 들어, 주가가 하락한 상황이라면 기업의 본질은 그대로인지 검토해 보고, 문제가 없다면 오히려 추가 매수(물타기)의 기회로 삼을 수 있다. 반대로 주가가 이미 오른 상황이라도 기업의 가치가 더 높아졌다고 판단된다면 추가 매수(불타기)가 합리적인 선택이 될 수 있다. 혹은 보유하고 있는 기업이 예상과 다르게 흐르고 있다면 갈아타기를 고려해 다른 더 좋은 기업으로 옮겨 가는 결정도 가능하다.

결국 팔로업은 단순히 주가만 보는 것이 아니라 처음 세웠던 투자 아이디어가 여전히 유효한지를 점검하는 과정이다. 이 과정을 거쳐야만 투자자는 불확실한 시장 속에서도 흔들리지 않고 현명한 결정을 내릴 수 있다. 바로 이 꾸준한 점검과 판단이 장기적으로 성공적인 포트폴리오를 완성하는 핵심이 된다. 포트폴리오를 구성할 때 가장 어려운 일은 바로 각 종목에 어느 정도 비중을 둘 것인가를 결정하는 일이다. 처음부터 모든 종목의 비중을 정확하게 정하는 것은 현실적으로 어렵다. 투자자는 시간이 지나면서 기업에 대한 이해도가 높아지고, 시장 상황도 바뀌기 때문에 비중 조절은 정적인 작업이 아니라 지속적으로 조정해 나가는 과정이다.

일반적인 포트폴리오 비중 전략을 보면 핵심 투자 종목은 포트폴리오의 50% 이상을 차지하는 경우가 많다. 이들은 투자자가 높은 확신을 가지고 있는 종목으로 장기 보유를 전제로 포트폴리오의 중심축 역할을 한다. 반면에 확신이 덜한 종목이나 아직 충분히 검토되지 않은 종목은 1~2%의 소량 비중으로 시작하는 것이 일반적이다. 이러한 종목은 일종의 '보초병'처럼 역할을 한다. 말 그대로 관심 종목이지만 아직 확신이 부족하기 때문에 소액만 투자해 두고 지속적으로 관찰하는 방식이다.

이처럼 소량 보유 보초병 종목은 단순한 관망용이 아니라 추후 유망하다고 판단될 경우 본격적으로 편입할 준비를 위한 관찰 포지션이다. 시간이 지나면서 기업의 실적이 안정되고, 신뢰가 쌓인다면 이 종목의 비중을 점진적으로 늘려서 핵심 종목으로 승격시킬 수 있다. 반대로 시간이

지나도 성장성이나 수익성이 입증되지 않는다면 자연스럽게 포트폴리오에서 제외하면 된다.

결국 비중 조절은 투자 확신의 강도에 따라 결정되며, 팔로업을 통해 비중을 재배분하는 유연함이 투자 성과에 직결된다. 포트폴리오를 단단하게 만드는 것은 단순히 좋은 종목을 고르는 것이 아니라 그 종목에 어느 정도 '무게'를 실을지를 현명하게 결정하는 과정이다.

하락장에서 가장 괴로운 상황은 현금이 부족할 때다. 주가가 싸 보이지만 추가 매수할 여력이 없고, 기회가 와도 손을 쓸 수 없는 상황은 투자자에게 큰 스트레스다. 이런 경우 활용할 수 있는 전략이 바로 갈아타기다. 현재 보유한 종목 중에서 상대적으로 매력이 떨어지는 종목을 매도하고 더 좋은 성장성과 가치를 가진 종목으로 자금을 옮기는 방식이다.

갈아타기를 잘 활용하면 단순히 손실을 줄이는 차원을 넘어 포트폴리오의 질을 한 단계 끌어올리는 기회가 된다. 물론 이 전략이 성공하려면 철저한 비교 분석이 전제되어야 한다. 기존 종목과 신규 종목을 단순히 주가나 테마로 비교해서는 안 된다. 핵심은 기업의 미래 성장성, 수익성, 시장 내 경쟁력 등을 냉정하게 따져 보는 것이다. 많은 투자자가 단기적인 실망감이나 주변 분위기에 휩쓸려 "이건 재미없어 보여."라며 종목을 바꾸는 실수를 한다. 갈아타기는 '감'으로 하는 선택이 아니라 '확신'으로 하는 결정이어야 한다. 정말로 지금보다 더 나은 종목인지, 더 오랜 시간 동안 수익을 줄 수 있는지에 대한 판단이 선행되어야 한다.

따라서 갈아타기는 하락장의 피난처가 아니라 오히려 하락장을 반등의 기회로 바꾸는 도구가 될 수 있다. 핵심은 흔들리지 않고 분석하는 자세와 그 분석을 바탕으로 더 나은 선택을 확신 있게 실행하는 용기다.

포트폴리오는 한 번 구축하고 끝나는 것이 아니다. 시작은 종목을 고르고 비중을 나누는 작업이지만 진짜 중요한 일은 그 이후에 계속 이어진다. 투자 아이디어가 여전히 유효한지, 기업의 실적과 경쟁력이 유지되는지, 새로운 성장 동력이 생기는지를 끊임없이 점검해야 한다.

때로는 주가가 하락했을 때 물타기를 통해 매수를 늘려야 할 수도 있고, 반대로 기업의 가치가 예상보다 더 빠르게 성장하고 있다면 주가가 올랐더라도 불타기를 고민할 수 있다. 또 어떤 경우에는 기대했던 성장성이 사라졌거나 더 매력적인 종목이 나타났다면 과감하게 갈아타는 것이 현명한 선택일 수도 있다.

이 모든 판단의 중심에는 철저한 '팔로업', 즉 꾸준한 관찰과 분석이 자리 잡고 있어야 한다. 또한 종목 간의 균형을 맞추는 비중 조절 역시 지속적인 점검을 통해 조금씩 다듬어 가야 한다. 단기적인 가격 변동에 흔들리기보다는 기업의 본질적인 가치에 집중하고 전체 포트폴리오의 안정성과 성장성을 조화롭게 유지하려는 노력이 필요하다.

필립 피셔가 강조했듯 투자에서 성공하려면 끝없는 사실 수집과 데이터 분석이 필요하다. 결국 포트폴리오 관리란 끊임없이 시장과 기업을 연구하고 점검하며 더 나은 구성을 향해 나아가는 지속적인 과정이라는 사실을 잊지 말아야 한다.

포트폴리오 관리

감독의 경기 운영 (지속적 관리)
선발 명단만 짜면 끝이 아냐!
시장 흐름에 따라
전술을 바꿔야 해!
A진자
4
B바이오
B바이오
10
포트플리오 관리 = 감독의 경기 운영

3가지 핵심 전술
가치는 그대로!
추가 매수로 평단 낮추기!
성장 확신!
주가 올라도 더 사서
수익 극대화!
더 나은 종목으로 교체!
기회비용 살리기!
물타기
불타기
갈아타기

팔로우업 & 비중 조절
끊임없는 추적 조사로
확신에 따라 비중을
조절해야지!
핵심 종목
(비중 50%↑)
보초병
(비중 1~2%)
보초병
(비중 1~2%)

장기적인 성공 (최강의 팀)
장기적
성공
꾸준한 점검과 현명한 판단이
최강의 포트폴리오를 만든다!
성공적인 투자는 끝없는 과정이다

5
매도 전략

주식 투자에서 가장 행복한 순간은 투자 아이디어가 현실이 되는 순간이다. 싸다고 판단해 사 둔 주식이 제 가치를 인정받으며 오르거나, 예상했던 변화가 실제로 발생해 주가가 상승 흐름으로 돌아설 때 비로소 기다림은 보상으로 바뀐다. 이 시점은 흔히 말하는 "비관론자에게 사서 낙관론자에게 파는" 시간 차익 거래가 완성되는 지점이기도 하다.

하지만 여기서 한 가지 중요한 사실이 있다. 아무리 좋은 흐름도 '팔지 않으면' 수익은 완성되지 않는다는 점이다. 그래서 매도는 단순한 선택이 아니라 투자 성과를 결정짓는 마지막 관문이라 할 수 있다.

그렇다면 언제 팔아야 할까? 주식 투자에서 가장 경계해야 할 태도는 처음 세운 투자 아이디어를 끝까지 고집하는 것이다. 아무리 철저하게 분석했더라도 기업의 현실은 예상과 다르게 흘러갈 수 있다. 산업 환경이 바뀌고, 경쟁 구도가 변하고, 정책이나 규제가 달라질 수도 있다. 세상의 모든 일이 계획대로 흘러가지 않듯 투자 역시 예외는 아니다. 중요한 것은 처음 판단이 아니라 상황 변화에 따라 판단을 수정할 수 있는 유연함이다.

기업의 실적이 예상보다 크게 부진하거나 산업 구조 자체가 급변해 성장성이 훼손되는 경우도 있다. 이런 상황에서는 "조금만 더 기다려 보자."는 희망이 오히려 손실을 키운다. 특히 기업의 경쟁력, 즉 경제적 해자가 약화되었거나, 기대했던 성장 동력이 사라졌고, 주가 상승을 이끌던 핵심 요인이 더 이상 유효하지 않다면 현재 주가가 오르든 내리든 상관없이 투자 아이디어는 이미 흔들린 상태다. 이때 필요한 태도는 미련이 아니라 결단이다. 판단이 틀렸다면 이를 인정하고 빠져나오는 것이 장기적으로 훨씬 현명한 선택이다.

저평가 우량주 매수가 성공적인 투자의 출발점이라면 현명한 매도 타이밍은 그 투자 아이디어를 완성시키는 순간이다. 목표 주가에 도달했다면 이익을 확정하는 매도를 고민해야 하고, 반대로 기업의 성장 동력이 소진되었다면 감정에 흔들리지 말고 떠나야 한다. 물론 기업에 새로운 성장 요소가 계속 추가되고 있다면 보유를 이어 가는 것이 더 합리적일 수 있다. 중요한 것은 주가의 등락이 아니라 처음 세운 투자 논리가 여전히 살아 있는지다. 투자자는 주가가 하락할 때 공포를 이겨 내는 법뿐 아니라 주가가 상승할 때 욕심을 절제하는 법도 배워야 한다. 실제로 투자 성과는 언제 사느냐만큼 언제 파느냐에 의해 좌우되는 경우가 많다.

이 점을 가장 극명하게 보여 주는 사례가 한국 바이오 기업 HLB다. HLB는 간암 치료제 리보세라닙의 FDA 승인 기대감으로 2023년부터 시장의 집중적인 관심을 받았다. 2023년 초에 3만 원대였던 주가는 FDA 신청 소식과 긍정적인 임상 데이터가 전해지며 가파르게 상승했고, 2024년 3월 26일에는 종가 기준 12만 원을 넘기며 코스닥 시가총액 상위권에 올라섰다.

당시 증권가는 HLB의 글로벌 제약사 도약 가능성을 높게 평가했다. 2023년 3분기에는 7만 원, 2024년 초에는 10만 원 수준의 목표 주가가 제시됐는데, 이는 당시 주가 대비 50~100% 이상 높은 수치였다. 투자자들은 신약 승인이라는 강력한 기대와 증권가의 낙관적인 전망에 힘입어 매수에 몰렸고, 주가는 12만 9,000원까지 치솟으며 증권가 목표가를 훌쩍 넘어섰다.

바로 이 지점이 중요하다. 주가가 증권가의 최고 목표가를 넘어섰다는 것은 시장의 기대가 이미 상당 부분 선반영되었다는 신호다. 2024년 3월 약 13만 원 수준은 이익을 실현해도 전혀 이상하지 않은 구간이었고, 오히려 교과서적인 매도 타이밍에 가까웠다. 하지만 상승 흐름에 취한 많은 투자자는 매도를 미뤘다. 신약 승인 성공 시 20만 원, 그 이상도 가능하다는 낙관론이 시장을 지배했다. 그러나 2024년 5월 초, FDA의 보완 요청 소식이 전해지며 상황은 급변했다. 기대의 중심이었던 핵심 요인이 흔들리자 주가는 5만 원 이하로 급락했다. 이후 2025년 3월 두 번째 승인 절차에서도 같은 문제가 반복되며 추가 하락이 이어졌다. 핵심 기대가 사라졌음에도 반등을 기다리며 보유를 고집한 투자자들은 손실을 키웠다. 이는 주가가 아니라 투자 아이디어의 변화에 대응하지 못한 결과였다.

결과적으로 HLB 주가는 2024년 3월 고점 대비 약 67% 하락했다. 만약 증권가 목표 주가에 도달했을 때 욕심을 줄이고 이익을 확정했다면 50~100%에 달하는 수익을 현실로 만들 수 있었다. HLB 사례가 주는 교훈은 분명하다. 목표에 도달했을 때는 욕심보다 규칙이 우선이며, 핵심 투자 논리가 무너졌다면 감정이 아니라 판단으로 매도해야 한다는 것이다. 매도는 실패가 아니라 잘 설계된 투자 전략의 완성이라는 점을 잊지 말아야 한다.

HLB의 2023년 1월 ~ 2025년 3월 차트

매도 – 투자의 완성

기다림의 보상: 꽃 피는 투자 아이디어
저평가 매수
저평가 매수
비관론자에게 사서 낙관론자에게 판다! 시간 차익 거래 완성!
하지만 팔지 않으면 수익은 없다.

상황 변화와 유연한 판단
산업 변화, 실적 부진
핵심 투자 논리가 흔들리면 미련 없이 떠나야 한다!
조금만 더 기다려보자!

욕심의 함정: HLB의 급등과 목표가 초과
HLB 주가
20만원 가즈아!
증권가 목표가 (10~13만원)
이미 기대 선반영! 욕심을 절제할 때!

매도는 전략의 완성
매도는 실패가 아닌, 잘 설계된 투자 전략의 완성이다!
다음 투자 기회

6
현금 비중

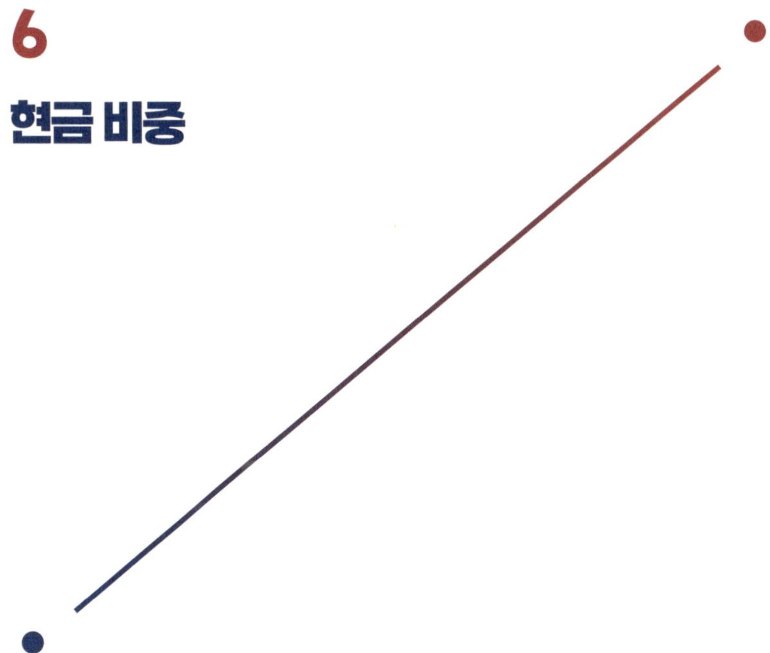

현금 비중은 기회를 사는 티켓이다. 중장기 투자자들도 한 번쯤 적절한 현금 비중으로 고민을 하게 된다. 상승장에서는 계좌에 놀고 있는 현금이 아깝고, 반면에 모든 종목이 내려간 하락장에서는 추가 매수할 현금이 없는 게 아쉽기 때문이다. 결국 이 고민은 본인이 상승장과 하락장을 맞힐 수 있을 것 같은 착각과 오만에서 비롯하는 것이다.

하지만 분명히 알아야 한다. 시장의 바닥과 천장 예측은 세계적인 투자 대가들도 하지 못하는 영역이고, 애초에 시도하지도 않는 영역이다.

그래서 그들이 선택한 방법은 바로 시장 예측이 아니라 기업 분석이다.

"지금은 고점 같으니 현금을 늘려야지."라는 말은 본인이 신이라는 소리와 같다. 주식 시장의 바닥과 천장은 그 누구도 맞힐 수 없다. 하락장을 피하려고 현금을 들고 있다가 정작 반등이 시작될 때 무서워서 못 들어가는 게 개미들의 전형적인 실태다. 결국 상승장에서 몰빵하고 하락장이 오면 평가손실은 가득 쌓인 채로 추가 매수 현금 여력이 없어 다시 시작되는 상승장을 구경만 하게 되는 게 개미들의 현실이다.

현금을 들고 있어야 하는 진짜 이유는 하락장에서 내 계좌를 지키기 위해서가 아니다. 좋은 기업이 말도 안 되게 싸졌을 때 주저 없이 살 수 있는 여유를 확보하기 위해서다. 남은 현금이 있어야만 내가 평소에 눈여겨보던 기업의 주가가 빠졌을 때 "세일 기간이 왔구나!" 생각하며 즐겁게 쇼핑한다. 이 한 끗 차이가 투자자의 멘탈을 결정하고 결국 최종 수익률의 격차를 만든다. 그렇다면 현금을 얼마나 들고 있어야 할까? 정답은 없지만 초보자라면 이 2가지만 기억해라.

- 숙면의 법칙 : 하락장이 와도 밤잠을 설치지 않을 정도의 현금은 무조건 남겨 둔다.
- 세일의 법칙 : 내가 찍어 둔 기업이 갑자기 -20% 세일을 할 때 바로 매수 가능한 정도의 현금을 남겨 둔다.

현금도 하나의 종목이다. 아무것도 안 하고 노는 돈이 아니다. 수익률을 극대화하기 위해 잠시 대기 중인 '현금이라는 이름의 종목'일 뿐이다. 시장의 방향을 맞히려 애쓰는 시간에 좋은 기업을 하나라도 더 찾아라.

현금 비중의 딜레마

현금 비중 고민은 끝이 없다
오를 땐 현금이 아깝고...
도대체 현금은 얼마나 들고 있어야 하지?
내릴 땐 현금이 아쉽고...

시장 타이밍의 함정
시장을 맞추려는 노력은 노력은 대부분 헛수고! 하락 피하려다 상승도 놓친다!
꼭지에 사고!
바닥에 팔고!

투자의 본질: 기업 분석
현금은 예측이 아닌 '기회'를 위한 무기!
무서워! 현금 꽉 쥐고 있어야지
지금 싸진 좋은 기업은 뭘까? 기회다!

준비된 투자자가 기회를 잡는다
완벽한 타이밍은 없다! 꾸준히 준비하고, 최고의 기업을 싸게 살 여력을 남겨라!
좋은 기업

투자는
심리 게임이다

투자는 심리 게임이라는 말이 있다. 투자에서 실패하는 이유는 지식이 부족해서가 아니라 감정을 통제하지 못해서인 경우가 훨씬 많다. 아무리 훌륭한 투자 원칙을 알고 있어도, 그것을 시장 한복판에서 끝까지 지켜 내는 일은 전혀 다른 차원의 문제이기 때문이다.

주식 투자에서 돈을 버는 원리는 누구나 알고 있다. 좋은 기업을 싸게 사서 비쌀 때 판다. 이 공식 자체는 단순하다. 그러나 막상 실전에 들어가면 상황은 전혀 다르게 전개된다. 기업이 좋은 것은 알겠는데 주가가 떨어지면 손이 얼어붙고, 주가가 오르기 시작하면 이미 늦은 것 같아 망설이게 된다. 어렵게 매수한 종목이 하락하면 겁이 나서 손절하고, 겨우 반등한 종목은 팔자마자 더 오른다. 원리는 다 아는데 실천이 안 되는 이유다. 다이어트와 똑같다. 방법은 누구나 알지만 유혹을 이기는 건 또 다른 문제다.

이 과정에서 투자자가 겪는 심리적 고통은 크게 3가지로 정리된다.

첫째, 손실에 대한 공포다. 인간은 본능적으로 이익보다 손실을 훨씬 더 크게 느낀다. 내가 산 종목이 계속 떨어질 때 "이러다 반 토막 나는 건 아닐까?"라는 생각이 머리를 떠나지 않는다.

둘째, 조바심이다. 시장은 잘 가는데 내 종목만 가만히 있을 때 남들과 비교하며 불안이 커진다.

셋째, 매도 후의 아쉬움이다. 어렵게 익절했는데 주가가 더 오르면 깊은 후회가 따라온다. 이런 감정들이 반복되면 투자자는 점점 이성을 잃고 고점 매수와 저점 매도의 악순환에 빠지게 된다.

하지만 반드시 기억해야 할 사실이 있다. 변동성은 주식 시장의 결함이 아니라 수익이 발생하는 전제 조건이라는 점이다. 변동성이 없다면 싸게 살 기회도, 비싸게 팔 순간도 존재하지 않는다. 야구 선수가 홈런을 치려면 날아오는 공을 피할 수 없는 것처럼 투자자도 가격의 흔들림을 감내해야만 수익을 얻을 수 있다.

이 변동성을 견디는 가장 강력한 무기는 펀더멘털이 탄탄한 기업이다. 위기 속에서도 이익을 내고, 불황을 버텨 낼 수 있는 기업이라면 주

투자는 심리 게임이다

원칙은 알지만, 행동은 어렵다
앙드레 코스톨라니: "투자는 심리 게임이다"
좋은 기업인 건 알겠는데, 떨어지니까 무서워!
투자 원칙

투자자를 흔드는 세 가지 고통
손실 공포
반토막 나는 거 아냐?
조바심
내 것만 안 가네!
매도 후회
팔았더니 더 오르네!
손실 공포
조바심
매도 후회

변동성은 수익의 기회
날아오는 공을 피하면 홈런은 없다! 변동성을 감내해야 수익이 온다!
변동성
Coach

파도를 타는 서퍼처럼
기업의 본질을 믿고, 이 파도를 즐기자!
시장 변동성
튼튼한 펀더멘털, 안전마진, 배당

가의 등락은 위협이 아니라 기회로 바뀐다. 여기에 안전마진이 확보되어 있고, 꾸준한 배당까지 있다면 심리적인 방어력은 훨씬 강해진다. 가격이 흔들려도 기업의 본질이 흔들리지 않는다는 확신이 있기 때문이다.

투자자를 가장 흔들어 놓는 또 하나의 요소는 뉴스와 시장 분위기다. 언론은 언제나 공포를 자극한다. 위기, 붕괴, 침체라는 단어는 반복해서 등장한다. 하지만 역사를 돌아보면, 뉴스가 가장 비관적일 때가 오히려 저점이었고, 모두가 낙관에 도취되어 있을 때가 정점이었다. 불안과 비관이 없는 주식 시장은 존재하지 않는다. 그래서 뉴스보다 기업의 실체를 보는 눈이 중요하다.

결국 변동성을 이겨 낸 사람만이 진짜 수익을 얻는다. 변동성을 두려워하지 않고, 견디고, 기회로 활용할 수 있을 때 투자자는 시장의 파도를 타는 서퍼처럼 움직일 수 있다. "투자는 스트레스와 걱정의 대상이 아니라 도전과 성취의 과정이 되어야 한다."는 격언처럼 변동성을 정복하며 실력을 쌓아 가야 한다.

8

하락장
대처법

주식을 하다 보면 하락장은 반드시 찾아온다. 올해 태풍이 왔다고 내년에 태풍이 안 오는 게 아닌 것처럼 약세장도 언제든 다시 온다. 그래서 약세장을 견딜 마음의 준비가 되어 있지 않다면, 솔직히 말해 주식 투자를 오래 지속하기 어렵다. 약세장은 예측의 대상이 아니다. 그저 대비의 대상일 뿐이다. 예고 없이 찾아오고, 한두 번 맞히는 사람은 있어도 매번 맞히는 사람은 없다.

우리가 해야 할 일은 태풍의 경로를 맞히는 것이 아니라 태풍이 와도 무너지지 않을 집을 짓는 것이다. 아기 돼지 삼형제 이야기처럼 짚더미 집은 날이 좋을 때는 멀쩡해 보이지만 바람이 불면 한순간에 무너진다. 내실 없는 주식이 약세장에서 가장 먼저 무너지는 이유도 같다.

약세장은 투자자가 보유한 종목의 진짜 가치를 가차 없이 드러내는 시간이다. 상승장에서는 웬만한 종목도 함께 올라간다. 하지만 하락장에서는 질문이 바뀐다. "얼마나 오를까?"가 아니라 "이 기업은 살아남을 수 있을까?"다. 본래 가치 대비 저평가된 기업, 불황에서도 수요가 유지되는 비즈니스 모델을 가진 기업, 부채가 과하지 않고 현금 흐름이 안정적인 기업, 위기 때도 방향성을 잃지 않는 경영진이 이끄는 기업은 약세장을 통과한 뒤 오히려 더 강해진다. 반대로 내실 없는 기업은 약세장에서 변명할 시간조차 없다. 자금 조달이 막히고, 신뢰가 흔들리고, 작은 악재 하나에도 연쇄적으로 무너진다. 약세장은 그 차이를 숨김없이 보여 준다. 그럼에도 많은 투자자가 약세장에서 늘 비슷한 심리적 함정에 빠진다.

첫째, 하락의 원인을 집요하게 파고들며 공포에 갇히는 것이다. 뉴스와 시황 분석을 끝없이 보며 "왜 이렇게 빠지지?"라는 질문에 매달린다. 하지만 시장이 하락하는 이유는 언제나 있었다. 중요한 사실 하나는 시장은 결국 회복해 왔다는 점이다. 이럴 때일수록 더 많은 뉴스보다 감정을 가라앉히는 루틴이 필요하다. 투자 대가들의 책을 다시 펼쳐 보거나, 운동이나 산책을 하며 머리를 식히는 시간이 오히려 도움이 된다.

둘째, 주가 하락을 곧바로 실제 손실로 받아들이는 착각이다. 주식이 빠졌다고 해서 곧바로 손해를 본 건 아니다. 매도하기 전까지는 평가 손실일 뿐이다. 하지만 계좌를 자주 들여다볼수록 불안은 커지고, 결국 바닥에서 손절하는 실수를 저지르기 쉽다. 이럴 때일수록 벤저민 그레이엄의 말처럼 가격 하락과 가치 훼손을 구분할 필요가 있다.

셋째, 약세장이 오자 갑자기 투자자가 거시경제 전문가가 되는 현상이다. 평소에는 기업의 재무제표와 사업 구조를 보던 사람이 갑자기 금리, 환율, 실업률을 들여다보며 대공황을 예측한다. 물론 거시 환경도 중요하다. 하지만 개인 투자자에게 더 중요한 것은 내가 투자한 기업의 실체다. 시장 전체는 통제할 수 없지만 기업 분석과 포트폴리오 구성은 통제할 수 있다.

그래서 약세장에서 필요한 태도는 예측이 아니라 대응이다. 대응은 생각보다 단순하다.

첫째, 보유 종목을 점검한다. 비즈니스 모델이 여전히 유효한지, 재무 구조는 버틸 수 있는지, 경쟁력이 약화되고 있지는 않은지 다시 확인한다.

둘째, 갈아타기를 고려한다. 덜 매력적인 종목을 정리하고 더 확신 있는 종목으로 옮기는 작업은 약세장에서 포트폴리오의 질을 높이는 가장 현실적인 방법이다.

셋째, 흔들리지 않는 루틴을 유지한다. 하락장에서 시세판만 들여다보는 것은 감정을 망가뜨리는 지름길이다. 루틴은 투자자를 지켜 주는 안전벨트다.

약세장에서 자주 반복되는 실수는 2가지다. 하나는 공포에 질려 바닥

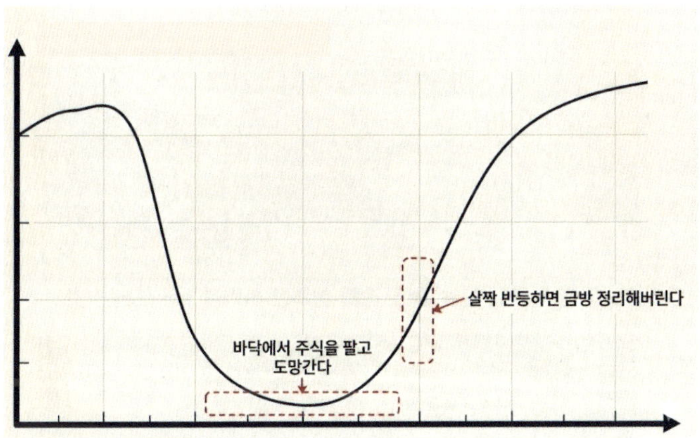

에서 손절하는 것이고, 다른 하나는 오랜 하락 끝에 작은 반등이 오자 "본전만 오면 팔자."며 서둘러 매도하는 것이다. 하지만 시장은 종종 가장 괴로운 시간이 지난 뒤 가장 크게 움직인다. 감정적인 판단은 늘 그 흐름에서 한 박자씩 늦는다.

결국 약세장은 이겨 내는 대상이 아니라 대응해야 할 국면이다. 찰리 멍거의 말처럼 우리는 역풍이든 순풍이든 그 상황에 맞게 최선을 다해 대응할 뿐이다. 시장을 맞히려 애쓰기보다 원칙을 지키는 쪽이 훨씬 현실적이다. 좋은 기업은 약세장이 끝나면 결국 다시 오른다. 주식 시장은 할인 판매가 시작되면 손님이 떠나는 유일한 시장이지만 바로 그 비이성 속에서 기회가 만들어진다. 패닉 속에서 무엇을 해야 할지 아는 투자자에게 약세장은 공포가 아니라 선택의 시간이다. 이제 질문은 단 하나다. 약세장이 두려운가? 아니면 기회로 보이는가?

상승장과 하락장 대응 전략

상승장엔 누구나 돈을 번다. 진짜 실력은 하락장에서 드러난다!

예고 없이 찾아오는 하락장! 내실 없는 주식은 한순간에 날아간다.

강세장 급등주에 묻지마 투기 불나방 VS 저평가 우량주 투자 결과

우량주 투자자에게 공포장은 오히려 좋은 주식을 저가에 살 수 있는 찬스!

9
강세장
대처법

주식 시장에서 강세장은 축제처럼 느껴진다. 주가가 연일 오르고 주변 어디를 봐도 수익 이야기가 들린다. 이런 분위기 속에서는 누구나 주식으로 돈을 벌 수 있을 것 같은 착각에 빠지기 쉽다. 하지만 달도 차면 기우는 법이다. 강세장은 늘 수많은 승자를 만들어 내는 동시에, 그보다 더 많은 패자를 남기고 끝난다. 문제는 그 패자 대부분이 '가장 안전해 보이던 시점'에 들어왔다는 점이다.

성공하는 투자자들은 강세장에서 오히려 불안해진다. 이들은 평균 회귀의 원리를 믿는다. 주가는 언젠가 기업의 본질적 가치로 돌아간다는 사실을 알기 때문이다. 그래서 주가가 적정 가치를 크게 넘어서는 순간부터 경계심이 커진다. 반대로 대다수의 투자자는 이성을 잃고 탐욕에 사로잡힌다. 이미 오른 이유보다 앞으로 얼마나 더 오를지만 생각한다. 강세장일수록 더 냉정해야 하는 이유가 여기에 있다. 강세장에 대응하는 태도는 크게 3가지로 정리할 수 있다.

첫째, 지나치게 비싼 주식은 멀리해야 한다.

겉보기에는 단단해 보이지만 많은 사람이 올라선 순간부터 가장 위험해지는 얼음판과 같다. 모두가 안심하고 뛰어드는 시점은 오히려 가장 깨지기 쉬운 순간이다. 마찬가지로 너도나도 달려드는 테마는 이미 기대가 과도하게 가격에 반영됐을 가능성이 높다.

둘째, 신조어가 만들어진 업종은 반드시 경계해야 한다.

강세장이 깊어질수록 시장은 특정 섹터를 하나의 이야기로 묶어 이름을 붙이기 시작한다. 근래 몇 년 사이 유행했던 태조이방원(태양광, 조선, 이차전지, 방산, 원전), 조방원(조선, 방산, 원전), FAANG, 10만전자 같은 단어들은 투자 판단을 쉽게 만들어 주는 동시에 사고를 멈추게 만든다. 개별 기업의 가치 대신 '묶음 스토리'가 판단을 대신하기 때문이다. 돌아보면 이런 신조어가 유행한 뒤의 결말은 대체로 좋지 않았다.

셋째, 과열의 신호를 무시하지 말아야 한다.

카페 옆자리에서 들리는 대화가 주식 이야기뿐이고, 평소 투자에 관심 없던 사람들이 특정 종목을 추천하기 시작한다면 시장을 다시 점검할 필요가 있다. 특히 아마추어 투자자가 전문가처럼 확신에 찬 조언을 하기 시작할 때는 시장이 정점에 가까워졌을 가능성이 크다.

강세장에서 가장 위험한 적은 정보 부족이 아니라 탐욕이다. 인간은 본능적으로 불을 향해 달려드는 불나방과 비슷한 면이 있다. 하지만 투자자는 달라야 한다. 특별한 재능이나 고급 지식이 필요한 게 아니다. 경계심을 잃지 않는 상식이면 충분하다.

비행 안전 규정의 대부분이 피로 쓰였다는 말이 있다. 사고가 난 뒤에야 규칙이 만들어졌기 때문이다. 강세장에서의 투자 실패 역시 마찬가지다. 역사는 이미 충분한 경고를 했다. 2008년 금융위기를 다룬 영화「빅쇼트」는 강세장에서 어떤 사고가 어떻게 반복되는지를 생생하게 보여 준다. 강세장에 들어섰을 때야말로 이런 실패의 기록을 다시 꺼내 읽어야 한다.

워런 버핏은 말했다. "다른 사람이 신중하지 못할수록 우리는 더 신중해야 한다." 강세장은 대부분의 사람이 경계를 내려놓는 시기다. 바로 그때가 원칙을 다시 붙잡아야 할 순간이다. 주식 시장은 때로 돈을 잃고 경험을 얻는 곳이기도 하다. 그 경험을 너무 비싼 값에 치르지 않으려면 수익을 당연하게 여기지 말고 언제든 흐름이 바뀔 수 있다는 사실을 항상 염두에 두어야 한다. 강세장은 분명 기회의 시기다. 하지만 동시에 인간의 본성을 시험하는 시간이다. 모두가 장미꽃만 바라보며 흥분할 때 그 장미에 가시가 있다는 사실까지 함께 볼 수 있는 투자자만이 끝까지 살아남는다. 강세장에서 살아남는 법은 더 공격적으로 움직이는 것이 아니라 더 차분하게 비판적으로 점검해 보는 것이다.

강세장에서 살아남는 법

강세장은 축제 분위기! 누구나 돈 벌 것 같은 착각에 빠진다.
흠.. 달도 차면 기우는 법.. 가장 안전해 보일 때가 가장 위험한데..

성공 투자자는 불안해한다. (평균회귀 믿음)
대다수는 탐욕에 눈이 멀어 오를 생각만 한다.
기업 본질 가치
주가
탐욕

1. 비싼 주식 멀리하기 (얼음판 주의)
비싼 주식
2. 신조어 테마 경계하기
태조이빙원
BBIG
신조어 테마
손님, 요즘 00주식이 최고래! 내 주변에서도 다 샀어! 지금 놓치면 후회할걸?
3. 과열신호 (주변에서 다 주식 얘기)

가장 큰 적은 탐욕! 불나방이 되지 말자.
탐욕
원칙
워렌버핏: 사람들이 욕심낼때 두려워하고 다른 사람이 두려워할때 욕심 내라! 대중의 공포와 탐욕을 역이용하는 지혜!

10
소외감
(FOMO)
대처법

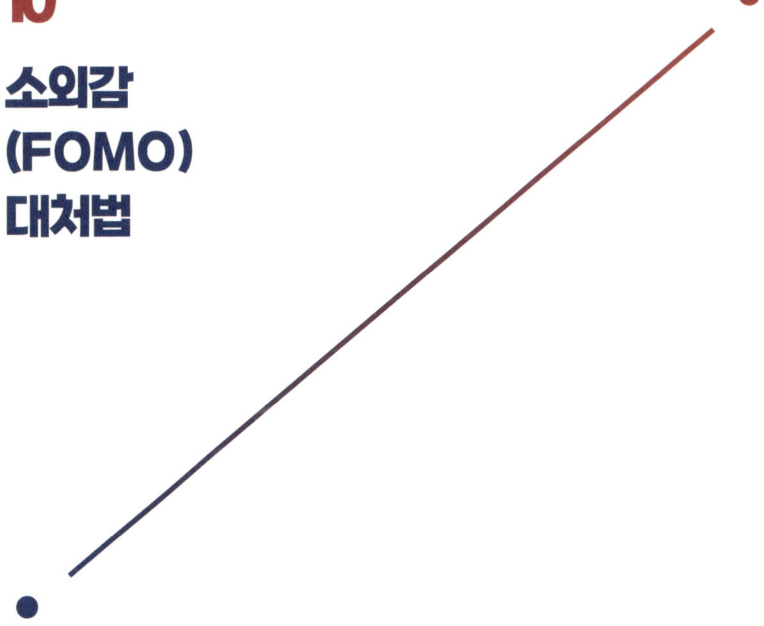

성공적인 주식 투자를 위해 투자자가 반드시 통과해야 하는 고통이 하나 있다. 바로 소외감과 상대적 박탈감이다. 사람은 배 고픈 건 참을 수 있어도 배 아픈 건 참기 힘들다. 남들은 돈을 벌고 있는데 나만 제자리인 것 같을 때 느끼는 그 감정은 단순한 불편함을 넘어 투자 판단 자체를 흔들어 놓는다. 이 소외감을 견디는 일은 투자자에게 주어진 가장 어려운 시험이다.

찰리 멍거나 워런 버핏 같은 전설적인 투자자들을 보면 한 가지 공통

점이 있다. 남들이 무슨 종목으로 돈을 벌고 있는지에 거의 관심이 없다는 점이다. 누군가는 단기 수익을 내고, 누군가는 화제가 되는 종목으로 주목받아도 그들은 개의치 않는다. 중요한 건 오직 하나다. 내가 이해하고, 내가 믿는 기업으로 꾸준히 수익을 내고 있는가다.

물론 타고난 기질의 차이도 있다. 하지만 소외감을 이겨 내는 가장 강력한 힘은 결국 공부를 통해 쌓은 신념이다. 저평가된 주식을 사서 기다린다는 것은 결국 남들이 내 상식과 논리에 동의하는 날이 올 때까지 버티는 일이다. 그래서 중요한 질문은 이것이다. "내 상식은 정말로 옳은가?" 이 확신은 감이나 직감에서 나오지 않는다. 기업의 사업 구조, 재무 상태, 경쟁력에 대한 철저하고 집요한 공부를 통해서만 만들어진다. 하워드 막스가 말했듯 "우수한 성과를 내려면 대중과 다른 견해를 가져야 하고, 동시에 그 견해가 맞아야 한다."

또 하나 반드시 기억해야 할 사실이 있다. 세상의 인식과 흐름은 생각보다 훨씬 느리게 바뀐다는 점이다. 지금은 너무도 당연해 보이는 것들도 과거에는 그렇지 않았다. 미국에서 여성이 투표권을 얻은 지는 100여 년, 흑인이 제대로 된 참정권을 얻은 지도 60여 년 남짓이다. 조선시대의 노비제도가 폐지된 것도 130년 전의 일이다. 세상의 변화조차 이토록 시간이 걸리는데, 기업가치가 시장에서 재평가되는 데 시간이 걸리는 것은 오히려 자연스러운 일이다. 주식 시장도 결국 같은 원리로 움직인다.

가치 투자자에게 희망적인 통계도 있다. 투자 수익의 80~90%는 전체 보유 기간 중 단 2~7%에 해당하는 아주 짧은 순간에 집중적으로 발생한다는 사실이다. 실제로 많은 우량주는 긴 시간 동안 시장에서 외면받다가 어느 순간 갑자기 폭발적인 상승을 보여 준다. 모소 대나무가 그렇다. 처음 4~5년 동안은 고작 몇 센티미터밖에 자라지 않지만, 어느 순간부터 하루에 수십 센티미터씩 자라 숲을 이룬다. 우량주 역시 긴 인내 끝에 한 번의 도약을 만들어 낸다.

그 소외의 시간 동안 주변의 조롱을 견뎌야 할 때도 있다. 워런 버핏은 역사상 가장 위대한 투자자인 동시에 가장 많이 놀림받은 투자자이기도 하다. 도로 위를 보면 신호를 무시하고 질주하는 차량들이 있다. 잠시 앞서가는 것처럼 보이지만, 결국 큰 사고로 이어지는 경우가 많다. 주식 시장도 마찬가지다. 조급하고 무모한 투자자는 일시적으로 이길 수는 있어도 장기적으로는 사고를 피하지 못한다.

단순히 이해하는 것만으로는 진짜 믿음이 만들어지지 않는다. 진짜 믿음은 직접 경험하고, 작은 성공을 반복해서 맛본 뒤에야 몸에 스며든다. 가설이 믿음으로 바뀌는 순간은 기다림이 보상으로 돌아왔을 때다. 소외의 시간을 견뎌내는 힘 역시 이런 누적된 경험에서 나온다.

가치 투자자가 선별한 종목은 당장은 시장에서 외면당할 수 있다. 하지만 언젠가는 반드시 어떤 계기를 통해 시세를 만든다. 이 사실을 믿을 수 있다면 남들과 자신을 비교하지 않고 느긋하게 주식을 보유할 수 있다. 워런 버핏은 "애태우지 않고 느긋한 마음으로 주식을 보유할 기질이 없다면 장기적으로 좋은 성과를 얻기 어렵다."고 했다. 찰리 멍거 역시 "장기적으로 뛰어난 성과를 내려면 단기적인 부진을 견뎌야 한다."고 했다. 하

소외감을 이기는 힘

급등주
다들 돈 복사하는데...
왜 나만 제자리야?
저걸 샀어야 했나...?
주식투자자의 가장 큰 고통,
바로 소외감과
상대적 박탈감이다.

소외감을 이기는 힘은 감이 아니라,
철저한 공부를 통해 쌓은
'신념'에서 나온다.
남들의 상승률은 중요하지 않아.
내가 이해하고 믿는 이 기업이
저평가되었다는 확신...
이게 중요해!

우량주는 모소 대나무처럼
긴 인내 끝에 도약한다.
투자 수익의 대부분은
아주 짧은 순간에 발생한다.
지금은 보이지 않지만,
뿌리는 깊어지고 있다.
언젠가 폭발적인
성장이 올 거야.

수년 후.
세상이 나의 상식에
동의하는 날,
기다림은 반드시
보상으로 돌아온다.
버틸 수 있는 사람만이
소외의 시간을 넘어,
대나무 같은 폭발적인
성장을 경험한다.

워드 막스도 같은 맥락에서 "가치에 대한 확고한 신념이 있어야만 수익이 나지 않는 시간을 버틸 수 있다."고 강조했다.

투자 성공의 열쇠는 결국 기다림이다. 기다릴 수 있는 사람만이 소외의 시간을 넘어 모소 대나무처럼 폭발적인 성장을 경험한다. 그러니 조급해하지 말자. 남들과 비교하지 말자. 내가 공부했고, 내가 확신한 종목을 믿고 묵묵히 버티자. 세상이 당신의 상식에 동의하는 날은 생각보다 늦을 수 있지만 반드시 찾아온다.

11

물린 주식
대응 전략

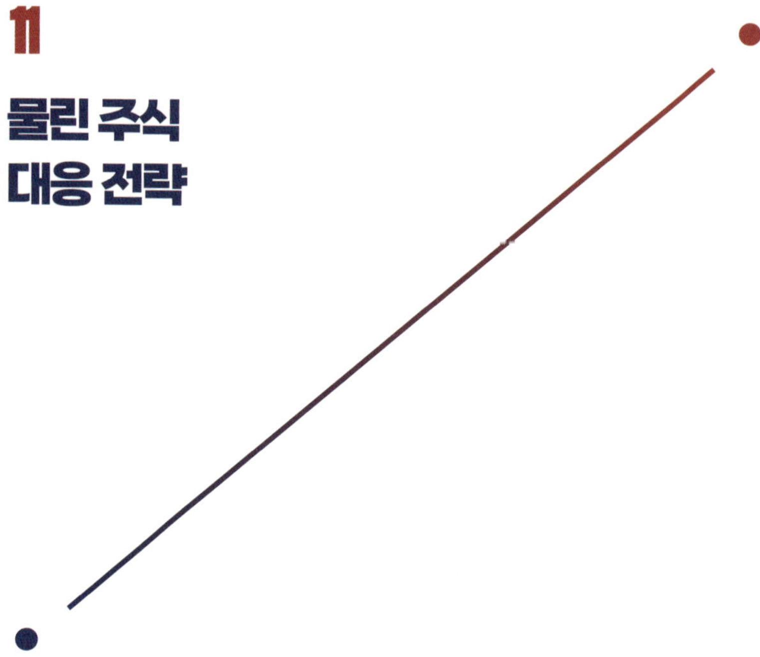

주식 투자자들 사이에서 "물렸다."는 말이 자주 쓰인다. 주가가 하락해 손실이 발생했음에도 명확한 판단 없이 계속 보유하고 있는 상태를 가리키는 말이다. 흔한 표현이지만 실제 투자자에게는 감정과 판단이 복잡하게 얽힌 매우 진지한 문제다.

하지만 단순히 손실이 났다고 해서 모두 '물린 주식'은 아니다. 진짜 문제는 처음에 세운 투자 아이디어가 어긋났음에도 불구하고, 뚜렷한 근거 없이 "언젠가는 오르겠지."라는 기대만으로 버티고 있을 때다. 이 순간부터 투자는 분석의 영역을 벗어나 순수한 심리 싸움으로 변한다.

실제로 물린 투자자들이 겪는 심리 흐름은 거의 패턴처럼 반복된다. "내가 잘못 샀나?"라는 불안에서 시작해 "지금이라도 팔까?"라는 고민, "왜 이 종목을 골랐지?"라는 자책으로 이어진다. 그다음에는 "그래도 언젠간 오르지 않겠어?"라는 막연한 기대, "설마 망하겠어?"라는 체념, "원금만 회복하면 팔아야지."라는 고집이 등장한다. 마지막에는 "그냥 자식한테 물려줘야겠다."는 자포자기까지 간다.

문제는 이렇게 시간을 끌다 보면 결국 가장 비이성적인 시점, 즉 바닥 근처에서 손절하는 경우가 많다는 점이다. 아이러니하게도 그 직후 주가는 다시 반등하기 시작한다.

왜 이런 일이 반복될까? 이유는 단순하다. 우리는 본능적으로 주식을 기업이 아니라 '내가 산 가격'을 기준으로 판단하기 때문이다. 하지만 시장은 내가 얼마에 샀는지 전혀 관심이 없다. 나의 매수단가는 오히려 판단을 흐리게 만드는 기준점일 뿐이다.

이럴 때 가장 유효한 질문은 하나다. "지금 이 주식에 투자한 돈이 다시 현금으로 돌아온다면 나는 이 주식을 지금 가격에 다시 살 것인가?" 이 질문에 자신 있게 "그렇다."고 답할 수 있다면 현재의 하락은 여전히 감내할 수 있는 변동성일 가능성이 크다. 반대로 망설여진다면 이미 투자 논리는 상당 부분 훼손되었을 가능성이 높다. '원금 회복'에 대한 집착은 이해할 수 있지만 감정이 논리를 앞서기 시작하면 판단은 흔들리기 마련이다.

여기서 반드시 짚고 넘어가야 할 점이 있다. 주가가 크게 하락한 것에는 반드시 이유가 있다는 사실이다. 악재가 동반되었을 가능성이 높은데, 그 악재가 일시적인지 구조적인지는 해당 기업을 얼마나 잘 알고 있는지에 따라 판단이 갈린다. 그래서 경험 많은 투자자는 늘 "잘 아는 기업에만 투자하라."고 말한다. 위기 상황에서 감정이 아닌 논리로 대응할 수 있기 때문이다.

그렇다면 물린 주식 앞에서 투자자가 선택할 수 있는 길은 무엇일까? 크게 다음 3가지다.

첫째, 물타기다. 기업의 본질에는 변화가 없고, 주가 하락이 외부 환경이나 일시적 악재 때문이라면 물타기는 합리적인 선택이 될 수 있다. 단, 이는 '가격이 싸졌기 때문'이 아니라 '기업의 가치 대비 가격이 더 싸졌기 때문'이어야 한다.

둘째, 유지다. 추가 매수도, 매도도 하지 않고 시간을 선택하는 전략이다. 이 역시 투자 아이디어가 유효하다는 전제가 필요하다.

셋째, 손절 혹은 갈아타기다. 기업의 경쟁력이나 성장 논리가 훼손되었다면 손실을 인정하고 더 나은 기회로 자금을 옮기는 것이 오히려 장기적으로 현명할 수 있다.

특히 갈아타기 전략은 심리적으로도 유용하다. "이 종목에서 손해를 만회해야 한다."는 압박에서 벗어나 더 나은 기업에 자금을 재배치함으로써 포트폴리오의 질을 높일 수 있기 때문이다. 꼭 손실을 회복해 줄 종목이, 지금 손실을 보고 있는 그 종목일 필요는 없다. 시장에는 항상 더 나

물린 주식 대응 전략

잘못 샀나?
지금이라도 팔까?
에이, 언젠간 오르겠지
설마 망하겠어?
원금 오면 판다
...그냥 자식 줘야겠다
손실 발생
"물렸다"는 건 분석 대신 막연한 희망고문만 남았다는 신호다.

내 평단가 오기 전엔 절대 못 놔! 본전은 찾아야지!
시장
난 네가 얼마에 샀는지 전혀 관심 없는데?
내 매수단가 (원금)
판단을 흐리는 가장 큰 적은 '내가 산 가격'에 대한 집착이다.

자, 냉정하게. 지금 이 현금이 다시 손에 들어온다면, 오늘 이 가격에 이 주식을 또 살 것인가?
어... 음... (기업 가치 훼손된 걸 알기에) 그건 좀... 아니오.
망설여진다면, 이미 투자 논리는 깨진 것이다.

존버 (아이디어 유효 시)
물타기 (가치 여전, 가격만 하락시)
갈아타기 (손실 인정, 더 나은 기회로!)
꼭 이 종목으로 복구할 필요는 없어. 더 나은 기회로 간다!
중요한 건 불확실한 기대 속에서 시간을 허비하지 않는 것이다. 대응하라!

은 선택지가 존재한다.

마지막으로 반드시 기억해야 할 점이 있다. 물린 주식의 진짜 문제는 가격 하락 자체가 아니라 불확실한 기대 속에서 시간을 허비하는 것이다. 상황이 변했다면 판단도 바뀌어야 한다. 냉정하게 다시 점검하고, 필요하다면 과감하게 결정을 내려야 한다. 투자는 한 번의 승부가 아니라 수많은 선택이 누적되는 장기전이다. 그 선택 하나하나의 질이 결국 당신의 수익을 결정한다.

CHAPTER 7

한국 주식 시장에서 중장기 투자자로 살아남기

중장기 투자자로 버티는 법

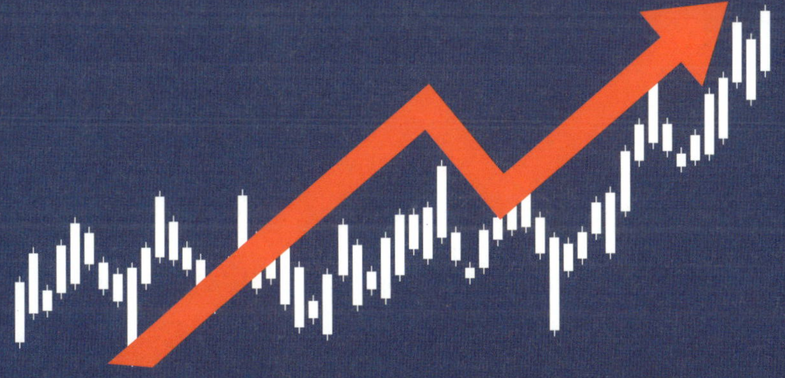

1
중장기 투자를
처음 시작한다면?

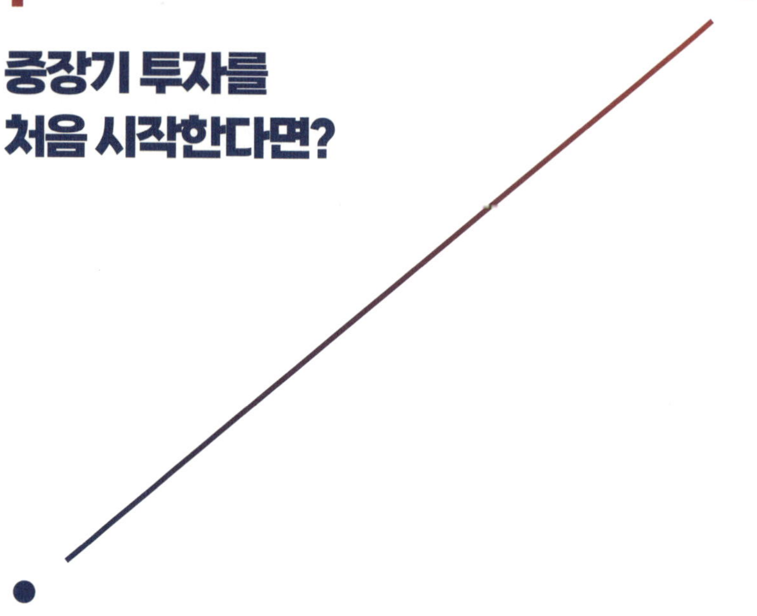

"주식 처음 하는데 뭐 사야 해요?" 이 질문을 받으면 여전히 많은 사람이 이렇게 말한다. "잘 모르겠으면 그냥 삼성전자 사." 이 말은 농담처럼 들리지만, 사실 한국 주식 시장의 구조를 가장 단순하게 요약한 조언이기도 하다. 삼성전자는 단순히 대기업을 넘어 한국 자본시장을 상징하는 존재다. 전 세계 메모리 반도체 시장 1위, 코스피 시가총액 1위, 지수 비중만 20%가 넘는 절대적인 종목이다. 외국인 투자자들이 한국 시장에 들어올 때 가장 먼저 보는 주식이기도 하다.

2022년 기준 삼성전자 소액주주는 600만 명을 넘었다. 말 그대로 '국민주식'이다. 그런데도 아이러니하게, 주식 초보자들 사이에서는 이런 말이 자주 따라붙는다. "삼성전자는 너무 무거워요.", "삼성전자 사 봤자 재미없잖아요.", "차라리 테마주로 한 방 노리는 게 낫지 않나요?" 문제는 이 인식이, 주식 초보자들이 가장 많이 실패하는 길로 이어진다는 점이다.

주식을 막 시작한 사람일수록 흔히 2가지 선택지 앞에 선다. 하나는 삼성전자, SK하이닉스, 현대차 같은 이름만 들어도 아는 우량주다. 다른 하나는 뉴스에 자주 등장하고, 단기간에 급등했다는 이유로 눈길을 끄는 테마주·잡주다. 대부분의 초보자는 두 번째를 선택한다. 이유는 단순하다. 빠르게 오르는 주식이 더 매력적으로 보이기 때문이다. 주변에서 "이거 두 배 갔다.", "이 종목으로 한 달 만에 수익 냈다."는 이야기를 들으면 마음이 흔들릴 수밖에 없다. 하지만 이런 방식의 투자는 대부분 공부보다 운에 의존한 매매가 되고, 결국 시장을 이해하기도 전에 큰 손실을 경험하게 된다.

반대로 우량주는 다르다. 사업 구조가 명확하고, 실적이 숫자로 검증되며, 사이클과 흐름을 통해 설명이 가능하다. 무엇보다 시간이 투자자의 편이 된다. 실제로 최근 1~2년만 돌아봐도 우량주는 결코 지루한 선택이 아니었다. AI 반도체 수요와 HBM 시장 성장에 힘입어 2025~26년에 삼성전자의 주가는 4배, SK하이닉스의 주가는 7배나 상승했다. 현대차 역시 단순한 완성차 기업을 넘어 전기차, 자율주행, 로봇으로 사업 영역을 확장하며 1~2년 사이 주가가 3배나 오르며 재평가를 받았다.

이 종목들의 공통점은 분명하다. 갑자기 뜬 테마가 아니라 실적과 산업 흐름이 먼저 움직였고 주가는 그 결과로 따라 왔다는 점이다. 물론 삼성전자 역시 마찬가지다. 삼성전자는 반도체, 스마트폰, 가전, 디스플레이 등 여러 산업을 동시에 영위하는 복합 기업이기 때문에 이해하기 쉽지 않은 면도 있다. 반도체만 보더라도 디램, 낸드, 파운드리 등 서로 다른 사이클이 공존한다. 그래서 단기 수익을 기대하는 투자자에게는 답답하게 느껴질 수 있다.

하지만 바로 그 점 때문에 주식 초보자에게는 오히려 삼성전자가 좋은 출발점이 된다. 급등락이 적고, 정보가 투명하며, 시장 전체 흐름을 함께 경험할 수 있기 때문이다. 삼성전자를 보유하면서 반도체 사이클, 글로벌 경기, 환율, 외국인 수급이 주가에 어떤 영향을 미치는지를 체감하게 된다. 이 과정 자체가 훌륭한 학습이다.

주식 초보자에게 가장 중요한 것은 '대박'이 아니라 시장에서 오래, 꾸준히 수익을 보며 살아남는 것이다. 한 번에 큰 수익을 내는 것보다 큰 실수를 피하는 것이 먼저다. 그 관점에서 보면, 테마주·잡주보다 삼성전자, SK하이닉스, 현대차, 한화에어로스페이스, HD현대일렉트릭 같은 우량주로 시작하는 선택은 매우 합리적이다.

나는 개인적으로 삼성전자가 잘되길 바란다. 대한민국을 대표하는 기업이기 때문이다. 하지만 그보다 더 중요한 것은 주식 초보자들이 삼성전자 같은 우량주를 통해 시장을 배우고, 살아남는 경험을 쌓는 것이라고 생각한다. 국민주라는 이유로 무작정 사라는 것도 아니고, 재미없다고 무

우량주 vs 테마주 투자

성장 항해
환상의 세계로!
100배 수익!
안정적 성장
우량주 호(블루칩)
일확천금 테마주 익스프레스

실적 기반, 순항 중
루머와 거품 속 질주

파도는 거세지만
배는 튼튼하다.
펀더멘털을 믿자.
안돼!
다 거짓말이었어!
내 돈!
거품이 깨지는 순간,
실체는 없다.

시간이 걸려도
안전하게 도착했다.
초보일수록
화려한 유혹보다 튼튼한
배를 타세요. 우량주와 함께
긴 항해를 준비하십시오.
경제적 자유의 섬
투자는 환상이 아닌
현실을 직시하는
긴 항해이다.

시할 이유도 없다.

결국 중요한 질문은 이것이다. "이 주식이 왜 오를 수밖에 없는가?", "어떤 산업 흐름과 실적이 이를 뒷받침하는가?" 이 질문에 답할 수 있는 종목부터 시작하라. 그 출발선으로 삼성전자와 같은 우량주는 생각보다 훨씬 좋은 선택이다.

2
국내 주식 vs 미국 주식 vs 코인

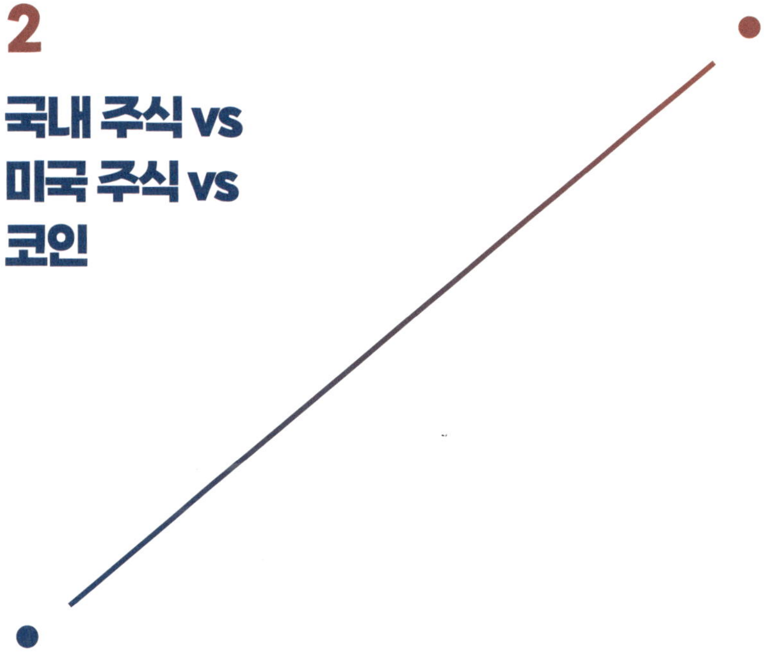

"지금 투자를 시작하려고 하는데 한국 주식이 나을까? 미국 주식이 나을까? 그냥 미국 ETF 할까? 코인은 어떨까? 아니면 그냥 닥치고 돈 모아서 부동산이나 하는 게 맞을까?" 주변에서 이제 막 재테크를 시작하려는 사람들로부터 이런 질문을 정말 자주 받는다. 그럴 때마다 내 대답은 의외로 단순하다. "한국 주식에 투자하는 동학개미가 되어라."

이 말을 하면 대부분 잠깐 멈칫한다. 요즘 분위기와는 정반대의 이야기처럼 들리기 때문이다. "코스피는 박스피다.", "한국 시장은 답이 없다.", "미국 주식만이 살 길이다.", "코인은 미래다." 같은 말들이 이미 너무 익숙해졌기 때문이다. 하지만 나는 여전히, 특히 투자를 처음 시작하는 사람일수록 한국 주식으로 출발하는 것이 가장 합리적이라고 생각한다.

물론 한국 시장이 쉽다는 뜻은 아니다. 그래서 많은 개인 투자자가 한국 시장을 떠나 미국 주식으로 이동했고, 우리는 그들을 '서학개미'라 부른다. 또 어떤 이들은 주식 시장 자체를 불신하며 코인으로 향했고, '코인 개미'가 되었다. 미국 시장에는 분명 훌륭한 기업이 많고, ETF라는 매우 좋은 투자 도구도 있다. 하지만 그만큼 전 세계 투자자들이 몰려드는 시장이고, 개인이 정보 우위를 갖기란 거의 불가능에 가깝다. 코인은 말할 것도 없다. 가격 제한도 없고, 변동성은 극단적이며, 투자라기보다는 베팅에 가까운 경우도 적지 않다.

하지만 여기서 정말 중요한 포인트는 따로 있다. 시장은 바뀌었지만 투자 방식은 그대로라는 점이다. 기업 분석 대신 방향 예측에 의존하고, 확신 대신 분위기에 올라타는 습관은 한국 주식이든, 미국 주식이든, 코인이든 결과를 크게 바꾸지 못한다. 시장을 옮긴다고 실력이 함께 옮겨지는 것은 아니다. 결국 문제는 시장이 아니라 투자자의 방식이다. 그래서 나는 투자를 처음 시작하는 사람에게 한국 주식을 권한다. 한국 시장은 여전히 현지 투자자에게 구조적으로 유리한 시장이기 때문이다. 기업 정보 접근성이 높고, 사업 구조를 이해하기 쉽고, 경영진의 의사결정도 비교적 투명하게 확인할 수 있다. 무엇보다 세계 최고 수준의 기업들을 상대적으로 싼 가격에 살 수 있는 기회가 자주 열린다는 점이 크다.

삼성전자, SK하이닉스, 현대차, 한화에어로스페이스, HD현대일렉트릭 같은 기업들은 불과 1~2년 사이에도 주가가 2배, 3배, 5배씩 오르며 충분히 그 가능성을 보여 줬다. 이 기업들은 테마주나 잡주가 아니다. 실적이 있고, 산업 내 경쟁력이 있고, 글로벌 시장에서 통하는 기업들이다. 이런 우량 기업들을 직접 분석하고, 직접 판단하고, 직접 보유해 보는 경험은 투자자의 기본 체력을 키우는 데 무엇과도 바꿀 수 없다. 이 점은 해외 투자자들도 잘 알고 있다. 실제로 세계 최대 국부펀드조차 한국 자산운용사에게 자금 운용을 맡긴 적이 있다. 이유는 단순했다. "우리가 아무리 분석해도 당신들처럼 현지 기업과 산업을 깊이 이해할 수는 없다."는 것이었다. 현지 투자자에게는 분명한 정보적·구조적 이점이 있다. 문제는 그 이점을 스스로 포기해 버리는 경우가 너무 많다는 점이다.

이 책을 쓰기 시작한 2024년 말, 한국 주식 시장은 극도로 침체돼 있었다. 코스피는 2,400 아래로 내려앉았고, 코스닥도 670선을 내줬다. 당시에도 한국 시장은 끝났다는 말이 넘쳐났다. 하지만 시장은 늘 그랬듯 그대로 머물러 있지 않았다. 2026년 3월 현재, 코스피는 6,300을 돌파했고 코스닥은 1,200을 넘어섰다. 시간은 걸렸지만 방향은 결국 바뀌었다. 투자자에게 정말 중요한 것은 과거에 무엇을 선택했느냐가 아니다. 앞으로 어떤 방식으로 투자할 것인가다. 조급해하지 말자. 시장이 흔들릴수록 더 차분하게 공부하고, 기업을 이해하고, 스스로 판단하는 힘을 길러야 한다. 동학개미든, 서학개미든, 코인개미든 결국 살아남는 투자자는 단 하나다. 내 투자 대상을 이해하고, 스스로 판단할 수 있는 투자자다.

스스로 기업을 판단하는 투자

3

준비된
투자자는
위기를 기회로
만든다

주식 시장은 언제나 위기로 시작해서 기회로 끝난다. 전쟁이 터지고, 유가와 환율이 급등하며 시장이 무너지는 순간은 역사 속에서 수없이 반복돼 왔다. 지금은 알 수 없는 어떤 사건으로 IMF 수준의 경제 위기가 다시 찾아올 수도 있다. 하지만 결과는 늘 같았다. 무너진 경제는 결국 다시 일어섰고, 주식 시장은 언제나 실물경제보다 한 발 앞서, 폭락 이전보다 더 높은 수준으로 상승하며 회복해 왔다.

위기의 공포가 정점을 찍는 순간 시장은 이미 반등을 준비한다. 그 반등은 대부분의 사람이 눈치 채지 못하는 사이에 조용하고 빠르게 시작된다. 다만 분명한 사실이 하나 있다. 그 과정에서 아무 기업이나 살아남는 것은 아니라는 점이다. 내실 없이 거품만 끼어 있던 기업은 위기 속에서 사라지고, 결국 제대로 된 기업만이 살아남아 더 큰 상승을 만들어 낸다.

이 원리는 투자자에게도 그대로 적용된다. 같은 위기를 겪어도 누군가에게는 그것이 더 큰 부자가 되는 기회의 사다리가 되고, 누군가에게는 회복 불가능한 손실을 남기는 치명타가 된다. 그렇다면 그 차이는 어디에서 오는가? 답은 단순하다. 준비되어 있었는가의 차이다.

나 역시 이 사실을 뼈저리게 경험했다. 비상계엄 시기에 시장은 급격하게 흔들렸고, 내가 보유한 종목들도 예외 없이 무너져 반 토막 난 계좌를 보며 우울한 시기를 보냈다. 테마주 광풍이 불며 하루에도 수십 개씩 상한가 종목이 쏟아졌지만 귀신이 곡할 노릇처럼 내가 손댄 종목들만 예외 없이 하락했다. 하지만 내 계좌가 무너지는 그 시기에도 준비된 투자자들은 오히려 자산을 늘려 가고 있었다. 위기는 누구에게나 오지만 준비된 투자자들은 기회를 잡고 있었던 것이다.

그렇다면 무엇을 준비해야 하는가?

첫째, 객관성을 유지할 수 있는 최고의 시스템, 투자 파트너다.

투자는 혼자 할수록 판단이 왜곡되기 쉽다. 확신이 강해지면 고집이 되고, 손실이 커지면 현실을 부정하게 된다. 하지만 함께 종목을 연구하고 서로의 관점을 공유하며 생각을 나누는 파트너가 있다면, 스스로는 미처 발견하지 못했던 맹점을 발견할 수 있다. 워런 버핏은 찰리 멍거를 두고 "아첨하지 않는 논리적 파트너는 최고의 시스템"이라고 말했다. 그렇다고 종목토론방에서 무지성으로 보유 종목을 찬양하거나, 미보유 종목을 비방하라는 뜻은 아니다. 고액 리딩방에 가입하라는 것도 아니다. 자신의 투자 성향과 매매 원칙, 최근 매매 내역과 성과를 공유하며 서로 건전한 피드백을 주고받을 수 있는 파트너를 찾아 꾸준히 교류하라는 것이다.

둘째, 반복 가능한 루틴이다.

주식 투자는 낭만적인 일이 아니다. 오히려 반복적인 노동에 가깝다. 정보를 읽고, 기업을 추적하고, 시장을 점검하는 일은 지루하고 피곤하다. 하지만 이 단순한 루틴을 꾸준히 지켜 내는 사람이 결국 살아남는다. 매매 전 체크리스트 점검, 손절 기준 설정, 장 마감 후 복기. 이 반복이 투자를 운의 영역에서 확률의 영역으로 끌어올린다.

셋째, 냉철한 판단을 가능하게 하는 건강한 신체 리듬이다.

수면, 운동, 독서, 기록 같은 기본적인 루틴이 무너지면 판단력도 함께 무너진다. 투자 실수는 대부분 정보 부족이 아니라 상태 붕괴에서 시작된다. 그래서 투자자의 자기관리는 선택이 아니라 필수다.

투자에서 진정 중요한 것은 일격필살의 매매 전략이 아니라 단순한 원칙이라도 꾸준히 지켜 낼 수 있는 의지다. 투자자의 루틴은 그 사람을 그대로 보여 주는 거울이다. 단기 투자, 중장기 투자, 배당주 투자 중 어떤 길을 갈 것인지 먼저 정한 후, 그에 맞는 원칙과 학습을 루틴으로 만들고, 반복하며 보완해 나가야 한다.

세상을 관통하는 원리 중 하나는 등가교환이다. 무언가를 얻기 위해

위기를 기회로 만드는 투자자의 자세

서는 반드시 다른 무언가를 내놓아야 한다. 투자도 마찬가지다. 단기적인 유혹을 내려놓고 집중해야만 원하는 결과에 도달할 수 있다. 부지런한 사람은 '한 일'로 평가받고, 게으른 사람은 '하지 않은 일'로 평가받는다. 투자도, 인생도 결국 그 차이다.

위기는 다양한 형태로 언제든 다시 온다. 하지만 그 위기를 기회를 활용하는 것은 평소에도 꾸준히 준비하고 있던 투자자들뿐이다.

오래 살아남을 수 있는
투자자가 돼라

나는 참 운이 좋은 사람이다. 돌이켜보면 내 삶은 늘 노력 대비 과분한 결과를 얻는 행운이 함께해 왔다고 느낀다. 내게 행운을 준 세상에 조금이라도 보답하며 살고자 나는 오래전부터 한 가지 가치관을 실천하며 살고자 노력하고 있다. 다른 사람의 성장을 돕는 과정에서 나 역시 더 크게 성장할 수 있다는 믿음을 바탕에 두고 내가 아는 것을 나누고, 내가 누군가를 도울 수 있을 때 도우며 사는 것이다.

이를 위해 내가 선택한 방식은 바로 주식 정보 전달자로 살아가는 일이다. 전문적인 투자 정보로부터 소외된 사람들이 최소한 잘못된 길로 가지 않도록 돕고 싶었다. 그래서 수많은 우려와 현실적인 어려움에도 불구하고 치열한 유튜브 생태계 속에서 주식 유튜버로 살아남기 위해 버티고, 고민하고, 공부하며 이 길을 걷고 있다.

물론 내가 누군가에게 정답을 대신 내려주는 사람이 될 수 있다고 생각하지는 않는다. 그것은 오만이며 설령 그게 가능하다 한들 그것은 누군가를 진정으로 돕는 건강한 방식이 아니라 생각한다. 다만, 올바른 투자 방법이 무엇인지, 어떤 방향으로 가야 하는지 길을 보여 주는 사람이 되고 싶다. 물고기를 잡아 줌으로써 일회성 도움을 주는 것이 아닌, 물고기 잡는 방법을 알려 줌으로써 평생 스스로 살아갈 수 있게 되기를 돕는 것이다.

하지만 길을 아는 것과 그 길을 실제로 걷는 것은 분명히 다르다. 나는 성공 투자로 향하는 문 앞까지는 안내할 수 있지만, 그 문을 통과할지는 각자의 선택이다. 그럼에도 불구하고 적어도 그 문이 어디에 있는지는 볼 수 있게 해 주는 안내자가 되어 문을 열지 말지 선택 정도는 할 수 있게 돕고 싶다. 제대로 된 선택지를 두고 고민해 볼 기회조차 없는 사람들도 많으므로 앞으로도 주식 유튜버로서 전문적인 주식 공부와 정보 활용 방법, 투자 판단에 대해 어려움을 겪는 개인 투자자들에게 손톱만큼의 도움이라도 주며 살아가고자 한다.

또 하나의 목표는 건강한 자본가로 살아가는 것이다. 자본은 수단이지 목적이 아니다. 내 몸과 마음이 건강해야 올바른 판단을 할 수 있고, 그래야 자본도 선한 방향으로 쓰일 수 있다고 믿는다. 그래서 20대와 30대에 유지해 왔던 독서와 운동의 루틴을 계속 이어 가고, 투자 공부와 실천 역시 멈추지 않으며 자본가로서 살아남으려 노력할 것이다.

아울러 상황이 좋을 때만이 아니라 형편에 맞는 선에서라도 기부를 지속적으로 이어 가는 삶을 살고 싶다. 그 규모를 조금씩 키워 나가 제2, 제3의 건강한 자본가가 탄생하는 데 작은 역할을 하고 싶다.

이 책은 누군가를 단번에 부자로 만들어 주기 위한 책이 아니다. 그보다는 덜 다치고, 덜 흔들리며, 더 오래 살아남을 수 있는 투자자가 되기 위한 방향을 담고자 했다. 만약 이 글이 누군가에게 단 한 번이라도 잘못된 선택을 멈추게 만들고, 다시 생각해 볼 여지를 주었다면 그걸로 충분하다.

앞으로도 나는 이 길을 계속 걸어갈 것이다. 흔들릴 때도 있을 것이고, 틀릴 때도 있을 것이다. 그럼에도 불구하고 배우고, 점검하고, 보완하며 조금씩 성공해 가는 투자자로 남고 싶다.

이 글을 읽는 당신도 언젠가는 자신만의 속도로 성장해 누군가에게 다시 길을 보여 줄 수 있는 사람이 되기를 진심으로 바란다.